beck'sche reihe

bsr

Trolle und Zwerge allenthalben, ein verfluchter Ring und ein zerbrochenes Schwert, gute Zauberer und gefährliche Drachen: Tolkiens Werke, vor allem der *Hobbit* und der *Herr der Ringe* und die Vorgeschichte dazu im *Silmarillion*, sind voller Elemente und Motive, die aus der nordgermanischen Mythologie stammen. Dieser Band geht den wichtigsten Namen, Stoffen und Motiven nach, die Tolkien der altskandinavischen Sagenwelt und Mythologie, den Eddas und Sagas des isländischen Mittelalters entnommen und in seiner neugeschaffenen Welt von Mittelerde verwendet hat. Simek wendet sich auch an jüngere Leser, an die Filmfans, die gerne mehr über die Bedeutung der einzelnen Figuren erfahren möchten und all diejenigen, die einen Führer durch die mythologische Welt Tolkiens suchen. Genaue Quellennachweise und ein ausführliches Register machen das Buch zum nützlichen Nachschlagewerk.

Rudolf Simek ist Professor für mittelalterliche deutsche und skandinavische Literatur an der Universität Bonn. In der Reihe C.H. Beck Wissen liegt von ihm vor: *Die Wikinger* ([4]2005); *Götter und Kulte der Germanen* (2004).

Rudolf Simek

Mittelerde

Tolkien und die germanische Mythologie

Verlag C. H. Beck

Originalausgabe

Satz: Fotosatz Reinhard Amann, Aichstetten
Druck und Bindung: Druckerei C. H. Beck, Nördlingen
Umschlagentwurf: +malsy, Bremen
Printed in Germany
ISBN 3 406 52837 6

www.beck.de

Inhalt

Einleitung 9

1. J. R. R. Tolkien:
Der Mittelalterforscher als Romanautor 14
Tolkiens Leben und wissenschaftlicher Werdegang 14
Der Romanautor 19
Tolkien und die altnordische Literatur 22
Die Lieder der *Edda* und die Prosa-*Edda* 27
Altisländische Sagas 32
Die Dänische Geschichte des Saxo Grammaticus 34

2. **Geographie und geographische Namen von Mittelerde** 37
Kosmographie und Kartographie 37
Tolkiens Welt: Mittelerde (*Middle-earth*) 40
Jenseitige Gefilde 44
Wüsten und Einöden (*Waste lands, Wastes*) 48
Berge und Wälder 52
Wasser und Sümpfe 55
Landschaften und Landesteile 56

3. **Personennamen skandinavischer Herkunft** 58
Zwerge in der *Edda* und bei Tolkien 59
Die Könige der Rohirrim und ihre Vorfahren 64
Die Hobbitfamilien 66
Weitere vom Altnordischen beeinflußte Namen 71

4. **Odins Erscheinungsformen** 74
Gandalf und Odin 74
Saruman und Odin 78
Sauron und Odin 79
Manwë und Odin 82

5. **Naturmythologische Elemente** 85
Wer ist Tom Bombadil? 85
Ents und Entfrauen 89
Beorn, der Gestaltwandler 94

6. **Die freundlichen Mächte der niederen Mythologie** 98
Hobbits 98
Zwerge (*dwarves*) 103
Elben (*elves*) 109
Wasa (*Woses*) 114

7. **Die bedrohlichen Mächte der niederen Mythologie** 116
Orks (*orcs*) 116
Kobolde, «Bilwiß» (*goblins*) 122
Uruk-hai 123
Trolle (*trolls*) 125
Riesen (*giants*) 128
Balrogs 129

8. **Mythische Tiere, Fabeltiere und tierische Monster** 133
Drache und Drachenhort 133
Adler 139
Wölfe und Wargs 142
Werwölfe (*werewolves*) 143
Oliphanten (*oliphaunts*) 144

9. **Runenschriften** 146
Die Varianten des Futhark 146
Tolkiens kreativer Umgang mit Runen 148
Zwergenrunen und Mondrunen 151
Cirth und Angerthas 153
Symbol- und Zauberrunen 156
Die Runeninschriften im *Hobbit* und im *Lord of the Rings* 159

10. **Motive aus der germanischen Mythologie und Heldensage** 163
Der Eine Ring 163
Der König im Berg 166

Das Schattenheer 167
Das zerbrochene Schwert 168
Die Verehrung der Götter ohne Tempel 173
Die Zahl Neun 174
Wiedergänger, «Grabunholde» (*barrow-wights*) 176
Der Eärendil-Mythos 178
Herrscherhochsitze, «Throne» (*High Seats*) 179

Anmerkungen 183

Literaturhinweise 188
Verwendete Schriften J. R. R. Tolkiens 188
Verwendete deutsche Übersetzungen 189
Tolkiens wissenschaftliche Veröffentlichungen 189
Sekundärliteratur zu Tolkiens Werk und seinen Wurzeln 190
Texte und Übersetzungen zur germanischen Mythologie 192
Sekundärliteratur zur germanischen Mythologie und Religion 192
Weitere verwendete Literatur 193

Register 195

Für Koloman, Ben und Rosie –
und natürlich Dennis!

Einleitung

Das vorliegende Buch möchte zeigen, wieviel im Werk J. R. R. Tolkiens der skandinavischen, englischen und sogar deutschen Literatur des Mittelalters und der vorchristlichen germanischen Mythologie entnommen und literarisch verwertet worden ist. Anlaß war die Tatsache, daß ich als Altnordist, der auch begeisterter Leser von *The Hobbit* und *The Lord of the Rings* ist, meine Kinder immer wieder auf die Zusammenhänge zwischen Tolkiens Romanen und meiner eigenen Arbeit zur vorchristlichen germanischen Religion und zur mittelalterlichen skandinavischen Literatur aufmerksam gemacht habe. Vielleicht auch, um sich diese dauernden Hinweise zu ersparen, haben sie vorgeschlagen, daß ich daraus doch ein Buch machen solle – dieses Buch wendet sich daher auch ganz bewußt an jüngere Leser.

Es ist keinesfalls meine Absicht, einen Wegweiser durch Tolkiens gesamtes Werk zu geben oder die angesprochenen Figuren und Motive innerhalb der Tolkienschen Mythologie zu erklären; dafür sei auf einschlägige Nachschlagewerke und *Companions* verwiesen.[1]

Tolkien hat für seine Werke, von denen ich also in erster Linie *The Hobbit* und *The Lord of the Rings*, aber auch *The Silmarillion* herangezogen habe, natürlich die unterschiedlichsten Quellen benutzt. Dennoch darf nicht vergessen werden, daß er als Altanglist, Altskandinavist und ganz allgemein als Philologe einen breiten Wissenshintergrund hatte, der besonders die germanischen und keltischen Sprachen, Literaturen und Mythologien umfaßte. Zwar sind sein Corpus an Namen und einige von den Urbewohnern von Mittelerde benutzte Sprachen vorwiegend durch das Keltische geprägt, aber gerade im Hinblick auf den Sagenschatz und die Mythologie sind die germanischen Quellen wichtiger als die keltischen, auch wenn es auf den ersten Blick nicht so aussehen mag. Von den Hobbits, Zwergen und Elben, die er – wenn auch stark verändert – den frühmittelalterlichen germanischen Vorstellungen entlehnt hat, bis hin zum Hauptthema des Rings im *The Lord of the Rings* sind die wesentlichen Elemente im Werk Tolkiens den germanischen

Literaturen und dabei besonders dem altskandinavischen, weniger dem altenglischen Fundus an Stoffen und Motiven entnommen.

Man könnte also den *Hobbit*, *The Lord of the Rings* und das *Silmarillion* Stück für Stück nach den Vorlagen und Vorbildern durchforsten, was aber wohl ein wenig eintönig wäre und auch die Ideen- und Vorstellungsnetze innerhalb von Tolkiens Werk zu stark zerreißen würde. Es sollen daher bestimmte Themenbereiche – wie etwa das Personen- und Ortsnamenmaterial, die verschiedenen Wesen der niederen Mythologie oder die Rolle Odins – systematisch untersucht werden. Dies geschieht natürlich exemplarisch, eine Analyse aller von Tolkien verwendeten Motive und Stoffe würde den Umfang seines Werks sicher noch übersteigen.

Ein Register zu den hier behandelten Namen und Begriffen soll die Spurensuche erleichtern. Die Zitate aus Tolkiens Romanen sind durchwegs auf Englisch und Deutsch gehalten, da die deutschen Übersetzungen nicht immer ganz geglückt sind – vor allem was Namen anbelangt – und damit mitunter viel von Tolkiens Sprache verlorengeht. Kurze Zitate aus Tolkiens Briefen oder Essays werden meist nur auf Deutsch wiedergegeben (in diesem Fall stammen die Übersetzungen von mir), nur ganz kurze Phrasen oder Zitate, wo es mir um den ursprünglichen Wortlaut ging, sind auf Englisch belassen. Zitate aus mittelalterlichen altnordischen und altenglischen Texten dagegen sind durchwegs ins Deutsche übersetzt.

Wenn vieles aus Tolkiens Werk in diesem Büchlein keine Erwähnung findet, dann einerseits wegen der Beschränkung des Umfangs, andererseits, weil eben nur deutliche Anklänge germanischer Stoffe, Motive oder Namen aufgenommen wurden – natürlich gibt es noch eine Menge zu entdecken.

Was ist nun Germanische Mythologie? Im allerweitesten Sinn ist es die Gesamtheit des geistigen Überbaus in Form von Sagen, Legenden und Heldendichtungen, die für die germanischen Stämme des ersten Jahrtausends nach Christus bekannt ist. Noch Mitte des 20. Jahrhunderts war man überwiegend der Ansicht, daß sich die Germanen «bis zur Einführung des Christentums das ursprüngliche, einheitliche Gepräge ihrer Kultur ungestört bewahrt haben»[2], aber heute gilt dies nicht mehr. Es läßt sich nicht nachweisen, daß diese germanischen Stämme zwischen Schwarzem Meer und Island, zwischen Schweden und Nordafrika überhaupt so etwas wie einen gemeinsamen Vorrat an Erzählungen und Vorstellungen besaßen, obwohl einzelne religiöse und heroische Sagenkreise recht weite Verbreitung hatten.

Tolkien hatte jedoch zu seiner Studienzeit vor etwa 90 Jahren eine ganz andere Grundlage in Bezug auf das Germanentum als wir heute. Das gilt nicht nur für den wissenschaftlichen Forschungsstand im Bereich religionswissenschaftlicher, philologischer, archäologischer Untersuchungen zur germanischen Mythologie, sondern auch für den mentalen Bereich: Für uns heute ist der Mißbrauch, den das Germanentum in Deutschland (und anderswo!) während des sog. Dritten Reichs erlebt hat, nicht mehr wegzudenken. Wir müssen daher wissenschaftshistorisch, ja geradezu wissenschaftsarchäologisch vorgehen, um uns Tolkiens Gedankenwelt und seinem Zugang zu denselben oder ähnlichen Quellen, wie wir sie teilweise ja heute noch benutzen, anzunähern.

Sowohl die Archäologie als neuerdings auch die Literaturwissenschaft haben zeigen können, daß uns die Quellen deswegen ein so uneinheitliches, nur schwer zu homogenisierendes Bild geben, weil die germanische Religion regional, sozial und chronologisch außerordentlich stark differenziert war, so daß wir eigentlich eher von «germanischen Religionen» sprechen müßten. Die Quellen müssen daher heute ganz anders und viel kritischer verwendet werden, als man das damals, bald nach der erstmaligen Herausgabe vieler literarischer mittelalterlicher Texte tun konnte. Nicht zuletzt aus diesem Grund versuche ich immer, mich in der Darstellung der heidnisch-germanischen Religion nicht in erster Linie auf die literarischen Zeugnisse des isländischen Hochmittelalters mit ihrer gefälligen, aber durchwegs freien dichterischen Gestaltung angeblich heidnischer Mythologie zu stützen, sondern so weit wie auf dem letzten Forschungsstand möglich auf die primären Quellen für die heidnische Religiosität der Germanen zurückzugreifen.

Es zeigt sich aber, daß Tolkien der Mythologie im engeren Sinn, also der Götterdichtung oder den Vorstellungen über Religion, gar nicht so viel verdankt. Einerseits hat er in erster Linie bei der sogenannten niederen Mythologie Anleihen genommen, also bei Gestalten des Volksglaubens wie Trollen, Zwergen und Riesen, Drachen und Werwölfen. Andererseits galt sein Interesse offenbar viel stärker den Heldenliedern und den Sagas des mittelalterlichen Skandinavien, und dabei besonders dem Stoffkreis um Sigurd, die

Nibelungen und die Völsungen: Dies ist, kurz gesagt, die Geschichte vom Geschlecht der Völsungen, dem Sigurd (dt. Siegfried) entstammt. Er läßt das zerbrochene Schwert seines Vaters Sigmund neu schmieden und gelangt in den Besitz des vom Drachen Fáfnir bewachten Nibelungenschatzes. Sigurds Werbung um die Burgundenprinzessin Kriemhild führt letztendlich zu seiner Ermordung und schließlich zum Untergang der burgundischen Königsfamilie am Hofe des Hunnenkönig Attilas – letzteres ein wohl teilweise historisches Ereignis der frühen Völkerwanderungszeit. Tolkien interessierte an diesem Stoff vor allem der erste Teil, den er aber ausschließlich nach nordischen Fassungen, nicht etwa nach dem mittelhochdeutschen Nibelungenlied verwertete. Natürlich ist *The Lord of the Rings* keine Neufassung dieses Stoffes, aber es zeigt sich, daß wichtige Motive dieser Geschichte von Tolkien aufgegriffen und neu gestaltet wurden.

Mein Dank für Hilfe bei der Entstehung dieses Büchleins gilt allen Hörern meiner Vorlesung im WS 2004/05, die sich rege für dieses Thema interessiert haben und mich auf viele Details hingewiesen haben, besonders aber Thomas Fornet-Ponse, der mir mit reichen Literaturhinweisen und anregenden Diskussionen weitergeholfen hat, sowie Petra Rehder für ihre intensive Redaktionsbetreuung.

Verzeichnis der verwendeten Abkürzungen von Tolkiens Werken

(vgl. dazu die ausführlichen Literaturangaben am Schluß des Buches):

HOB	The Hobbit.
KHOB	Der kleine Hobbit. Übersetzt von Walter Scherf.
LOTR	The Lord of the Rings
LOTR I	The Fellowship of the Ring: being the first part of The Lord of the Rings.
LOTR II	The Two Towers: being the second part of The Lord of the Rings.
LOTR III	The Return of the King: being the third part of the Lord of the Rings.
APX	Appendix to LOTR I, II, III
HDR	Der Herr der Ringe. Übersetzt von Margaret Carroux.
HDR I	Die Gefährten.
HDR II	Die Zwei Türme.
HDR III	Die Rückkehr des Königs.
ANH	Der Herr der Ringe. Anhänge und Register. Übersetzt von Wolfgang Krege.
SILM	The Silmarillion.
DSILM	Das Silmarillion. Übersetzt von Wolfgang Krege.
LTRS	The Letters of J. R. R. Tolkien.
MONST	The Monsters and the Critics and Other Essays.
NOM	Nomenclature of The Lord of the Rings.

1. Kapitel

J. R. R. Tolkien: Der Mittelalterforscher als Romanautor

Tolkiens Leben und wissenschaftlicher Werdegang

John Ronald Reuel Tolkien (3.1.1892–2.9.1973) wurde 1892 in Bloemfontein, Südafrika, geboren. Sein Vater starb sehr früh, und seine Mutter zog daraufhin wieder zurück nach England. Der kleine Ronald verbrachte seine früheste Kindheit auf dem Land, in einem kleinen Ort namens Sarehole Mill, seine Schulzeit dann in Birmingham. Daß seine Mutter im Jahr 1900 trotz des Widerstands der ganzen Familie zum Katholizismus konvertierte, sollte seine Kindheits- und Jugendjahre in Birmingham stark beeinflussen. Er war erst zwölf, als die Mutter an Diabetes starb, und von da an wurden er und sein Bruder Hilary von dem katholischen Geistlichen Francis Morgan erzogen. Er schickte Ronald auf die King Edward's School, zwischenzeitlich auch auf die katholische St. Phillip's Grammar School. Schließlich finanzierte er auch sein Studium in Oxford. Tolkien studierte am Exeter College zunächst klassische Sprachen, dann aber bald englische Philologie. Er blieb sein ganzes Leben lang ein gläubiger Katholik, und seine Werke sind nicht zuletzt auch von christlicher Symbolik geprägt.

Die beiden unterschiedlichen Erfahrungen – zunächst die Jahre auf dem Land, in der lieblichen Hügellandschaft der englischen Midlands, dann die Schulzeit in der rußigen, von der Schwerindustrie lebenden Großstadt – spiegeln sich später in Tolkiens Werken: in seiner Darstellung des Shire, des «Auenlandes», im Hob und im Lotr einerseits und in Sarumans pseudo-industriellem Isengard andererseits. Die Beschreibungen des Shire sind liebevoll, wenn auch ironisch:

At first they had passed through hobbit-lands, a wide respectable country inhabited by decent folk, with good roads, an inn or two, and now and then a dwarf or a farmer ambling by on business. (Hob 34)

Ein ausgedehnter Landstrich mußte durchquert werden, der von einem achtbaren Volk bewohnt wurde, von Menschen, Hobbits, Elben und was weiß ich von wem sonst noch. Die Wege waren gut, es gab auch ein paar Gasthäuser und hin und wieder traf man einen Zwerg, einen Kesselflicker oder einen Bauern, die ihren Geschäften nachgingen. (KHOB 56)

Es ist wohl nicht zufällig, daß gerade Kinder darin eine wichtige Rolle spielen, da Tolkien hier auf seine eigene Kindheit Bezug nimmt:

Altogether 1420 in the Shire was a marvellous year. Not only was there wonderful sunshine and delicious rain, in due times and perfect measure, but there seemed something more: an air of richness and growth, and a gleam of a beauty beyond that of mortal summers that flicker and pass upon this Middle-earth. All the children born or begotten in that year, and there were many, were fair to see and strong, and most of them had a rich golden hair that had before been rare among hobbits. (LOTR III 303)

1420 war überhaupt ein wunderbares Jahr im Auenland. Es gab nicht nur herrlichen Sonnenschein und köstlichen Regen, jeweils zur rechten Zeit und in genau der richtigen Menge, sondern es schien noch etwas mehr zu sein: ein Hauch von Fülle und Fruchtbarkeit und ein Schimmer von Schönheit über das Maß sterblicher Sommer hinaus, wie sie über dieser Mittelerde aufflackern und vergehen. Alle in jenem Jahr geborenen oder empfangenen Kinder, und es waren viele, waren schön anzusehen und kräftig, und die meisten von ihnen hatten blondes Haar, was vorher unter Hobbits selten gewesen war. (HDR III 343)

Dazu paßt auch, daß das Shire nicht nur mit Kindern gesegnet ist, sondern auch reichliche Frucht und Ernte gibt, eine recht stereotype Form der Beschreibung paradiesischer Zustände:

The fruit was so plentiful that young hobbits very nearly bathed in strawberries and cream; and later they sat on the lawns under the plum-trees and ate, until they had made piles of stones like small pyramids or the heaped skulls of a conqueror, and then moved on. And no one was ill, and everyone was pleased, except those who had to mow the grass. (LOTR III 303)

Früchte gab es so reichlich, daß junge Hobbits fast in Erdbeeren und Schlagsahne badeten; und später saßen sie unter den Pflaumenbäumen auf der Wiese und futterten, bis sie Berge von Steinen wie kleine Pyramiden oder von einem Sieger angehäufte Schädel aufgeschichtet hatten, und dann zogen sie zum nächsten Baum. Und niemand war krank, und alle waren froh, außer jenen, die das Gras mähen mußten. (HdR III 343)

Isengard dagegen wird in einer Weise als von der Umwelt zerstörte Landschaft präsentiert, daß die Beschreibung auch auf die englischen Industriestädte am Ende des 19. Jahrhunderts zutreffen könnte:

Once it had been green and filled with avenues, and groves of fruitful trees, watered by streams that flowed from the mountains to a lake. But no green thing grew there in the latter days of Saruman. The roads were paved with stone-flags, dark and hard; and beside their borders instead of trees there marched long lines of pillars, some of marble, some of copper and of iron, joined by heavy chains.

Many houses there were, chambers, halls, and passages, cut and tunnelled back into the walls upon their inner side, so that all the open circle was overlooked by countless windows and dark doors. (LotR II 160)

Einst war es grün gewesen und von baumbestandenen Straßen durchzogen und voller Haine früchtereicher Bäume, bewässert von Bächen, die vom Gebirge herab in einen See flossen. Aber nichts Grünes wuchs dort in Sarumans letzten Tagen. Die Wege waren mit Steinplatten gepflastert, dunkel und hart; und an ihren Rändern zogen sich statt der Bäume lange Reihen von Säulen hin, manche aus Marmor, manche aus Kupfer und Eisen, verbunden durch schwere Ketten.

Viele Häuser gab es, Unterkünfte, Hallen und Durchgänge, die auf der inneren Seite in die Wälle hineingehauen worden waren und wieder hinausführten, so daß der offene Kreis von zahllosen Fenstern und dunklen Türen überblickt wurde. (HdR II 180 f.)

Es folgt die drastische Beschreibung der unterirdisch eingepferchten Arbeiter und Krieger, dann der Wölfe in Höhlen und der vielen Bergwerksschächte und -stollen.

Their upper ends were covered by low mounds and domes of stone, so that in the moonlight the Ring of Isengard looked like a graveyard of unquiet dead. For the ground trembled. The shafts ran down by

Ihre oberen Enden waren mit niedrigen Hügeln und Kuppeln aus Stein bedeckt, so daß der Ring von Isengart im Mondschein wie ein Friedhof von unruhigen Toten aussah. Denn der Boden zitterte. Die

many slopes and spiral stairs to caverns far under; there Saruman had treasuries, store-houses, armouries, smithies, and great furnaces. Iron wheels revolved there endlessly, and hammers thudded. At night plumes of vapour steamed from the vents, lit from beneath with red light, or blue, or venomous green. (LOTR II 160)

Schächte führten über viele schräge Stollen und Wendeltreppen hinunter in tiefe Verliese; dort hatte Saruman Schätze, Warenlager, Waffenkammern, Schmieden und große Schmelzöfen. Eiserne Räder drehten sich dort ununterbrochen, und Hämmer dröhnten. Des Nachts strömten Dampfwolken aus den Schloten, auf die von unten rotes oder blaues oder giftgrünes Licht fiel. (HDR II 180 f.)

Es wird berichtet, daß Tolkien sich schon als 16jähriger mit der altnordischen Sprache und Literatur befaßte, etwa mit der *Völsunga saga*. Blutrünstige und grausame Stellen finden sich darin genug, aber es ist zu vermuten, daß der Jugendliche die Fassung des Völsungen-/Nibelungenstoffes im mittelhochdeutschen Nibelungenlied noch nicht kannte und daher von einer Stelle wie der folgenden sehr beeindruckt war:

Darauf wurden beide, Gunnar und Högni, in Fesseln gelegt. Da sagte König Atli zu König Gunnar, er sollte gestehen, wo das Gold sei, wenn er sein Leben geschenkt haben wolle. Der antwortete: «Dafür muß ich zuerst das blutige Herz meines Bruders Högni sehen.»

Da ergriffen sie den Knecht wieder, schnitten ihm das Herz heraus und brachten es dem König Gunnar. Der sprach darauf: «Das Herz von Hjalli dem Feigen kann man hier sehen; es ist nicht wie das Herz von Högni dem Kühnen, denn es zittert jetzt sehr, aber es zitterte doppelt so stark, als er es noch in der Brust hatte.»

Da gingen sie auf Befehl König Atlis zu Högni und schnitten ihm das Herz heraus. Sein Mut war aber so groß, daß er lachte, während er diese Qual erlitt, und alle wunderten sich über seine Tapferkeit, und daran hat man sich seitdem immer erinnert. Sie zeigten Gunnar das Herz von Högni. Er sprach: «Hier kann man nun das Herz von Högni dem Kühnen sehen, denn es ist nicht wie das Herz von Hjalli dem Feigen, denn es bewegt sich jetzt kaum, und noch weniger, während er es in der Brust hatte. Du, Atli, wirst Dein Leben lassen, wie wir jetzt unser Leben lassen, und ich weiß jetzt allein, wo das Gold ist, und Högni kann es dir nicht mehr sagen […] der Rhein mag nun das Gold behalten, bevor es die Hunnen in die Hände bekommen.» (Ü.: R. S.)

Die Faszination durch die mittelalterliche Mythologie hielt an. Als Tolkien 1910 zum Studieren nach Oxford ging, soll der 18jährige seine Kommilitonen mit Passagen aus der *Völsunga saga* unterhalten haben.[3] (darüber noch mehr im 2. KAPITEL)

Noch bevor Tolkien sein Studium abschließen konnte, brach der Erste Weltkrieg aus, und Tolkien rückte 1915 zu den Lancashire Fusiliers, einem Infanterieregiment, ein, mit dem er 1916 die Schützengrabenkämpfe erlebte. Kurz vorher heiratete er die um drei Jahre ältere Waise Edith Bratt. Sie hatten sich schon 1908 kennengelernt, sich 1913 verlobt, und Edith war 1914 unter widrigsten Umständen zum Katholizismus konvertiert. Die beiden hatten drei Söhne und eine Tochter zusammen und waren bis zu Ediths Tod 1971 verheiratet. Tolkien kehrte aus dem Krieg schon nach einem halben Jahr nach England zurück und begann bei diversen Lazarettaufenthalten, während derer er ein Fünftagefieber auskurierte, erstmals mit dem Schreiben von märchenartigen Geschichten mit stark mythologischem Einschlag. Nach dem Krieg und seinem Studienabschluß arbeitete Tolkien als Assistent am größten englischen Wörterbuchprojekt, dem *Oxford English Dictionary*, und ab 1920 trat er eine Stelle als Reader (d. h. Dozent) in English Language an der Universität Leeds an. Schon im Alter von 33 Jahren, 1925, konnte er aber als Professor für Anglo-Saxon Studies nach Oxford zurückkehren, und zwar ans Pembroke College. Im Jahre 1945 wechselte er als Merton Professor of English Language and Literature ans Merton College der Universität Oxford, wo er bis zu seiner Emeritierung 1959 blieb. 1967 zogen die Tolkiens schließlich ins Küstenstädtchen Bournemouth und wohnten dort bis zu Ediths Tod 1971. Danach zog Tolkien wieder nach Oxford zurück; er starb dort am 2. September 1973 im Alter von 81 Jahren.

Auf dem Grabstein des Ehepaars Tolkien findet sich eine Anspielung auf Beren and Lúthien aus dem SILM. Lúthien, die elbische Tochter von König Thingol und der Maia Melion, hatte Beren zuliebe ihre Unsterblichkeit aufgegeben – vielleicht eine Anspielung auf Ediths Verzicht auf eine künstlerische Karriere als Tänzerin oder Pianistin.[4]

Bekannt und berühmt geworden ist Tolkien aber nicht als Sprach- und Literaturwissenschaftler, auch wenn seine Ausgaben und Schriften (s. LITERATURHINWEISE) noch heute von einem nicht nur phantasievollen, sondern auch akribisch genauen Wissenschaftler zeugen.

Tolkien war sein ganzes akademisches Leben lang in literarische Zirkel eingebunden, die er wesentlich mitprägte oder gar gründete. Schon in Leeds hatte er Freundschaft mit E. V. Gordon geschlossen, einem Altskandinavisten, der im englischen Sprachraum bis heute durch sein immer noch benutztes Altnordisch-Lehrbuch *An Introduction to Old Norse* bekannt ist. Mit ihm hatte Tolkien den literarischen *Viking Club* gegründet. In Oxford schloß Tolkien ab 1926 Bekanntschaft, später Freundschaft mit C. S. Lewis (1898–1963), dem Autor von Fantasy-Romanen für Jugendliche, die zunächst viel bekannter als die Tolkiens waren. Dazu zählen *The Lion, the Witch and the Wardrobe* und die Serie um *Prince Caspian* (zusammen als *Chronicles of Narnia* bekannt) sowie seine sog. *Space-Trilogy* (bestehend aus *Out of the Silent Planet*, 1938, *Perelandra*, 1943 und *That Hideous Strength*, 1945). Auch Lewis gehörte zu einem Kreis von Dons, also englischen Universitätsprofessoren, die sich *Inklings* (etwa: «Tintenkleckser») nannten, da sie im Gegensatz zu anderen Kollegen literarisch tätig waren. Außerdem gründete Tolkien den Kreis der *Coalbiters* («Kohlenbeißer»), die sich mehrfach pro Trimester zur gemeinsamen Sagalektüre trafen.[5]

Tolkien hatte, wie schon erwähnt, bereits im Lazarett während des Ersten Weltkriegs begonnen, pseudomythologische Texte zu verfassen. Diese wurden zwar erst posthum 1983 und 1984 als *The Book of Lost Tales 1* bzw. 2 veröffentlicht, sie können aber durchwegs als frühe Teile der Mythologie des SILM gesehen werden. Nach der Geburt seiner Kinder (1917, 1920, 1924 und 1929) begann Tolkien wie viele Eltern, auch kleine Geschichten für sie zu verfassen. Erhalten sind davon neben etlichen Gedichten *The Father Christmas Letters* (veröffentlicht erst 1973). Das Buch ist eine nette Variation auf das Thema, daß in England vor Weihnachten die Kinder ihren Wunschzettel als «Letter to Father Christmas» an den Weihnachtsmann verschicken. Ab 1930 begann Tolkien einen längeren Text für seine Kinder zu schreiben, der 1931 als HOB Gestalt annahm. Er wurde aber erst 1937 publiziert, angeblich auf Drängen von Freunden, zu denen sicherlich die *Inklings* zählten. Das zeigt auch die Qualitäten dieses Romans: Er mußte dem mündlichen Vortrag vor zwei sehr unterschiedlichen Zuhörergruppen standhalten: vor seinen Kindern einerseits (sie waren zur Abfassungszeit zwischen zwei und vierzehn Jahre alt), vor den akademischen Literaten der *Inklings*, denen er den Roman abschnittsweise an den gemeinsamen Abenden vorlas, andererseits.

Hob wurde ein großer literarischer Erfolg und kann als die Meisterleistung von J. R. R. Tolkien gelten, die mit den späteren Werken nicht mehr übertroffen werden konnte. Es ist sowohl ein Kinderbuch, das sich an die Gesetze der einfachen literarischen und sprachlichen Formen und Strukturen hält, als auch ein Schritt auf dem Weg zur Erschaffung des Tolkienschen Kosmos.

Der Verlag George Allen and Unwin war natürlich mit dem Publikumserfolg des Hob äußerst zufrieden und drängte immer wieder auf einen weiteren Roman mit Hobbits, aber Tolkien ließ sich nicht drängen. Er bastelte allerdings weiterhin mit unterschiedlicher Intensität an der Kosmologie und Geschichte hinter der Welt der Hobbits, wobei er schon auf die *Lost Tales* und andere Vorarbeiten seit dem Ersten Weltkrieg zurückblicken konnte. Es dauerte aber bis 1949, bis auch nur eine Rohfassung von Lotr fertiggestellt war, dann nochmals fünf Jahre bis zum Erscheinen der ersten beiden Bände und noch ein weiteres Jahr bis zum vollständigen Erscheinen 1955.

Wenn man die Entstehungszeit von 1939 bis 1949 betrachtet, so ist es nicht verwunderlich, daß der permanente Hintergrund des Zweiten Weltkriegs, der besonders in England häufig allzu schematisch als Kampf zwischen Gut und Böse angesehen wurde, als Kulisse des Lotr erschien. Tolkien selbst beunruhigte dies, da er den Lotr nicht als Allegorie verstanden wissen wollte. Dieses Jahrzehnt dürfte trotz längerer Pausen im wesentlichen der Arbeit am Lotr gewidmet gewesen sein, was sich auch daran ablesen läßt, daß Tolkiens akademische Publikationen selbst unter Berücksichtigung der Kriegszeit eher gering an Zahl blieben. In diesen Jahren produzierte Tolkien neben der schließlich von ihm akzeptierten Textfassung auch viele Texte, die – wenn auch inzwischen veröffentlicht – eigentlich nicht für die Publikation bestimmt waren. Sie widersprechen der Handlung im Lotr und der Vorgeschichte im Silm wiederholt, da sie vom Autor verworfene Vorstufen dazu darstellen. Der lange

Entstehungsprozeß des LOTR, das Verwerfen verschiedener Textfassungen und das Neuverfassen vieler Passagen, wurde von den *Inklings* begleitet, in besonderem Maße von C.S. Lewis. Dieser wurde zu Tolkiens engstem Freund in der Literatengruppe, obwohl die beiden die Bücher des jeweils anderen nicht sonderlich mochten. Lewis erwähnt in Briefen schon ab November 1939, daß Tolkien Kapitel des «neuen Hobbit», wie er ihn damals offenbar nannte, vorgelesen habe, und sein Bruder W. H. Lewis, ein anderer *Inkling*, erwähnt das Vorlesen von Kapiteln daraus auch noch für das Jahr 1946.[6]

LOTR hatte keinen schnellen Erfolg als Buch; dazu ist er wohl auch zu umfangreich, zu wortreich, zu unübersichtlich und ingesamt nicht so ein perfekt und kompakt konstruierter Roman wie HOB. Es dauerte fast ein Jahrzehnt, bis der Roman im Laufe der späten 60er Jahre und frühen 70er Jahre vor allem unter Studenten immer beliebter wurde und dann Kult-Status bekam. In Deutschland wurden Tolkiens Bücher noch deutlich später bekannt; die Übersetzung des HOB war erst 1957, die von LOTR erst 1969 und 1970 erschienen. Die Verfilmung als Dreiteiler ab 2000 machte dann LOTR plötzlich in einer breiten Öffentlichkeit populär; ein regelrechter Tolkien-Boom begann, der sämtliche modernen Kommunikationsmedien und selbst die Spielzeugindustrie mit einbezog.

Von Tolkiens Kindern war es von Anfang an sein jüngster Sohn Christopher, der nicht nur in die Fußstapfen seines Vaters trat – er wurde Altnordist und Altanglist an der Universität Oxford und bekam eine Stelle bei Tolkiens Nachfolger E. O. G. Turville-Petre –, sondern auch die Herausgabe der späten Werke wesentlich mitbestimmte. Ohne Christopher Tolkien sind die nachgelassenen Schriften und wohl auch schon das SILM undenkbar. Es ist amüsant, seine Ausgabe von *The Saga of King Heidrek the Wise* anzusehen, mit der er 1960 promovierte, weil sie mit ähnlich vielen Anhängen und Glossaren zu Geschichte, Kulturgeschichte und Überlieferung versehen ist wie die Romane seines Vaters, dabei aber durchaus wissenschaftlichen Ansprüchen genügt.

Die Literaturwissenschaft hat sich mitunter schwer mit J. R. R. Tolkiens Werk getan, eben weil es so stark auf mittelalterlichen und mythologischen Quellen beruht und sich daher die Frage stellt, ob die Romane nicht doch nur eine Collage aus älteren Quellen sind, nur neu arrangiert. Eine nähere Untersuchung wie die vorliegende zeigt aber, wie frei Tolkien trotz seiner vielen Anleihen bei den alten Texten mit seinem «Rohstoff», den mittelalterlichen Stoffen, Motiven, Figuren, Themen und selbst Strukturen umgegangen ist, um doch etwas völlig Neues zu schaffen. Davon abgesehen hat die ganze europäische mittelalterliche Literatur vor den großen Artuszyklen des Spätmittelalters kein ähnlich umfangreiches Epos aufzuweisen, weder in Vers noch in Prosa. Tolkien hat somit aus der keltischen und germanischen Literatur und Mythologie ein eigenständiges mythologisches Epos geschaffen, das entgegen seinen eigenen Aussagen in *On Fairy-stories* viel mehr mit mittelalterlichen Heldenepen und mythologischen Erzählungen zu tun hat als mit Volksmärchen. Sein Ziel war es aber, eine Art englische Nationalmythologie zu schaffen, «a mythology for England».

Tolkien und die altnordische Literatur

Es wurde schon erwähnt, daß der 18jährige Tolkien an der Universität Oxford sich und seine Freunde durch das Vorlesen von blutrünstigen Episoden aus der *Völsunga saga* unterhalten haben soll, wobei er Zitate aus dem Original vorgetragen habe. Allerdings lag die Saga damals schon in mehreren Übersetzungen vor. Die von William Morris (1834–1896) war in England weit verbreitet[7] und hatte schon mehrere Auflagen erlebt. Tolkien mußte also nicht unbedingt auf das Original zurückgreifen, das allerdings bereits zu seiner Zeit in acht verschiedenen Ausgaben vorlag.

Welchen Einfluß diese frühe Lektüre altnordischer Texte auf Tolkien hatte, zeigt sich an folgendem Textausschnitt. Er erinnert sowohl an die Stelle vom Tode Théodens auf den Pelennor Fields, wobei Éowyns Schwert zerbricht (LOTR III 116–118), als auch an die Rolle des zerbrochenen Schwerts Narsil, das als Aragorns Schwert Andúril neues Leben gewinnt (LOTR I 290; darüber mehr im 10. KAPITEL).

König Lyngvi machte sich nun zum Königshof auf und gedachte dort die Königstochter zu ergreifen, aber das gelang ihm nicht, denn er fand weder Frau noch Schätze. Er durchzog nun das Land und teilte es unter seine Leute auf. Er dachte nun, daß er alle aus dem Völsungengeschlecht erschlagen habe und von ihnen fortan nichts mehr zu befürchten habe.

Hjördis ging nun in der Nacht nach der Schlacht auf das Feld der Gefallenen und kam dorthin, wo König Sigmund lag, und fragte ihn, ob er zu hei-

VÖLSUNGA SAGA: THE STORY OF THE VOLSUNGS AND NIBLUNGS, WITH CERTAIN SONGS FROM THE ELDER EDDA. EDITED, WITH INTRODUCTION AND NOTES, BY H. HALLIDAY SPARLING.

TRANSLATED FROM THE ICELANDIC BY EIRÍKR MAGNÚSSON (TRANSLATOR OF "LEGENDS OF ICELAND"); AND WILLIAM MORRIS (AUTHOR OF "THE EARTHLY PARADISE").

WALTER SCOTT
LONDON: 24 WARWICK LANE
PATERNOSTER ROW
1888

Titelblatt der Völsunga saga in der von Tolkien verwendeten Ausgabe

len sei. Er aber antwortete: «Viele überleben, obwohl wenig Hoffnung besteht, aber mein Glück hat mich verlassen, so daß ich mich nicht heilen lassen will. Odin will nicht, daß ich das Schwert ziehe, nachdem es nun zerbrochen ist. Ich habe Schlachten geschlagen, solange es sein Wille war.»

Sie sprach: «Es schiene mir sehr dringend, daß Du geheilt wirst und meinen Vater rächst.» Der König sagte: «Das ist einem Anderen bestimmt. Du bist mit einem Knaben schwanger: zieh ihn gut und vorsichtig auf, und dieser Knabe wird der erste und vornehmste unseres Geschlechts sein. Paß

Mittelalterliche Texte und Autoren, die in Tolkiens Werk von Bedeutung sind:

Barðar saga Snæfallsáss («Saga von Barðar, dem Asen des Snæfell-Gletschers»): Isländersaga, die unter Trollen und Riesen spielt; um 1350
Beowulf: altenglisches Heldenepos über dänische Helden der Völkerwanderungszeit, verfaßt wohl im 8. Jh.
Chaucer, Geoffrey (ca. 1340–1400): *Canterbury Tales.* Sammlung von mittelenglischen Erzählungen im Rahmen einer Wallfahrt
Codex Regius: wichtigste Handschrift der *Edda*
Cynewulf (8. Jh.?): *Crist.* Fragmentarisches angelsächsisches Gedicht über Christus, das mit einer Weltuntergangsschilderung schließt
Edda: altnordische Sammlung anonymer Götter- und Heldenlieder, nach 1270 im sog. *Codex Regius* aufgeschrieben
Eiriks saga víðförla («Saga vom weitgereisten Eirik»), kurze altnordische Saga über die angebliche Jenseitsreise eines Norwegers, verfaßt im 14. Jh.
Fagrskinna («Schöne Handschrift»), Handschrift mit altnordischen Sagas über die norwegischen Könige
Gísla saga Súrssonar («Saga von Gisli Sursson»): isländische Saga über einen Isländer, der wegen der Familienehre mehrere Totschläge begeht und dafür geächtet wird; Mitte des 13. Jh. verfaßt
Grettis saga («Saga vom starken Grettir»), umfangreiche altnordische Saga über einen sagenhaften isländischen Bauernsohn des 10. Jh., der als stärkster Mann Islands bezeichnet wurde; geschrieben nach 1300
Gunnlaugs saga ormstungu («Saga von Gunnlaug Schlangenzunge»): Saga über einen scharfzüngigen isländischen Skalden, die teilweise am norwegischen Königshof des 10. Jh. spielt; wohl 1270–80 entstanden
Heiðreks saga konungs («Saga von König Heiðrek») oder auch *Hervarar saga ok Heiðreks kunungs* («Die Saga von Hervör und König Heiðrek»): altnordische Vorzeitsaga, die alte Heldenlieder enthält, aber erst im 13. Jh. verfaßt wurde; die wissenschaftliche Ausgabe stammt von Chr. Tolkien
Hrolfs saga kraka («Saga von Hrolf kraki»): Fornaldarsaga über einen sagenhaften dänischen König, die erst im 14. oder 15. Jh. entstand

auch gut auf die Teile des Schwerts auf: Daraus wird ein gutes Schwert gemacht werden, es soll Gram heißen, und unser Sohn wird es tragen und damit viele Großtaten vollbringen, obwohl er nicht alt werden wird. Sein Name wird bekannt sein, solange die Welt besteht. Laß es nun dabei, aber ich werde von den Wunden erschöpft und will nun unsere vorangegangenen Verwandten treffen.» Hjördis saß nun bei ihm, bis er starb, und da brach der Tag an. (*Völsunga saga*, Kap. 13)[6]

Alle Wissenschafter sind bis zu einem gewissen Grad vom Stand der Forschung zur Zeit ihres Studiums und ihrer ersten Forscherjahre geprägt, auch wenn sie sich dann weiterentwickeln. Da Tolkien

Nibelungenlied: mittelhochdeutsches höfisches Heldenepos über die Sagen von Sigfried, Brünhild und die Nibelungen, um 1200 verfaßt. Abweichende Fassungen dieser Stoffe finden sich auch in den Heldenliedern der *Edda*

Orendel: Mittelhochdeutsches Versgedicht, um 1190 verfaßt, das den Hl. Rock von Trier und seine Herkunft zum Inhalt hat

Örvar-Odds saga («Saga vom Pfeile-Odd»): altnordische Saga über einen Helden der mythischen Vorzeit, der drei Leben hat; 13. Jh.

Saxo Grammaticus († 1216): *Gesta Danorum* («Geschichte der Dänen»), lateinische Geschichte Dänemarks in Prosa von den mythischen Anfängen bis 1202; Anfang des 13. Jh. verfaßt

Sir Gawain And The Green Knight: anonymes mittelenglisches Versepos aus dem Stoffkreis um König Artus, geschrieben wohl bald nach 1375

Snorri Sturluson (1178/1179–1241): *Edda* (auch Snorra-Edda oder Prosa-Edda), ein altnordisches Handbuch für Dichter, das auch viele mythologische Informationen enthält, um 1220 verfaßt; *Heimskringla*, die Geschichte der norwegischen Könige von dem mythischen Anfängen bis 1177, um 1230 verfaßt; wahrscheinlich auch von S. S. ist *Egils saga Skalla-Grímssonar* («Saga von Egill Skalla-Grimsson»), ausführliche isländische Saga über den isländischen Skalden und Wikinger Egill, der im 10. Jh. wirklich lebte

The Ruin: altenglisches elegisches Gedicht über die römischen Ruinen in England, aufgezeichnet im 11. Jh., vielleicht schon im 8. Jh. verfaßt

The Wanderer: altenglisches Gedicht über das Schicksal eines «Erdwanderers»; im späten 10. Jh. aufgezeichnet

Víga-Glúms saga («Saga vom Kämpfer Glúmr»): Saga über einen sagenhaften Isländer des 10. Jh., wohl Mitte des 13. Jh. verfaßt

Völsunga saga («Saga von den Völsungen»): umfangreiche altnordische Saga über die Geschlechter der Völsungen und Nibelungen, beruhend auf den Heldenliedern der Lieder-*Edda*, nach 1250 verfaßt

Völuspá («Vorhersagung der Seherin»): altnordisches mythologisches Gedicht und wichtigstes Lied der *Edda*; Entstehungszeit unbekannt

in den 10er Jahren des 20. Jahrhunderts Altanglistik einschließlich Altnordistik und germanischer Mythologie studierte, ist es sicher wichtiger, die damalige Quellenlage, also den Stand der Ausgaben, Übersetzungen und Forschungen, zu betrachten als den der 30er und 40er Jahre, in denen Hob und Lotr entstanden. Hierbei ist zu bemerken, daß in England wie in anderen Ländern während des Ersten Weltkriegs und kurz danach, also von 1914 bis etwas 1925, deutlich weniger veröffentlicht wurde als sonst.

Schon Anfang des 20. Jahrhunderts waren mehr altnordische Texte in Ausgaben und Übersetzungen zugänglich, als man auf den ersten Blick erwarten würde. Die *Eddas* waren seit langem ediert und übersetzt, die Isländersagas ebenfalls, und auch die wichtigsten *Fornaldarsögur* («Vorzeitsagas») waren schon im Laufe des 19. Jahrhunderts herausgegeben worden. Es gab außerdem einige große Quellensammlungen der altnordischen Literatur, die durch die beigefügten Übersetzungen den Texten einen hohen Bekanntheitsgrad verschafften. Es ist also davon auszugehen, daß Tolkien mit den wesentlichen Texten der altnordischen Literatur vertraut war, und es wäre zu fragen, ob sich diese Kenntnis auch in direkten Zitaten widerspiegelt, und nicht nur in einer generellen Vertrautheit mit den Konzepten, Stoffen, Motiven und Namen der altskandinavischen Literatur.

Über zwei Bereiche altnordischer Literatur äußert sich Tolkien wiederholt selbst, und wir dürfen annehmen, daß sie ihm besonders am Herzen lagen: einerseits die Lieder der sog. Lieder-*Edda* und zum anderen die *Fornaldarsögur* («Vorzeitsagas»), das sind diejenigen altisländischen Sagas, die sich in erster Linie mit der skandinavischen Geschichte vor und in der Wikingerzeit beschäftigten, also jedenfalls nicht mit der isländischen Geschichte nach 870. Am wirkungsvollsten davon war sicherlich die *Völsunga saga*, und auch bei den *Edda*-Liedern war Tolkien mehr von den Liedern des Völsungen- und Nibelungen-Stoffkreises beeinflußt als von anderen, obwohl er auch die Götterlieder kannte und verwendete. Wir dürfen aber nicht den Fehler begehen, andere altnordische Texte, die zu seiner Zeit schon ediert waren, auszuschließen, nur weil er sie etwa in seinen Briefen oder theoretischen Schriften nicht erwähnt. Im Gegenteil, ich glaube nachweisen zu können, daß etliche altnordische Werke, die er nie nennt, einen nicht unwesentlichen Einfluß auf das literarische Werk Tolkiens gehabt haben, ob ihm dies nun zum Abfassungszeitraum selbst noch bewußt war oder nicht.

Neben der *Völsunga saga* gab es noch ein zweites Werk der germanischen Heldensagen, das Tolkien enorm beeinflußte, nämlich den altenglischen *Beowulf*, über den er einen seiner wichtigsten wissenschaftlichen Aufsätze schrieb: *The Monsters and the Critics* (s. S. 189). Zwar hat sich in wissenschaftsgeschichtlicher Hinsicht seither einiges verändert, aber Tolkien liebte auch am *Beowulf* die Episoden von Beowulfs Bekämpfung der Monster, Grendel und seiner Mutter, wie des Drachens am Ende von Beowulfs Leben. Er sah in diesen Monsterkämpfen im Gegensatz zu vielen Forschern vor ihm einen ganz wesentlichen Zug dieser germanischen Heldenepen und nicht etwa nur schmückendes Beiwerk. Einflüsse aus dem *Beowulf* sind in Tolkiens Werk also zu erwarten und von ihm selbst wiederholt angesprochen worden. Man hat aber auch behauptet, daß er damals angeblich mittelenglische Texte als durch Latein und Französisch verdorben ansah. Das stimmt so ganz offenbar nicht, denn schon 1924/25 edierte er mit E. V. Gordon das mittelenglische Gedicht *Sir Gawain And The Green Knight*, das in der hochmittelalterlichen Artustradition steht. 1934 erschien seine Studie zu mittelenglischen Dialekten in *The Reeve's Tale* aus den *Canterbury Tales* von Chaucer, einem ironischen Zyklus von Schwänken und Legenden aus dem 14. Jahrhundert, an denen Tolkien offensichtlich Gefallen fand. Tolkien war also keineswegs nur an altenglischen Texten interessiert, wie es uns mitunter glauben gemacht wird.[9]

Die Lieder der Edda und die Prosa-Edda

Unter den altnordischen Texten, also der ganzen mittelalterlichen Literatur Norwegens und Islands, soll zuerst auf die Lieder der sog. älteren oder poetischen *Edda* eingegangen werden, die auf Deutsch am besten als Lieder-*Edda* zu bezeichnen ist. Dies ist eine nach 1270 in Island niedergeschriebene Sammlung von Gedichten sehr unterschiedlichen Alters und Inhalts, die durchwegs anonym überliefert und nicht zuletzt deshalb sehr schwer zu datieren sind. Die einzige halbwegs vollständige Handschrift dieser Sammlung wird als *Codex Regius* bezeichnet, und da der Name *Edda* ursprünglich die sog. Prosa-*Edda* des Snorri Sturluson (s. u.) bezeichnet, ist es am korrektesten, bei den *Edda*-Liedern von den «Liedern des *Codex Regius*» zu sprechen. Diese Sammlung zerfällt in zwei große Abschnitte, wovon der erste Teil zehn Gedichte mythologischen Inhalts enthält, der zweite, längere, dagegen Heldenlieder. Bei den Götterliedern ist zwischen erzählenden und lehrhaften Liedern zu unterscheiden. Das bekannteste Lied (und das erste in der Sammlung des *Codex Regius*) ist die *Völuspá*, auf Deutsch oft als «Der Seherin Gesicht» übersetzt, während Tolkien sie offenbar durchwegs *The Song of the Sibyl*, also «Lied der Sibylle», nannte. Niemand weiß wirklich, wann dieses Lied verfaßt wurde, aber die meisten Forscher sind sich heute einig, daß es zu den ältesten mythologischen *Edda*-Liedern gehört und wegen seiner deutlichen christlichen Elemente wohl kurz vor oder nach der Bekehrungszeit Islands und

Norwegens (also um 1000) gedichtet worden sein muß. Dabei ist aber keineswegs sicher, ob es in Westskandinavien abgefaßt wurde oder etwa im spätwikingerzeitlichen England. Tolkien kannte und schätzte die *Völuspá*, wahrscheinlich hatte er sie schon früh in der Übersetzung von William Morris kennengelernt. Er schätzte später aber offenbar auch die sehr freie und poetische (wenn auch keineswegs immer korrekte) Übersetzung, die der englische Lyriker W. H. Auden mit Hilfe des Altnordisten P. B. Taylor im Rahmen einer *Edda*-Übersetzung anfertigte. Schon geraume Zeit vor ihrem Erscheinen 1969 hatte sie Tolkien offenbar zur Ansicht geschickt bekommen, wie aus einem Brief vom März 1967 hervorgeht (LTRS 379). Die *Völuspá* hat Tolkien nicht nur gekannt, sondern auch ausgiebig für seine Zwergennamen benutzt (s. dazu unten im 4. KAPITEL).

Was die anderen mythologischen *Edda*-Lieder anlangt, so ist ihre Kenntnis bei Tolkien wohl vorauszusetzen, er erwähnt sie aber weder ausdrücklich, noch sind so direkte Übereinstimmungen wie bei den Zwergennamen der *Völuspá* nachzuweisen. Zu den erzählenden Liedern gehören u. a. noch die *Skírnismál* («Skírnirs Fahrt»), die *Lokasenna* («Lokis Spottreden»), oder die *Baldrs draumar* («Balders Träume»), zu den belehrenden die *Hávamál* («Die Sprüche des Hohen»), die *Alvíssmál* («Das Lied vom überweisen Zwerg») oder die *Rígsþula* («Lehrgedicht von Rig»).

Einen Nachhall des wichtigen Mythos von Balders Tod, oder wenigstens des Wortlauts einer Stelle aus dem entsprechenden *Edda*-Gedicht, den *Baldrs draumar,* glaube ich im LOTR zu finden. Träume als schlechtes, schicksalsschweres Vorzeichen sind in der altnordischen Literatur sehr häufig, aber der (in mythologischer Hinsicht) folgenschwerste Traum ist der des Gottes Balder, der seinen eigenen Tod in Träumen vorausahnt: «und über das berieten die mächtigen Götter, warum Balder böse Träume hätte» (*Edda, Baldrs draumar* Str. 1)[10], und recht ähnlich in der Prosa-*Edda:* «Balder der Gute träumte schwere und gefährliche Träume über sein Leben» (*Snorra Edda, Gylfaginning* 48). Dies mag wohl für den schönen, dunklen Spruch «Dark have been my dreams of late» des Théoden gelten, der im Augenblick seiner Befreiung vom Zauber eine Ahnung künftigen Unglücks hat:

«Dark have been my dreams of late,» he said, «but I feel as one new-awakened. I would now that you had come before, Gandalf. For I fear that already you have come too late, only to see the last days of my house. Not long now shall stand the high hall which Brego son of Eorl built. Fire shall devour the high seat. What is to be done?» (LOTR II 120)

«Dunkel waren meine Träume in letzter Zeit», sagte er, «aber ich fühle mich wie neu belebt. Jetzt wünschte ich, Ihr wäret früher gekommen, Gandalf. Denn ich fürchte, Ihr seid schon zu spät gekommen und werdet nur die letzten Tage meines Hauses sehen. Nicht lange mehr wird die hohe Halle stehen, die Brego, Eorls Sohn, gebaut hat. Feuer wird den Thron verzehren. Was ist zu tun?» (HDR II 135 f.)

Anders als bei den mythologischen Liedern liegen die Dinge beim heroischen Abschnitt der Lieder-*Edda.* Die meisten der verbleibenden Gedichte des zweiten Abschnitts, mit Ausnahme der von Wieland dem Schmied handelnden *Völundarkviða* und einigen eher zwischen Helden- und Götterdichtung stehenden Liedern, gehören zum Stoffkreis um die Völsungen, die Nibelungen und den Hunnenkönig Attila. Dieser Abschnitt besteht aus einer ganzen Reihe von Heldenliedern: die ersten drei beschäftigen sich mit Sigurds (Siegfrieds) Vorfahren, dann einige mit Sigurds Jugend, schließlich mit seinem Leben und Sterben. Weitere Lieder behandeln die Klage der Gudrun (Kriemhild) sowie schließlich den Untergang der Nibelungen an Attilas Hof.

Zwar ist offenkundig, daß alle diese Lieder einen Sagenstoff aus der Völkerwanderungszeit, am ehesten des 5. Jahrhunderts, behandeln, aber die genaue Herkunft und die Entstehungszeit dieser Lieder ist in der Forschung noch immer heiß umstritten. Man kann aber ganz allgemein sagen, daß die ältesten Lieder in der erhaltenen Form noch im 9./10. Jahrhundert in Norwegen entstanden sind, während der Rest in Island zwischen dem 10. und 12. Jahrhundert verfaßt wurde; nur die *Atlamál* entstand in Grönland. Besonders spannend ist die Überlieferung der Sigurd-Lieder aber dadurch, daß dem *Codex Regius* im Spätmittelalter eine Lage von Pergamentblättern verlorenen gegangen ist, so daß eine Lücke entstand. Der ungefähre Inhalt dieses Abschnitts kann zwar aus der Prosafassung der *Völsunga saga* erschlossen werden, aber eben nicht genau, und die Saga sagt auch nichts über die Anzahl der verlorenen Lieder.

Wie die Forschung der letzten 200 Jahre überhaupt, so konnte sich offenbar auch Tolkien der Faszination der Lieder zum Völsungenstoff und den Fragen der Lücke nicht völlig entziehen, denn er hatte schon in den 20er oder 30er Jahren versucht, ein selbstverfaßtes englisches Gedicht aus den umfangreichen Gedichten zu konstruieren, in dem all die sich ja vielfach überlappenden Stoffe der mittelalterlichen Lieder harmonisiert werden sollten:

Danke für den wunderbaren Versuch einer Übersetzung und Neuarrangierung des *Lieds der Sibylle*. Als Gegenleistung hoffe ich Ihnen etwas zu schicken, wenn ich es nur finden kann (ich hoffe, es ist nicht verloren gegangen), das ich vor vielen Jahren gemacht habe, als ich versuchte, die Kunst der Stabreimdichtung zu erlernen: Ein Versuch, die Lieder der Älteren *Edda* über die Völsungen zusammenzuführen, geschrieben in der alten achtzeiligen *fornyrðislag*-Strophe. (Brief an W. H. Auden, 29.3.67: LTRS 379)[11]

Diese von ihm als *Völsungakviða En Nyja* («Das neue Gedicht von den Völsungen») bezeichnete Dichtung ist wohl leider verloren gegangen, jedenfalls nicht publiziert. Offenbar war sie zwar im alten eddischen Metrum des *fornyrðislag* abgefaßt, aber dabei in modernem Englisch in achtzeiligen Strophen – ein Versuch, daß *Edda*-Material über Sigurd und Gunnar neu anzuordnen (vgl. Brief an W. H. Auden, 29.1.68: LTRS 452).

Ganz überraschend ist, daß sich in Tolkiens literarischen und sonstigen Schriften kaum Hinweise auf das ansonsten einflußreichste Werk der altnordischen Literatur finden lassen, nämlich auf die Prosa-*Edda* des Isländers Snorri Sturluson. Sie wird häufig auch als Jüngere Edda bezeichnet, was aber falsch ist, da sie um 1220 verfaßt wurde, der *Codex Regius* aber wohl erst nach 1270. Fast alle systematische Kenntnis der altnordischen Mythologie wird auch heute noch üblicherweise aus diesem Werk bezogen, obwohl es gar keine Darstellung der heidnischen Religion sein wollte. In erster Linie ist es ein Handbuch für angehende Dichter (sog. Skalden), denen man – über 200 Jahre nach der Christianisierung – viele der von heidnischer Mythologie geprägten Bilder und Metaphern (sog. *kenningar*) erklären mußte. Dazu diente ein wesentlicher Teil des Büchleins, so daß Snorris Darstellung unsere einzige systematische Quelle nordgermanisch-heidnischer Mythologie wurde. Snorri war aber auch ein kirchlich ausgebildeter Gelehrter und noch dazu selber Dichter, so daß seine Darstellung deutliche Spuren eigener Kreativität zeigt. Mit Sicherheit kannte Tolkien dieses Werk, denn

Ältere englische Ausgaben und Übersetzungen der *Edda* und anderer Quellen zur Mythologie:

Henry Adams Bellows: The Poetic Edda. New York 1923.
Olive Bray: The Elder or Poetic Edda. London 1908.
Corpus Poeticum Boreale. Hrsg. v. Gudbrandur Vigfusson und F. York Powell. 2 Bde. Oxford 1883.
A. G. Brodeur: The Prose Edda by Snorri Sturluson. New York 1916.
Oliver Elton: The Nine Books of The Danish History of Saxo Grammaticus. London etc. 1906.
Samuel Laing: Ynglinga saga. London 1844.

Ältere englische Ausgaben von Sagas:
Völsunga saga:
Eiríkr Magnússon, William Morris: The story of the Volsungs and Niblungs, with certain songs from the elder Edda. Edited, with introduction and notes, by H. Halliday Sparling. London 1870, Reprint 1888.
Þættir und Isländersagas, inkl. Hrafnkatla:
Guðbrandur Vigfússon and F. York Powell: Origines Islandicae 1–2. Oxford 1905.
Isländersagas, þættir und Orkneyinga saga, Jatvarðar saga helga, Magnús saga jarls, Hákonar saga Hákonarsonar:
Guðbrandur Vigfusson, George Webb Dasent: Icelandic Sagas and Other Historical Documents Relating to the Settlements and Descents of the Northmen on the British Isles. London 1887–1894 (= Rolls Series 88,1–4).
Thomas saga erkibiskups:
E. Magnússon: Thómas saga erkibiskups 2, London 1883 (= Rolls Series 65,2).
Eiríks saga víðförla:
Sabine Baring-Gould: Curious Myths of the Middle Ages, London 1884.

die wesentlichen und noch heute gültigen Ausgaben war längst erschienen.[12] Es wirft jedoch ein bezeichnendes Licht auf Tolkiens Kenntnis und Verwendung der altnordischen Texte im Original, daß er dieses wichtige, aber während seiner Studienzeit noch nicht in Übersetzung zugängliche Werk[13] offenbar so gut wie gar nicht verwendete, während er die genannten *Edda*-Lieder und Sagas intensiv nutzte. Dabei hatte sein häufiger Umgang mit altisländischen Werken bewirkt, daß er altnordische Texte fließend lesen konnte, und die Praxis der gemeinsamen Lektüre von Originaltexten der Sagas hatte diese Fähigkeit gefestigt.

Altisländische Sagas

Die sog. *Fornaldarsögur* «Vorzeitsagas» sind eine Untergruppe in der umfangreichen Gattung der altisländischen Sagas. *Saga* (isländ., Pl. *sögur*) heißt eigentlich nur «Geschichte», aber es sind in der Regel recht umfangreiche Geschichten aus der Vergangenheit, die hier vom 12 Jahrhundert an verfaßt und zu Pergament gebracht wurden, fast wie historische Romane. Sie lassen sich im wesentlichen (und etwas vereinfachend) in zwei Gruppen einteilen. Da sind einmal die «Heldensagas», die auf der Grundlage von älteren, z. T. längere Zeit mündlich überlieferten Liedern und Heldensagen verfaßt wurden, die weit zurück bis in die Völkerwanderungszeit reichen; diese alten Lieder werden mitunter auch ganz oder teilweise in die Sagaprosa eingebaut. Die sog. Wikingersagas anderseits, auch Abenteuersagas oder sogar Märchensagas genannt, sind abenteuerhafte Erzählungen mit oft märchenartigen Strukturen (zum Beispiel Schwiegermuttermärchen oder Brautentführungsgeschichte). Sie sind historisch gar nicht oder in einer nur vage wikingerzeitlich anmutenden Geschichtsperiode angesiedelt und geben ganz oder fast frei erfundene Handlungen wieder.

Das Musterbeispiel für die erste Gruppe ist eben die *Völsunga saga*. Sie versucht, diejenigen Heldenlieder der Lieder-*Edda*, die sich mit der Geschichte von Sigurd und dann den Geschlechtern der Völsungen und Nibelungen beschäftigen, als fortlaufende Geschichte in einen Prosatext zu verwandeln. Tolkiens Versuch, diesen Gedichtzyklus zu einem einzigen Gedicht in englischer Sprache zu harmonisieren (s. o.), war zweifellos von der *Völsunga saga* beeinflußt. Er hatte diese Saga ja wie gesagt schon in jungen Jahren kennengelernt, und sie dürfte einer der wichtigsten altnordischen Quellentexte für ihn geblieben sein, auch weil sie eine ausführliche Genealogie des Völsungengeschlechts über etliche Generationen umfaßt. Die Mischung von Heldensage und Mythologie hatte die *Völsunga saga* schon früh zu einem vielbeachteten Text gemacht.

Tolkien hat sich nur vereinzelt zur Völsungenfabel geäußert, und meines Wissens gar nicht zur *Völsunga saga* selbst. Er legte aber offenbar Wert darauf, die Ring-Fabel des LOTR nicht von Richard Wagners Opernzyklus «Der Ring des Nibelungen» übernommen zu haben, sondern von ihrer gemeinsamen Quelle, eben der *Völ-*

sunga saga. Denn der Kommentar seines schwedischen Übersetzers Åke Ohlmarks «The Ring is in a certain way ‹der Nibelungen Ring›» ärgerte Tolkien so sehr, daß er in einem Brief an seinen Verlag 1961 den vielzitierten Satz schrieb: «Both rings were round, and here the resemblance ceases.» (Brief 229 vom 23.2.1961: LTRS 306). Es wird unten im 10. KAPITEL über das Ringmotiv zu zeigen sein, daß Tolkien aus Verärgerung über Ohlmarks teilweise sehr eigenwillige Interpretationen seines Werks hier absichtlich untertreibt. Ganz so einfach liegt die Sache nicht.

Andere «Vorzeitsagas» haben Tolkiens Werk viel weniger geprägt als die *Völsunga saga*. Gerade von der ersten Gruppe der *Fornaldarsögur*, den Heldensagas, mit ihren Einschüben von alten (und wohl auch nachgedichteten jüngeren) Heldenliedern dürfen wir aber annehmen, daß Tolkien sie gut kannte. Bei einigen läßt sich dies auch recht leicht nachweisen; mehr dazu unten im 2. KAPITEL (S. 44–46) sowie im 4. KAPITEL über die Erscheinungsformen Odins. Vor allem aber sollten wir im Kopf behalten, daß Tolkien diese Sagas nicht einfach als Steinbruch für etwaige Motive und literarische Versatzstücke im LOTR behandelte. Vielmehr waren sie sein kulturell-literarischer Hintergrund, ein Wissensschatz, aus dem er mehr unbewußt als bewußt vereinzelt Elemente hob und – üblicherweise stark variiert – wiederverwendete.

Anders ist es mit der zweiten Gruppe der «Vorzeitsagas», den Wikinger- und Abenteuersagas. Tolkien hatte an diesen hochmittelalterlichen abenteuerreichen Schöpfungen weniger Gefallen als die heutigen Leser, und mit wenigen Ausnahmen, etwa der *Eiríks saga víðförla* (vgl. 2. KAPITEL), kann ich kaum Einflüsse in seinem Werk entdecken. Dies ist deshalb bemerkenswert, da Tolkien selbst ja seine Werke als Form von *fairy-stories*, als Märchen, bezeichnete und sich diese märchenartigen Sagas eigentlich als Quelle oder Vorbild angeboten hätten. Aber bis auf die ausufernden Schlachtenschilderungen, in denen sich diese Gattung gerne ergeht – Schlachten dauern oft drei Tage lang und weisen ein reiches Inventar an übernatürlichen oder magischen Elementen und Akteuren auf – ist kaum ein Echo dieser Sagagattung in Tolkiens Werk zu entdecken.

Gerade für die weniger bekannten altnordischen Texte hat er sich offenbar mehr interessiert als für die in Großbritannien sonst so beliebten Isländersagas. Da findet sich zum Beispiel eine Übernahme des Titels altnordischer Werke in seinem Appendix B von LOTR III unter dem Titel *The Tale of Years*. Dies ist «A chronology of the Westlands» (LOTR III 363 f.) durch die drei Zeitalter, wobei der Schwerpunkt auf dem 3. Zeitalter liegt, für das 3141 Jahre verzeichnet werden. Die innere Chronologie dieses Kalenders und des damit am Ende konkurrierenden *Shire Calendar* sind natürlich Tolkiens ureigenste Leistung, aber der Name des Verzeichnisses ist eine unerwartete Entlehnung: Nicht eine Geschichte (neuengl. *tale*) wird hier vorgeführt, sondern eine Chronologie, ein «Verzeichnis der Jahre». *Ættartalir* «Verzeichnis der Familien» ist nämlich die altwestnordische Bezeichnung für Stammbäume, die man im alten Skandinavien für Königshäuser (samt ihren mythischen Vorfahren) und Fürstengeschlechter, aber auch für bedeutendere Bauerngeschlechter (vor allem in Island) aufzeichnete, um sie für die Nachwelt zu bewahren. Die ausführlichste dieser Genealogien findet sich für Norwegen vom 9. Jh. bis 1177 unter dem Titel *Nóregs konunga tal* «Verzeichnis der norwegischen Könige» in der isländischen Handschrift *Fagrskinna* (um 1230), und von diesem altnordischen Begriff *tal* «Aufzählung» hat Tolkien sein pseudo-englisches Wort *Tale of Years* entlehnt (vgl. dazu auch den Ausdruck *Langfeðgatal* im 3. KAPITEL, S. 70 f.).

Die Dänische Geschichte des Saxo Grammaticus

Schließlich ist zu den Quellen der alten nordischen Mythologie und Heldensage auch noch ein Werk in lateinischer Sprache zu stellen, das aber fast ausschließlich auf einheimischen Quellen, vor allem mündlichen Überlieferungen aus Skandinavien und Island beruhte, nämlich die dänische (Pseudo-)Geschichte des Saxo Grammaticus, die *Gesta Danorum* (kurz nach 1200 abgeschlossen). Auch dieses umfangreiche Werk, von dem üblicherweise nur die ersten neun Bücher der mythischen Vorzeit herausgegeben und übersetzt werden, lag schon Tolkien sowohl in kommentierten Editionen als auch in einer englischen Übersetzung vor.[14] Es blieb nicht ohne Wirkung auf Tolkien. Auch Saxo hatte aus dem bekannten volkssprachlichen Material eine komplette, halb-mythologische und halb-reale Geschichte des dänischen Königtums konstruiert, wobei er ältere mythologische Texte und heroische Lieder in den historischen Ablauf von Jahrhunderten einarbeitete. Wichtig daran ist vor allem, daß Saxo die für das nordeuropäische Mittelalter wirksamste Interpretation des alten Götterglaubens bot, indem er in seiner Theorie des sog. Euhemerismus[15] die alten Götter einfach zu außerordentlich begabten und in der Magie kundigen, aber letztlich realen Menschen der Vorzeit erklärte, ähnlich der Schilderung der Istari durch Tolkien:

Even as the first shadows were felt in Mirkwood there appeared in the west of Middle-earth the Istari, whom Men called the Wizards. None knew at that time whence they were [...] (SILM 299)

Schon als die ersten Schatten auf dem Düsterwald bemerkt wurden, erschienen im Westen von Mittelerde die Istari, welche die Menschen Zauberer nannten. Niemand wußte zu der Zeit, woher sie kamen [...] (DSILM 328)

Sie seien aber Boten gewesen, welche ausgesandt waren, die Menschen zum Handeln gegen Saurons wachsende Macht zu bewegen:

In the likeness of Men they appeared, old but vigorous, and they changed little with the years, and aged but slowly, though great cares lay on them; great wisdom they had, and many powers of mind and hand. Long they journeyed far and wide among Elves and Men, and held converse also with beasts and with birds; and the peoples of Middle-earth gave to them many names, for their true names they did not reveal. Chief among them were those whom the Elves called Mithrandir and Curunír, but Men in the North named Gandalf and Saruman. Of these Curunír was the eldest and came first, and after him came Mithrandir and Radagast, and others of the Istari who went into the east of Middle-earth, and do not come into these tales. Radagast was the friend of all beasts and birds; but Curunír went most among Men, and he was subtle in speech and skilled in all the devices of smithcraft. (SILM 299 f.)

In Menschengestalt erschienen sie, alt doch kraftvoll, und sie änderten sich kaum mit den Jahren und alterten nur langsam, obgleich große Mühen auf ihnen lagen; vieles wußten sie, und vieles vermochten sie mit Geist und Hand. Lange gingen sie unter Elben und Menschen umher, und sie hielten auch mit Tier und Vogel Zwiesprache; und die Völker von Mittelerde gaben ihnen viele Namen, denn ihre wahren Namen verrieten sie nicht. Die Mächtigsten unter ihnen waren jene beiden, welche die Eiben Mithrandir und Curunír, die Menschen im Norden aber Gandalf und Saruman nannten. Von ihnen war Curunír der Älteste; er kam als erster, und nach ihm kamen Mithrandir und Radagast und andere Istari, die in den Osten von Mittelerde gingen und in diesen Geschichten keine Erwähnung finden. Radagast war der Freund aller Tiere und Vögel; Curunír aber ging am meisten unter die Menschen. Von feiner Beredsamkeit war er und wußte in allen Dingen der Schmiedekunst Bescheid. (DSILM 328 f.)

Bei Saxo Grammaticus dagegen werden in den *Gesta Danorum* die Zauberer in drei historisch differenzierte Gruppen (etwa Riesen, Halbgöttern und Göttern entsprechend?) so beschrieben (I 19 f.):

«daß dereinst eine dreifache Art von Zauberern unerhörte Wunder durch geheime Zauberkünste vollbracht hat [...] Die ersten von ihnen waren Männer von Ungeheuer-Art, welche die Vorzeit Riesen nannte [...] Die zweiten nach diesen erwarben die erste Kenntnis der Wahrsagung [...], sie standen zwar den ersten an Körper nach, überragten sie aber an geistiger Regsamkeit [...], bis endlich die Wahrsager das Riesengeschlecht siegreich mit den Waffen überwanden und sich nicht allein die Regierung, sondern auch das Ansehen von Göttern erwarben. Beide Klassen verstanden es, geschickt die Augen zu äffen, eigene und fremde Züge durch mannigfache Bilder zu verhüllen und die wahren Erscheinungen unter irreführenden Gestalten zu verdunkeln. (Ü.: Paul Hermann: Erläuterungen 24 f.)

Daran ist abzulesen, daß Tolkien wie die mittelalterlichen Autoren Snorri und Saxo die euhemeristische Interpretation seiner Götterwelt, die ebenfalls aus mächtigen, aber letztlich ihrerseits nur geschaffenen Menschen besteht, dazu verwenden konnte, die Mythologie in Einklang mit seinem Christentum zu bringen: Wenn diese alten Götter gar keine richtigen Götter sind, dann kann man auch religiös unbedenklich von ihnen berichten.

2. Kapitel

Geographie und geographische Namen von Mittelerde

Kosmographie und Kartographie

Die beiden Karten im Hob zeigen uns einen an der Romanhandlung orientierten Ausschnitt aus der Welt von Mittelerde, nämlich den Weg vom Shire zum Lonely Mountain oder, genauer, den für die Hobbits fremden Teil dieses Wegs. Im Lotr dagegen wird dem Leser ein ausgereiftes, systematisches und auch bis in die Ränder detailreich gestaltetes Weltbild präsentiert (s. Karte S. 42–43). Nicht alle von Tolkien dafür gezeichneten Karten wurden im Lotr veröffentlicht, etliche sind erst später, in den nachgelassenen Schriften publiziert.[16] Haben die Karten im Hob also noch den Charakter von Kursskizzen, so liegen im Lotr schon Teile von Weltkarten vor, die zu einem großen Ganzen zusammengesetzt werden können.

Der Gesamtgeographie von Mittelerde liegt, wie es Tolkiens Kenntnissen als Mediävisten auch entspricht, zweifellos das Konzept der mittelalterlichen europäischen Kosmographie zugrunde, wie sie sich in mittelalterlichen Weltkarten manifestiert. Diese Weltkarten dienten aber nicht, was Tolkien schon hat wissen können, zur realen Fortbewegung auf der Erde, sondern sollten weitgehend symbolisch die in historischer, religiöser oder sonstiger Hinsicht wichtigsten Stätten der bewohnten Erde zeigen. Daher beschränken sich die meisten mittelalterlichen Weltkarten, die man auch mit der lateinischen Bezeichnung *Mappae mundi* nennt, auf die drei bekannten und teilweise erforschten Kontinente Europa, Afrika und Asien sowie einige Inseln um diese Erdteile herum. Da es bekannt war, daß Asien viel größer war als die anderen Kontinente, teilten sich Afrika und Europa meist die untere, westliche Kartenhälfte, während Asien die obere Hälfte des Kartenbilds einnahm, also den Ostteil der Erde. Diese Karten waren nämlich nach Osten ausgerichtet, davon kommt unser Wort «orientiert». Auch wenn man es den mittelalterlichen Kartenmalern in den letzten 200 Jahren oft unterstellt hat, so glaubte doch niemand im Mittelalter an eine flache Erde. Man

Cottonianische Weltkarte (11. Jh.) nach der Umzeichnung durch Miller: Mappae mundi, Bd. 3, 33

stellte den bewohnten Teil der Erdkugel aus demselben Grund in Form eines Kreises, Ovals oder Quadrats dar wie die heutigen Atlanten es bei den Weltkarten machen, nämlich um die Erdoberfläche überhaupt erst darstellbar zu machen.

Zu Tolkiens Zeiten waren erst die Nachzeichnungen und Texteditionen der wichtigsten europäischen mittelalterlichen Weltkarten veröffentlicht. Aber da gerade zwei englische Weltkarten in der Tradition der mittelalterlichen Kartographie eine große Rolle spielten, ist anzunehmen, daß Tolkien mit ihnen vertraut war: nämlich die berühmte große *Mappa mundi* aus der Kathedrale von Hereford sowie die Cottonianische Weltkarte aus einer Handschrift des 11. Jahrhunderts. Gerade mit der sog. Cottoniana scheinen mir Tolkiens Karten und Weltbild des LOTR Parallelen aufzuweisen, zumindest hat sein Konzept vom Kartenbild von Mittelerde davon stilistische Anregungen empfangen.

Jedenfalls deutet nichts darauf hin, daß die zu seiner Zeit schon bekannten Rekonstruktionen des nordisch-germanischen Weltbilds oder der Kosmologie der *Edda*-Mythologie irgendeinen Einfluß auf das kartographische Gesamtkonzept seines Bilds von Mittelerde hatten, auch wenn er die Kategorien von Midgard, Asgard und Utgard aus der germanischen Mythologie wohl bewußt einsetzte, was bei seiner Kenntnis von Snorri Sturluson zumindest naheliegt. Darüber hinausgehende kosmographische Vorstellungen der germanischen Frühzeit kennen wir ohnehin nur in Grundzügen, und über vertikale Achsen dieses Weltbilds wissen wir ebenso wenig wie über die Feinheiten seiner Ausgestaltung. Auch bei Tolkien tritt dieser Aspekt ganz in den Hintergrund (vgl. eventuell nur die Argonath, die *Pillars of the Kings* «Säulen der Könige» LOTR II 9).

Die mittelalterlichen christlichen Vorstellungen, die in zahlreichen Handschriften vom frühesten Mittelalter bis in die frühe Neuzeit durch die Weltkarten illustriert sind, scheinen also für Tolkiens Kosmographie von Mittelerde wesentlich relevanter als die Rekonstruktionsversuche eines heidnisch-germanischen Weltbilds. Trotzdem bleiben die Gemeinsamkeiten zwischen mittelalterlichen Weltkarten und den Karten von Mittelerde sehr allgemeiner Natur. Es lassen sich keine engeren Parallelen zwischen Ländern und Kontinenten nachweisen; deswegen sollen im folgenden nur die offensichtlichen Übereinstimmungen behandelt werden.

Was die topographischen Namen anlangt, so verwendete Tolkien im wesentlichen drei Typen: erstens Namen (meist sprechende oder doch verständliche), die an ältere Stufen des Englischen, vom Angelsächsischen bis zu den neuzeitlichen englischen Dialekten, angelehnt sind; zweitens die an der keltischen Sprache des Kymrischen (d. h. der walisischen Sprache des Hoch- und Spätmittelalters) orientierten zahlreichen Ortsnamen in seinen Kunstsprachen Quenya and Sindarin; und drittens die selteneren Namen, die direkt aus dem Altnordischen entlehnt sind. Diese mittelalterliche Vorstufe des heutigen Isländischen und Norwegischen ist deswegen für Tolkien wichtig, weil er sie offenbar wie das Altenglische recht eingehend studiert hatte und die in ihr verfaßten Sagas und *Edda*-Lieder im Original verwenden konnte.

Beim Begriff «Middle-earth» wie auch bei anderen englisch klingenden Namen ist zu beachten, daß Tolkien durchaus altnordische Namen samt den dazugehörigen Konzepten ins Englische übertragen konnte, so z. B. auch bei «The Undying Lands» und «The Gladden Fields», um sie seinem Common Speech (also eben dem Neuenglischen) anzupassen. Die angelsächsisch klingenden Ortsnamen werden üblicherweise den Hobbits und auch den Ents zugeordnet, die kymrischen den Elben und Zwergen (die aber, inkonsequenterweise, altnordische Personennamen tragen!); die altnordischen sind ungleich verteilt, wobei aber ein Teil auf die Rohirrim entfällt, die ja Züge einer eisenzeitlichen skandinavischen Gesellschaft von Tierzüchtern tragen.

Tolkiens Welt: Mittelerde (Middle-earth)

Middle-earth (Mittelerde, altnord. *miðgarðr*, altengl. *middangeard*) ist der Begriff, mit dem man Tolkiens Welt am ehesten verbindet, und dieser zentrale Name für die Welt der Menschen, Elben, Hobbits und anderer Wesen, die Tolkien dafür geschaffen oder übernommen hat, ist direkt aus der nordischen Mythologie übernommen. «Mittelerde ist übrigens kein Nirgendwo ohne Beziehung zu der Welt, in der wir leben [...]. Es ist einfach eine Verwendung von mittelenglisch *middel-erde* (oder *erthe*), verändert aus altenglisch *Middangeard*: der Name für die von Menschen bewohnten Länder ‹zwischen den Meeren›.» (Brief 165, Tolkien: LTRS 220)

Das Element *-garðr* bezeichnet im Altnordischen und Altenglischen (und somit wohl auch schon im Urgermanischen) eine Umhegung um eine menschliche Behausung, woraus sich dann die Bedeutungen «Bauernhof», «Hof», «Haus», aber auch «Stadt» ableiteten. *Midgarð* ist also «Wohnort im Zentrum der Welt» und somit für jeden Menschen eben die eigene Heimat. Namen wie Isengard (den Tolkien nicht ganz korrekt selbst als Iron-court übersetzt: NOM 187) sind dagegen zu einem Städtenamen wie Miklagarð («Konstantinopel», wörtlich: «Großstadt») zu stellen, so daß Isengard also eigentlich «Eisenstadt» bedeutet.

[Die Erde] ist außen rund und darum herum liegt das tiefe Meer, und an diesen Meeresstränden gaben sie dem Riesengeschlecht Land als Wohnorte. Aber weiter drinnen auf der Erde schufen sie einen Wall um die Erde wegen der Feindschaft der Riesen, und dafür verwendeten sie die Augenbrauen des Riesen Ymir, und sie nannten diese Stadt Miðgarð. (Snorri Sturluson: *Edda. Gylfaginning* Kap. 7)

Wie andere Wissenschaftler vor und nach ihm, so hat auch Tolkien den isländischen Politiker, Gelehrten und Dichter Snorri Sturluson als Quelle für die Darstellung der nordischen Mythologie verwendet. Snorri hatte nämlich, obwohl er Christ war und 200 Jahre nach dem Untergang des Heidentums in Island lebte, in einem kleinen Handbuch für Dichter alle Mythen und Lieder der heidnischen Zeit noch einmal zusammengefaßt, soweit sie ihm bekannt waren. Daß er als Dichter mit den alten Geschichten mitunter recht frei umging, versteht sich von selbst, auch wenn er nie so weit ging wie Tolkien, aus den Mythenresten eine ganz neue Mythologie zu schaffen. Snorri war es aber, der dem alten Ausdruck *miðgarðr* «umgrenztes Gebiet in der Mitte» für «Bewohnte Erde, Land der Menschen» seine für die spätere Zeit gültige Definition gegeben hat. Allerdings ist der Begriff eindeutig älter und findet sich schon in der späten Wikingerzeit bei Dichtern Norwegens und Islands (den sog. Skalden). Auch im Altenglischen gab es das Wort als *middangeard*, im Althochdeutschen als *mittilgart* oder *mittangart*, und selbst Jahrhunderte früher im Gotischen als *midjungards*. In den Götterliedern der sog. älteren *Edda*, die aber in der erhaltenen Form wohl auch erst in christlicher Zeit entstanden sind, wurde *miðgarðr* vermutlich als der gedachte schützende Wall um die Wohnorte der Menschen und Götter aufgefaßt, denn es heißt öfters, die Menschen lebten *undir miðgarði* («unter Mitgard», also im Schutz dieses Walls: *Völuspá* Str. 4 und 56; *Hárbarðsljóð* 23, *Hyndluljóð* 11 u. 16). Das *Edda*-Lied *Grímnismál* (Str. 41) erzählt auch davon, daß bei der Erschaffung der Welt Miðgarð (als Wall aufgefaßt) aus den Augenbrauen des Urriesen Ymir geschaffen worden sei, und von hier ist es in die oben zitierte Beschreibung Snorris gelangt. Da aber das Wort in den ältesten Belegen im Gotischen und Altenglischen als «Erde», sogar «Kosmos» aufgefaßt wurde, dürfte die ursprüngliche Bedeutung dennoch sehr wohl «eingezäunter, geschützter Wohnort der Menschen und Götter» gewesen sein.

Weitgehend unabhängig von Tolkien ist seit den 30er Jahren des

DER WESTEN VON
MITTELERDE
AM ENDE DES
DRITTEN ZEITALTERS
Meilen
50 100 150 200
Eisbucht von Forochel
Himling
Angmar
Carn Dûm
Hier war einst das Hexerreich von Angmar
Das Verlorene Reich von
ARNOR
ERIADOR
ERED LUIN
Lhûn (Luhn)
Emyn Uial
Abendrotberge
Nenuial oder Abendrotsee
Annúminas
Nördliche Höhen
Fornost
Ettenöden
Wetterberge
Forlindon
Forlond
Förde von Lhûn
Mithlond (Graue Anfurten)
Harlond
Turmberge
Ferne Höhen
Weiße Höhen
ARTHEDAIN
Hobbingen
Brandywein Brücke
DAS AUENLAND
Alter Wald
Bree
Mückenwassermoore
Chetwald
Wetterspitze
Große Oststraße
Die letzte Brücke
RHUDAUR
Trollhöhen
Hügelgräberhöhen
Der Grünweg
Südhöhen
CARDOLAN
Mitheithel
Bruinen (Lautwasser)
Sarnfurt
(Blaue Berge)
Harlindon
Baranduin (Brandywein)
MINHIRIATH
Tharbad
Nîn-in-Eilph (Schwanenflut)
Eregion (Hulsten)
Glanduin
Eryn Vorn
Gwathló (Grauflut)
Lond Daer
ENEDWAITH
Nord-Süd-Straße
Dunland
Isengard
Furten des Isen
Angren (Isen)
Adorn
Westfold
ERED NIMRAIS
Drúwaith Iaur
Lefnui
Pinnath Gelin
Anfalas (Langstrand)
Andrast (Ras Morthil)

N
DWAITH
RED MITHRIN
Dürre Heide
(Graues Gebirge)
Erebor der Einsame Berg
Waldelben
Esgaroth auf dem Langen See
EISENBERGE
Carrock
Die Berge des Dusterwaldes
Furt
Alte Waldstraße
Celduin (Fluß Eilend)
Carnen (Rotwasser)
DÜSTERWALD
Ost-Bucht
Dol Guldur
RHOVANION
RHÛN
Meer von Rhûn
Die BRAUNEN LANDE
EMYN MUIL
Rauros
Dagorlad (Walstatt)
Toten-sümpfe
Nindalf (Fennfeld)
Morannon
Udûn
ERED LITHUI (Aschengebirge)
Isenmaul
Barad-dûr
Schicksalsberg
Anórien
Cair Andros
Minas Tirith
Osgiliath
N. Ithilien
Minas Morgul
Ebene von Gorgoroth
MORDOR
Emyn Arnen
EPHEL DÚATH (Schattengebirge)
NURN
Nurnenmeer
S. Ithilien
Poros
Die Furten des Poros
KHAND
Süd-Gondor
(jetzt ein umstrittenes, verlassenes Land)
Die Harad-Straße
Harnen
NAH-HARAD

20. Jahrhunderts «Midgard» immer wieder als symbolträchtige Bezeichnung in den verschiedensten Neuheidnischen Bewegungen vor allem in Deutschland verwendet worden, es steht hierzulande also vielfach für «Erde, Wohnort der Menschen in heidnischer Zeit oder im heidnischen Sinn». So hat der Brite Tolkien dies nicht gesehen, denn seine Beschreibung von «Endor (which is Middle-earth)» (SILM 89) ist an die mittelalterliche Beschreibung der Erde angelehnt und weitgehend ideologiefrei, selbst was die unterschiedlichen darin siedelnden Völker angeht.

Die Ähnlichkeiten mit dem mittelalterlichen Weltbild (besonders dem der Skandinavier) offenbaren sich jedoch nicht nur in der Encircling Sea (SILM 89; auf deutsch schlecht: «Umzingelndes Meer», besser wäre «Ringmeer»). Tolkien definiert die Lage von Middleearth als «auf dieser Erde und unter demselben Himmel, der auch jetzt zu sehen ist» und umschreibt es als «das bewohnte Land der (Elben und) Menschen, in der Vorstellung zwischen dem Westlichen Meer und dem des Fernen Ostens (im Westen nur vom Hörensagen bekannt) gelegen» (NOM 189). Damit ist also Mittelerde den mittelalterlichen Vorstellungen, nach denen die bewohnte Welt auf dieser Erdkugel auf allen Seiten von Meer umschlossen war, viel näher als den germanischen Vorstellungen von einem zentralen Bereich der Erde, der als Wohnort von Menschen (und Göttern) gedacht wurde. Dieses germanische *miðgarðr* war im Prinzip auf allen Seiten vom feindlichen Utgard umgeben, das man sich vor allem in nordöstlicher Richtung als besonders bedrohlich vorstellte, weil dort Riesen und Monster hausten (in der Realität wohl irgendwo im unwirtlichen Westsibirien).

Jenseitige Gefilde

Undying Lands («Unsterblichenlande»): Die Undying Lands (in der Elbensprache: Valinor), wohin sich ein Teil der Elben von den Grey Havens (den «Grauen Anfurten», eig. aber «Grauen Häfen»)[17] aus vor dem Anbruch des 4. Zeitalters von Mittelerde nach einer Periode des Zusammenlebens mit den Menschen zurückziehen, können zwar von Gandalf (selbst eigentlich unsterblich), Gimli und den Ringträgern Bilbo, Frodo und Sam aufgesucht werden, sind aber sonst den irdischen Menschen sowie den Hobbits und Zwergen nicht zugänglich. Man hat diese Undying Lands üblicherweise auf die irischen Jenseitsvorstellungen zurückgeführt.[18] Frühmittelalterliche irische Texte kennen in der Tat sagenhafte Inseln im Westen, die ein glückliches Land im Jenseits darstellen. Dieses kann von einzelnen, sagenhaften Reisenden (und Heiligen wie St. Brandan) erreicht werden, ist aber den Sterblichen im wesentlichen verwehrt. Solche Jenseitsvorstellungen sind über die altirische Literatur weit verbreitet und haben auch Eingang selbst in die Artusdichtung des Mittelalters gefunden (so etwa in die Geschichte von der Erziehung Lanzelots im mythischen Land der Frau vom See oder in König Artus' Entrückung nach Avalon nach seinem Tode). Der Name «Undying Lands» verrät wohl aber, woher Tolkien das Konzept wirklich übernommen hat, nämlich von einer kleinen altnordischen Saga, der *Eireks saga víðförla* («Saga vom weitgereisten Eirek») aus dem 14. Jahrhundert. Sie ist in der Forschung weitgehend unbeachtet geblieben, war aber in England schon 1884 in einem Buch über obskure mittelalterliche Legenden und Sagen nacherzählt worden, woher Tolkien sie wohl gekannt hat.[19] Hier reist der norwegische Held in ein jenseitiges Land namens *Ódainsakr* («Land der Unsterblichen»), das den Irdischen normalerweise verschlossen ist. Es weist zwar einerseits deutliche Züge des christlichen Paradieses auf, zeigt aber mit Elementen wie der Jenseitsbrücke auch irische Jenseitsvorstellungen. Bis jetzt hat die Forschung nicht nachweisen können, ob der anonyme Sagaverfasser das Wort *Ódainsakr* selbst erfunden hat oder aus älteren Quellen kannte. Für Tolkien kam dieser Ausdruck jedenfalls genau recht für sein Land der unsterblichen Elben.

Eirek sprach: «Wo ist der Ort, der das ‹Land der Unsterblichen› heißt?»

Der König sagte: «Wir nennen so das Paradies oder den Ort der Lebenden.»

Eirek sprach: «Wo ist dieser Ort?»

Der König sagte: «Dieses Land liegt im Osten des äußersten Indien.»

Eirek sprach: «Kann man dort hin gelangen?»

«Keinesfalls», sagte der König, «weil eine Feuerwand davor steht, die bis zum Himmel reicht.» (*Eireks saga víðförla,* Kap. 2)

Als Eirek und sein Begleiter in das Maul des Drachen gesprungen waren, da schien ihnen, als wateten sie durch Rauch, und als sie aus dem Rauch hinauskamen, da sahen sie ein schönes Land mit Pflanzen, weiß wie Purpur, mit süßem Duft, und großen Pflanzen; Honigbäche flossen überall durch das Land. Dieses Land war groß und flach. Es herrschte dort Sonnenschein, so daß es niemals dunkel war und niemals ein Schatten fiel. In der Luft herrschte Windstille, aber über der Erde ging ein leichter Wind, damit ein süßer Duft stärker rieche als der andere. Sie gingen sehr lange dahin und überlegten, ob sie da irgendeine Siedlung oder einen bewohnten Bezirk finden würden, und sie wollten auch wissen, wie groß dieses Land war. Dann sahen sie etwas wie einen Turm, das ohne Säulen darunter in der Luft hing. Sie gingen näher hin. Dort sahen sie, daß der Turm ohne Säulen in der Luft hing. Südlich des Turms führte ein Weg hinaus. Sie wunderten sich sehr über diese Kraft und fanden das eigenartig. Sodann gingen sie den Weg hinauf und kamen in den Turm. Sie sahen, daß er mit äußerst schönem Seidenstoff behängt war. Dort stand ein schön gedeckter Tisch, auf dem ein Silberteller stand. Auf ihm lagen alle möglichen Delikatessen, und er war mit süß duftendem weißem Brot beladen. Dort stand auch eine Kanne mit Gold und Edelsteinen, und es gab einen Becher mit Wein. Gut gemachte und mit golddurchwebten Tüchern und seidenen Stoffen bedeckte Betten gab es da.

Da sprach Eirek: «Da siehst du das Land der Unsterblichen, das wir mit großer Mühe überall gesucht haben.» (*Eireks saga víðförla,* Kap. 4, Ü.: R. S.)

Wie an den Zitaten zu sehen ist, besteht aber ein wesentlicher sachlicher Unterschied zwischen dem *Ódainsakr* der Saga, das der Übersetzer des 19. Jahrhunderts «Deathless Lands» nennt, und den Undying Lands bei Tolkien (wo sie übrigens auch als The Deathless Lands erscheinen): Das hochmittelalterliche christliche Weltbild siedelte das irdische Paradies im äußersten Osten der bewohnten Erde an, während Tolkiens Valinor im äußersten Westen liegt. Hier griff er nämlich eine gut bekannte keltische Jenseitsvorstellung auf, der zufolge weit westlich von Irland, jenseits des Ozeans, eine Insel der Seligen liege, wo die Verstorbenen aufgenommen würden. Diese keltischen oder christlich-keltischen Ideen siedeln das Jenseits auf einer horizontalen Ebene (und nicht etwa in einer unterirdischen Welt) an und kommen in vielen keltischen Quellen vor. Sie wurden dann als *Hvitramannaland* («Land der weißen Männer») und *Glæsisvellir* («Gläserne Gefilde») auch ins altwestnordische Schrifttum des Mittelalters übernommen. Daß man sich das Jenseits in diesen keltischen Sagen als Ebene vorstellte,[20] ist dagegen nicht spezifisch keltisch: Fast alle mittelalterlichen Paradiesesvorstellungen sehen es als flache, liebliche Landschaft wie auch im obigen Zitat.

Wenn Tolkien also die Undying Lands mit dem ebenen Land Valinor direkt mit dem keltischen Paradies Avalon (bei ihm der

Hafen Avallónë: SILM 260) verbindet, dann führt er verschiedene keltische Vorstellungen mit dem christlich-skandinavischen Namen aus der *Eireks saga víðförla* zusammen, um sein eigenes Land der Unsterblichkeit zu schaffen. Daß es ausgerechnet den englischen Namen trägt und nicht wie die meisten anderen seiner Ortsnamen einen (pseudo)keltischen, zeigt aber, daß er zu einem gewissen Grad das nordische Konzept als solches akzeptierte, auch wenn dieses letztlich christliche Wurzeln hatte.

In einigen Rekonstruktionen der Tolkienschen Welt werden die Undying Lands außerhalb der Welt gezeichnet,[21] aber dies entspricht weder dem Tolkienschen Denken noch dem mittelalterlichen: Auch wenn die Gefilde der Unsterblichen jenseits eines Ozeans gedacht wurden und von lebenden Menschen nur in Ausnahmefällen besucht werden konnten, so waren sie doch immer Teil dieser Welt und nicht eine mondartige zweite Welt, die sich vertikal von der Erde abhob. Wie die irischen Konzepte von einem Land jenseits des Ozeans im fernsten Westen, so lagen auch die Undying Lands weit, aber nicht unerreichbar draußen im Ozean.

Ódainsakr hat noch bei einem früheren englischen Altnordisten und Schriftsteller seine Spuren hinterlassen, nämlich bei William Morris, in *The Story of the Glittering Plain which has been also called The Land of Living Men or the Acre of the Undying.*[22] Auch Morris muß die *Eíriks saga viðförla* und andere altnordische Texte, wo *Glæsisvellir*[23] erwähnt wird (vermutlich die *Hervarar saga*, vielleicht auch die *Bósa saga*), gelesen haben. Tolkien hat Morris' mehrfach gedrucktes Werk – einer Dichtung im Sagastil und mit sagaartiger, wenn auch reichlich romantischer Handlung – mit großer Sicherheit gekannt. Dessen unterschiedliche Wortwahl («Acre of the Undying») macht es aber wahrscheinlicher, daß Tolkien Baring-Goulds Nacherzählung der *Eíriks saga viðförla* direkt verwendet hat.

Over-heaven («Oberhimmel»):

«Mercy!» cried Gandalf. «If the giving of information is to be the cure of your inquisitiveness, I shall spend all the rest of my days in answering you. What more do you want to know?»	«Erbarmen!», rief Gandalf. «Wenn die Erteilung von Auskünften dich von deiner Neugier heilen soll, dann werde ich den Rest meiner Tage damit verbringen, dir zu antworten. Was willst du noch wissen?»
«The names of all the stars, and	«Die Namen aller Sterne und aller

of all living things, and the whole history of Middle-earth and Over-heaven and of the Sundering Seas,» laughed Pippin. «Of course! What less?» (LOTR II 204)

Lebewesen und die ganze Geschichte von Mittelerde und des Oberhimmels und der Trennenden Meere», lachte Pippin. «Natürlich! Warum weniger?» (HDR II 234)

Dem Over-heaven im modernen Englischen entspricht laut Tolkien Tar-menel in der Elbensprache (z. B. LOTR I 247) und ist direkt aus dem altnord. *upphiminn* «Ober-Himmel» bzw. dem altenglischen *upheofon* übernommen (NOM 190). Im Altnordischen ist der Begriff *upphiminn* außer beim christlichen Autor Snorri Sturluson noch in zwei älteren Gedichten zu finden, nämlich in der *Völuspá* und der *Haustlöng*, die damit wohl schon christliche Konzepte wiedergaben. Alle diese Begriffe bezeichnen das Himmelsgewölbe, das Firmament.

Wüsten und Einöden (Waste lands, Wastes)

In der Welt des LOTR fällt eine Reihe von Wüstenregionen auf. Dies sind aber keine natürlichen Wüsten (so etwas findet sich nur im LOTR III 250), sondern sie sind durch das Wirken der Menschen bzw. eines Ungeheuers verursacht: die verwüstete, entvölkerte und verheerte Landschaft rund um Mordor, die durch Sarumans Aktivitäten zerstörte Landschaft von Isengard, das Shire unter Saruman (als Sharkey) am Ende von LOTR III und schließlich der vom Drachen Smaug verwüstete Landstrich.

Mordor: Vor allem die menschenleeren *wastelands* rund um Mordor haben zumindest in der Namengebung einen Hintergrund in der altnordischen Literatur. Dort ist immer wieder von den *óbyggðir* «unbewohnten Ländern, unbewohnbaren Gegenden» die Rede, und die *Grænlands óbyggðir* werden zu einem Synonym für Lebensfeindlichkeit, aber gleichzeitig für die Herrschaft des Dämonischen und Teuflischen. In der altnordischen *Barðar saga* werden dem Helden Gest 40 Paar Eisenschuhe für *Hellulands óbyggðir* mitgegeben, weil das Land sonst wegen der scharfen Lavafelder nicht zu durchqueren wäre, dazu aber auch ein Priester, der die teuflischen Bedrohungen abwehrt.

Neben den *óbyggðir* der altisländischen Literatur gibt es natürlich noch eine Reihe weiterer Vorlagen für verwüstete, öde Länder in der mittelalterlichen Literatur, die Tolkien bekannt gewesen sein müssen: das verödete Land des Fischerkönigs in den verschiedenen Versionen der ursprünglich keltischen Parcival-Sage,[24] aber auch die lebensfeindlichen Wüsten, welche die Helden der kymrischen (mittel-walisischen) Dichtungen zu durchqueren hatten und die wie die Einöden der altnordischen Literatur (und Mordor) an den Rändern der bekannten Welt gedacht wurden.

Tolkiens Schilderungen von Wüsten und Einöden haben aber ihre offensichtlichsten Ursachen nicht in der mittelalterlichen Literatur, sondern in seinem Leben. Die Einöden um Mordor (Wastes of Mordor) sind wie die Landschaft von Isengard (s. u.) deutlich durch Tolkiens Zivilisationskritik geprägt («all seemed ruinous and dead, a desert burned and choked»: LOTR III 200). Außerdem sind sie ganz offensichtlich von der Erfahrung des jungen Tolkien auf den Schlachtfeldern der Somme im Ersten Weltkrieg gezeichnet, als der jahrelange Stellungskrieg die einstmals blühenden Gegenden zu ausgestorbenen Kraterlandschaften ohne Vegetation hatte werden lassen.

Auch was Sam Gamgee in den Dead Marshes in der Umgebung von Mordor erlebt, als er schon lange tot im Wasser liegende Krieger entdeckt, gehört zu den Erfahrungen der Soldaten auf den Schlachtfeldern des Ersten Weltkriegs. In den überfluteten Schützengräben fanden sie immer wieder die Leichen von in vergangenen Schlachten gefallenen Soldaten:

[...] he sprang back with a cry. «There are dead things, dead faces in the water,» he said with horror. «Dead faces!» [...] «Yes, yes,» said Gollum. «All dead, all rotten. Elves and Men and Orcs. The Dead Marshes. There was a great battle long ago [...]» (LOTR II 235)

[...] er sprang mit einem Schrei zurück. «Da sind Tote, tote Gesichter im Wasser», sagte er voll Entsetzen. «Tote Gesichter!» [...] «Ja, ja», sagte Gollum. «Alle tot, alle verfault. Elben und Menschen und Orks. Die Totensümpfe. Hier war vor langer Zeit eine große Schlacht [...]» (HdR II 269)

Isengard («Isengart»): Anders verhält es sich mit der zerstörten Landschaft von Isengard. Ihr Zustand ist eine Folge des Bergbaus und der Metallverarbeitung, die Saruman hier betreibt und für die er die Wälder roden läßt, um immer neuen Nachschub für die Feuer seiner Hochöfen und Schmieden zu bekommen. Die Abholzung der Wälder, die Untertunnelung der übrig bleibenden kahlen Flächen und der Ruß der Feuer führen schließlich zu einer Landschaft, die zwar keine Einöde ist – im Gegenteil, sie ist voller Orks und Uruk-hai –, aber dennoch ein Spiegel der vom Menschen in der industriellen Revolution verursachten Umweltzerstörung. Für Tolkien, der nach seinen Kleinkindzeit auf dem Land mit sieben Jahren in das damals vor allem durch die Schwerindustrie geprägte Birmingham kam, die zweitgrößte Stadt Englands, blieb der Kontrast zwischen Agrarlandschaft und Industriestadt so übermächtig, daß er im wiederholt literarisch ausgedrückten Gegensatz zwischen dem Shire und Sarumans Isengard beinahe überzeichnet wirkt. Hier findet sich eine immanente Zivilisationskritik Tolkiens, der die pseudoindustriellen Produktionsmethoden der Orks mit der technischen Massenproduktion seiner Zeit vergleicht. Dabei fällt auf, daß die Beschreibung der Bergbautätigkeit in Sarumans Isengard ganz negativ gehalten ist, während die vergleichbaren Aktivitäten der Zwerge in Moria als vor-industrielle Tätigkeit positiv beschrieben werden. Das Reich der Zwerge ist zwar dunkel und ein wenig unheimlich, aber grandios und beeindruckend:

[...] they saw a vast roof far above their heads upheld by many mighty pillars hewn of stone. Before them and on either side stretched a huge empty hall; its black walls, polished and smooth as glass, flashed and glittered. Three other entrances they saw, dark black arches [...] «This is the great realm and city of the Dwarrowdelf. And of old it was not darksome, but full of light and splendour [...]» (LOTR I 328 f.)

[...] sahen sie ein riesiges Dach hoch über ihren Köpfen, getragen von vielen mächtigen Säulen aus Stein. Vor ihnen und zu beiden Seiten erstreckte sich eine gewaltige, leere Halle; ihre schwarzen Wände, blank und glatt wie Glas, glänzten und schimmerten. Drei andere Eingänge sahen sie, dunkle, schwarze Bogen [...] «Dies ist das große Reich und die Stadt Zwergenbinge. Und einstmals war es hier nicht dunkel, sondern voller Licht und Glanz [...]» (HDR I 381 f.)

Der Bergbau in Isengard dagegen hat nichts von Schönheit an sich, sondern nur alle Kennzeichen industrieller Umweltzerstörung, so wie schon im vorigen Kapitel als Beispiel für die Industriestadt Birmingham im 19. Jahrhundert angeführt wurde, mit unterirdischen

Schächten, Stollen und Kavernen, deren Maschinen Tag und Nacht dröhnen und giftige Dämpfe entweichen lassen (vgl. LOTR II 169, HdR II 181).

Das Shire («Auenland») unter Sharkey: Das dritte Ödland im LOTR ist das Shire, nicht das liebliche Shire zu Beginn des HOB, sondern das Shire zu der Zeit, als sich Saruman darin etabliert hat und mit dem Namen Sharkey regiert. Hier zeigt Tolkien vor allem die Auswüchse der Modernisierung in der Umweltzerstörung, wie er sie in England sein ganzes Leben lang erlebte und verurteilte: die Modernisierung um ihrer selbst willen, ohne Rücksicht auf die Zerstörung von Wäldern und die Vergiftung der Umwelt (LOTR III 292–300):

Through rows of new mean houses along each side of the road, they saw the new mill in all its frowning and dirty ugliness: a great brick building straddling the stream, which it fouled with a steaming and stinking outflow. All along the Bywater Road every tree had been felled. (LOTR III 296)

Als sie sich zwischen Reihen von neuen, schäbigen Häusern zu beiden Seiten der Straße dem alten Dorf jenseits der Wässer näherten, sahen sie die neue Mühle in all ihrer finsteren und schmutzigen Häßlichkeit: ein großes Backsteingebäude, das den Bach überwölbte und ihn mit einer herausströmenden dampfenden und stinkenden Flüssigkeit verunreinigte. Entlang der Wasserauerstraße waren alle Bäume gefällt. (HdR III 334)

Tolkiens Vorliebe galt der unverdorbenen, natürlichen Landschaft; wie für viele Menschen stand für ihn das Mittelalter (und wohl auch die Zeiten davor) für eine saubere, unzerstörte und somit glücklichere Welt. Daher befindet sich seine Welt, wie in den meisten Fantasyromanen nach ihm, technologisch auf dem Niveau des Mittelalters. Dagegen stehen Sarumans Tätigkeiten, ob nun in Isengard oder später im Shire, wirtschaftlich auf dem Niveau der industriellen Revolution seit 1800.

The Desolation of Smaug («Verwüstungen des Drachens»): Diese Landschaft ist nicht von Menschenhand, sondern vom Drachen Smaug verwüstet und verbrannt worden. Auch hier sind die Parallelen mit bestimmten alten Texten zu vage, als daß man auf eine konkrete Vorlage hinweisen könnte, aber auch die Drachen mittelalterlicher Texte und nicht zuletzt der Volksmärchen hinterlassen solche verwüsteten Landstriche.

The land about them grew bleak and barren, though once, as Thorin told them, it had been green and fair. There was little grass, and before long there was neither bush or tree, and only broken and blackened stumps to speak of ones long vanished. They were come to the Desolation of the Dragon. (HOB 173/175)

Das Land um sie wurde öde und wüst, obgleich es einmal, wie Thorin ihnen erzählte, grün und freundlich gewesen war. Es gab nur wenig Gras und es währte nicht lang, da fanden sie weder Baum noch Strauch. Einzig zerborstene und verkohlte Stümpfe berichteten von ihnen. Sie waren in den Verwüstungen des Drachens angelangt. (KHOB 322)

Berge und Wälder

Crack of Doom («Schicksalsklüfte»): Das Wort *crack* wird hier im Sinn von vulkanischem Riß in der Erde verwendet, und zwar im Krater von Orodruin in Mordor (NOM 181), und so mag Tolkien es durchaus beabsichtigt haben: Dieser *crack* (LOTR III 216 ff.) ist zweifellos beeinflußt von dem Ort Ginnungagap der nordischen Mythologie, nämlich der magischen (*ginnunga*) Urkluft (*gap*) zwischen dem heißen und kalten Pol bei der Erschaffung der Welt. Später, im Hoch- und Spätmittelalter, wurde dann Ginnungagap als Nordwestpassage («Kluft zwischen den Ländern hinaus zum Ozean») neu interpretiert, aber das dürfte Tolkien kaum bekannt gewesen sein. Die kosmologische Dimension von Ginnungagap findet sich jedenfalls im Crack of Doom wieder, auch wenn Tolkien dies nicht unbedingt bewußt eingesetzt hat.

Iron Mountains («Eisenberge»): Die Iron Mountains «in the far North», auch Ered Engrin genannt, sind vulkanisch gedachte Berge im äußersten Norden (SILM 109, 1155–6, 118, 151, 160.); auch die Ashen Mountains (Ered Lithui) sind Vulkane, was auf die isländischen Vulkane anspielt, denn sonst gibt es im Norden keinen Vulkanismus. Wie bei der Etymologie von Isengard («Eisenstadt», s. S. 40) besteht auch bei den «Eisenbergen» nur eine vage Namensähnlichkeit mit dem altnord. Járnviðr («Eisenwald»), kaum aber irgendeine inhaltliche Übereinstimmung. Außerdem liegt der Járnviðr im Osten, und es lebt eine Trollfrau darin, die riesenhafte Wölfe gebiert (*Völuspá* 40; Snorri Sturluson: *Edda, Gylfaginning* 11). So ein «Eisenwald» findet sich bei Tolkien jedoch nicht.

Mirkwood («Düsterwald, Nachtwald»): Mirkwood – «the dark and dangerous wood, that lay outstretched far to North and South a day's ride before them, barring their way to the East, the terrible forest of Mirkwood» (HOB 111) – ist dem Namen und dem Konzept nach direkt aus der *Edda* entnommen. Der altnord. *Myrkviðr* «der dunkle Wald», entstammt zwar eher der altnordischen Heldensagen-Geographie als der eigentlichen Mythologie, aber wenigstens das *Edda*-Lied *Lokasenna* (Str. 42) bringt ihn in Zusammenhang mit dem drohenden Weltende *Ragnarök*, wenn «die Muspells-Söhne durch den Myrkviðr reiten», was also als bedrohliche Aussage gemeint ist. Daneben erwähnen auch etliche andere *Edda*-Lieder, nämlich die *Völundarkviða* 1, *Atlakviða* 3, 5, 13, *Helgakviða Hundingsbana* I 51, und das *Hunnenschlachtlied* den Myrkviðr. Am ehesten stellte man sich den dunklen Wald wohl in Südosteuropa vor, denn es heißt, er scheide die Hunnen von den Goten.

Interessant daran ist, daß in der altnordischen Literatur mehrfach die Phrase *Myrkvið inn ókunna* «der unbekannte Myrkviðr» vorkommt, daß man ihn sich also nicht nur als weit entfernt, sondern auch als unbekannt (und offenbar schwer erforschbar) vorstellte, so wie er auch bei Tolkien im HOB als unheimlich und schwer durchquerbar beschrieben wird:

»But your way through Mirkwood is dark, dangerous and difficult» [...] Their trunks were huge and gnarled, their branches twisted, their leaves were dark and long. Ivy grew on them and trailed along the ground. [...]	«Aber euer Pfad durch den Nachtwald ist dunkel, gefährlich und schwierig» [...] Ihre mächtigen Stämme waren knorrig, ihre Zweige ineinander verschlungen, ihre Blätter dunkel und lang. Efeu wuchs an ihnen empor und hing bis zur Erde herab. [...]
«Well, here is Mirkwood!» said Gandalf. «The greatest of the forests of the Northern world. I hope you liked the look of it.» (HOB 116, 119)	«Ja, hier ist der Nachtwald», sagte Gandalf, «der größte aller Wälder in der nördlichen Welt. Ich hoffe, euch gefällt sein Anblick.» (KHOB 211, 216)

Mirkwood ist auch bei Tolkien kein freundlicher Ort – nicht nur wegen der Spinnen und Fliegen, die er dazu erfunden hat –, sondern er ist der Übergang in die gefährliche Welt jenseits des «Edge of the Wild». Diese Funktion hat der Wald auch in der altnordischen Literatur, er dient als Grenze zwischen diesseitiger und jenseitig-bedrohlicher Welt in der Sagengeographie der Lieder-*Edda*.

Misty Mountains («Nebelberge»): Es liegt nahe zu prüfen, ob die Misty Mountains, die sich in der *Edda*-Übersetzung von Auden und Taylor im *Edda*-Lied *Skírnismál* 10 finden, einen Einfluß auf Tolkiens Geographie gehabt haben. Es war jedoch umgekehrt: Auden und Taylor haben auf die Terminologie Tolkiens zurückgegriffen (auch sonst, z. B. wenn sie als Übersetzung für altnordische Trollbezeichnungen das Wort «Orcs» verwenden); im Original des *Edda*-Lieds steht nur *úrig fjöll yfir* «feuchte Berge». Daß bei Tolkien dafür das (nicht namentlich erwähnte) Konzept von Nebelheim, einer feuchten Anderwelt, eine Rolle spielte, scheint mir ebenfalls unwahrscheinlich. Zwar finden sich in der altnordischen Mythologie der beiden *Eddas* die zwei Bezeichnungen *Niflheimr* und *Niflhel*, aber ein Bezug zu einem deutschen «Nebelheim» beruht nur auf einem Mißverständnis: *nifl-* heißt nur «dunkel» und ist zwar etymologisch verwandt mit deutsch *Nebel*, aber es besteht kein direkter Zusammenhang, und eine Übersetzung mit «Nebel» wäre eindeutig falsch. Allerdings wird bei Snorri Sturluson *Niflheim* («die dunkle Welt») als mythischer Ort im hohen Norden gezeichnet, und trotz der (fälschlichen) Identifikation mit *Niflhel* («die finstere Unterwelt») ist *Niflheim* kein Ort in der Hölle, sondern mag von Snorri für seine Berge im Norden herangezogen worden sein.

Mundberg («Mundburg»): Mundberg, eigentlich «Schutz-Berg», ist der Name der Rohirrim für die Festungsstadt Minas Tirith (LOTR II 113, LOTR III 77, 106, 109, 256). Einen vergleichbaren Namen für eine Festung oder Stadt gibt es im Altnordischen zwar nicht, aber die Alpen tragen auf altnordisch den Namen *Mundiafjöll* oder kurz *Mundia*. Dies war Tolkien mit Sicherheit bekannt und mag den Anstoß für den Namen von Minas Tirith unter den Rohirrim gegeben haben, auch wenn er eigentlich (und ganz korrekt) das germanische Wort *mund-* für «Schutz, Vormundschaft» im Namen eingesetzt hat.

Midgewater Marshes («Mückenwassermoore»): Den Namen für die Midgewater Marshes (LOTR I 194 ff.) entnahm Tolkien dem modernen Isländischen: Der größte See im Norden Islands trägt den Namen Mývatn «Mückensee» (NOM 189).

Nindalf/Wetwang: Nindalf (aus elbisch *nín* «naß» und *talf* «Ebene»: NOM 195), Common Speech für den elbischen Namen Wetwang «Fennfeld», ist eine sumpfige Landschaft östlich von Rohan am Entwash (LOTR I 389) und liegt unter den Wasserfällen von Rauros. Tolkien selbst (in den Anmerkungen zum SILM) konstruiert ein Element *-nen* «Wasser» in seinen Kunstsprachen Quenya und Sindarin, aber das zweite Element stammt in Wirklichkeit unzweifelhaft aus dem skandinavischen Wortschatz. Dort ist *-elfr* (vgl. auch dt. «Elbe») als Zweitelement in Flußnamen häufig, und *elfr* bedeutet auch ganz einfach «Fluß». Auch der Name Wetwang, der im Englischen auch heute noch die Bedeutung «sumpfige Aue» nahelegt, ist eine ziemlich eigenmächtige, am Wortklang angelehnte Umdeutung des altnordischen Wortes *vetvangr* «Ort der förmlichen Zusammenkunft». Dabei mag *vangr* aber neben «Garten» ursprünglich wirklich etwas wie «Au» bedeutet haben. Daß Wetwang ein tatsächlicher Ortsname in Yorkshire ist, wie Tolkien selbst anmerkt (NOM 195), könnte zusätzlich eine Rolle gespielt haben.

Rushey («Rohrholm»): Rushey, wörtlich «Schilfinsel», ist eine Insel in den Sümpfen der Marish (LOTR I 109). Während der erste Teil einfach engl. *rush-* «Schilf» ist, weist das zweite Namenselement auf skandinavischen Ursprung, wo *-ey* in vielen topographischen Namen als «Insel; auch Halbinsel oder Flußinsel» vorkommt, weswegen der ganze Name einen skandinavischen Eindruck erweckt. Tolkiens Anmerkung, daß dem das deutsche *Aue* entspreche (NOM 190), ist zwar etymologisch richtig, aber inhaltlich falsch.

Silverlode/Celebrant: Silverlode ist eine Übersetzung des elbischen Celebrant, das Tolkien allerdings wie folgt zusammensetzt: *celeb* «Silber» und *rant* «Flußlauf» (NOM 191). Was Tolkien hier nicht sagt, ist, daß Celebrant im Mittelalter einen nicht selten gebrauchten Ausdruck für ein fischartiges Meeresmonster (einen Wal?) darstellte, das aber meist nicht näher definiert wird.

Landschaften und Landesteile

Folde – Eastfold – Westfold: Im Altnordischen bedeutete *fold* «Feld, Ebene; Erde», vielleicht auch «Land», Tolkien interpretierte diesen weiten Begriff jedoch enger: «[...] das Zentrum des Königreichs, in dem die Königsfamilie mit ihrer Sippe wohnte; seine Ostgrenze bildete ungefähr eine Linie südwestlich des Zusammenflusses von Snowbourne and Entwash bis zu den Bergen; *Eastfold* war das Land östlich dieser Linie bis zur *Fenmark* zwischen Entwash und den Bergen; *Westfold* war das ähnliche Land entlang der Berge bis zum Fluß Isen. Das Verteidigungszentrum von *Folde* und *Eastfold* war *Edoras*, das von *Westfold* war *Helm's Deep*.» (NOM 185; Ü.: R. S.).

Tolkien erwähnt im Zusammenhang mit dieser Erklärung auch Vestfold und Østfold in Norwegen, die zwei Landschaften westlich und östlich des Oslofjords (im mittelalterlichen Norwegen übrigens mitnichten das Zentrum dieses Reichs, denn das lag damals an der Westküste). Daß Tolkien eine Art norwegischer Geographie vorschwebte, bezeugt auch die Landschaft Fenmark. Diese wird hier zwar als sumpfiges Grenzland neu interpretiert und von englisch *fen* «Moor» abgeleitet, aber es besteht doch ein klarer Bezug zu der norwegischen Landschaft Finnmarken (von den Finnen, genauer dem Volk der Sami abgeleitet), die ebenfalls eine Mark, also eine (waldige) Grenzlandschaft im äußersten Norden bildete.

Sunlands («Sonnenlande»): Sunlands ist laut Tolkien ein gängiger Name für die wenig bekannten Länder des Südens (NOM 192). Der Begriff orientiert sich teilweise am isländischen Wort *suðrlönd* «Südländer», im Sinne von «südliche Länder» (d. h. eigentlich alles südlich von Skandinavien), mehr noch aber an der Bezeichnung für seine Bewohner, die *Sunlending* (LOTR III 77). Diese entspricht genau altnord. *sunnlending* «ein Bewohner südlicher Länder; Bewohner des Südteils von Island». Die deutsche Übersetzung «Sonnenlande», die sich auf das engl. *sun* bezieht, ist daher falsch, richtig wäre «Südlande». Wie in jüngeren isländischen Sagas des Spätmittelalters werden über die Sunlands fabelhafte Dinge erzählt:

«But I've heard tales of the big folk down away in the Sunlands. Swertings we call 'em in our tales; and they ride on oliphaunts, 'tis said, when they fight. They put houses and towers on the oliphauntses backs and all, and the oliphaunts throw rocks and trees at one another. So when you said ‹Men out of the South, all in red and gold,› I said ‹were there any oliphaunts?› For if there was, I was going to take a look, risk or no. But now I don't suppose I'll ever see an oliphaunt. Maybe there ain't no such a beast.» (LOTR II 255)

«Aber ich habe Geschichten gehört über die großen Leute da unten in den Sonnenlanden. Schwärzlinge nennen wir sie in unseren Geschichten; und sie reiten auf Olifanten, heißt es, wenn sie kämpfen. Sie stellen Häuser und Türme auf die Rücken der Olifanten und was nicht alles, und die Olifanten bewerfen sich gegenseitig mit Felsbrocken und Bäumen. Als du sagtest: ‹Menschen aus dem Süden, alle in Rot und Gold›, da sagte ich: ‹Waren da irgendwelche Olifanten?› Denn wenn welche da wären, dann wollte ich sie mir ansehen, Gefahr oder nicht. Aber nun nehme ich nicht an, daß ich jemals Olifanten sehen werde. Vielleicht gibt es solche Tiere gar nicht.» (HDR II 292)

Westernesse («Westernis»): Westernesse (LOTR I 13, 19 u. ö.) ist wie der Name Rushey teils englisch, teils skandinavisch: *-ness* ist ein typisches skandinavisches Element von Ortsnamen und bedeutet üblicherweise «Landzunge». Tolkien selbst erklärt den Namen ganz anders (NOM 195): «Der Name im Common Speech für *Númenor* (d. h. «West-Land»). Es ist als zusammengesetzt aus *western* + *ess* gedacht; die Endung wird in teilweise romanisierten Namen ‹romantischer› Länder wie *Lyonesse* oder *Logres* (England in der Artusdichtung) verwendet. Der Name findet sich in dem frühen höfischen Epos *King Horn* von einem zu Schiff erreichbaren Land.» (Ü.: R. S.) Dennoch wird damit im LOTR der Eindruck eines westskandinavischen Ortsnamens und nicht der eines romantischen Lands im Süden erweckt.

Wilderland: Der Name Wilderland (HOB 46; LOTR I 12, 20 u. ö.) ist eine Erfindung von Tolkien selbst (NOM 196) und findet sich weder im Englischen noch im Altnordischen. Das Konzept dagegen ist sowohl von den mittelalterlichen Ideen vom «Wildmenschen» als auch von den Einöden (s. oben unter Wastelands) beeinflußt.

3. Kapitel

Personennamen skandinavischer Herkunft

Wie im vorigen Kapitel schon bei den Ortsnamen besprochen, verwendet Tolkien in erster Linie keltisches Sprachmaterial für seine Namen, und bei den Personennamen zusätzlich auch noch stark durch seine eigene Phantasie geprägte Konstruktionen. Nur weniges läßt sich auf Germanisches oder auch sonst Mittelalterliches zurückführen.

- Die Zwergennamen hat Tolkien fast durchwegs aus dem Altnordischen übernommen.
- Das gleiche gilt für die Namen der Rohirrim, die zwar seinen eigenen Vorgaben zufolge eher das Altenglische widerspiegeln sollten, aber dabei immer wieder auch altnordische Formen oder Konzepte aufweisen bzw. solche, die dem Altenglischen und dem Altnordischen gemeinsam sind.
- Die Hobbitnamen reflektieren mehr als alle anderen Namen den Common Speech, sind also in erster Linie durch das heutige Englisch zu erklären, das allerdings deutlich archaische Züge trägt. Daneben sind die Hobbitnamen aber auch von germanischen Namen aus dem fränkischen und normannischen Gebiet durchsetzt.
- Die Elben dagegen tragen in erster Linie Namen, die von den keltischen Sprachen beeinflußt sind, und auch solche, die in den mittelalterlichen Texten den (ursprünglich keltischen) Namen der Artussage nachempfunden sind. Tolkien hat sie nochmals erweitert, umgedeutet und ergänzt, wobei dies seine Wortschöpfungen sind, bei denen er am meisten auf seine Kunstsprachen und deren Elemente zurückgegriffen hat. Tolkien hatte offenbar große Freude am Spiel mit den (künstlichen) Elementen seiner Kunstsprachen, aus denen er Orts- und Personennamen konstruierte, wie aus seinen detailreichen Notizen zu den Wortelementen sowohl in den Anhängen zum LOTR und SILM als auch in den Anmerkungen für Übersetzer von 1975 (NOM) hervorgeht.

Zwerge in der Edda und bei Tolkien

Am deutlichsten sind die Namen der Zwerge im Hob sowie die Genealogien der Zwergenkönige im Lotr vom Namenschatz der germanischen Mythologie beeinflußt: «Alle Zwergennamen dieser Geschichte sind Altnordisch und repräsentieren somit eine nordische Sprache der Menschen, die sich zwar von der der Rohirrim unterscheidet, die von der anderen Seite des Mirkwood kamen, aber doch mit ihr verwandt ist (vgl. Lotr III 410, 415).» (Nom 171; Ü.: R. S.)

Es ist allgemein bekannt, daß Tolkien die Namen der 13 Zwerge Thorin, Dwalin, Balin, Fili, Kili, Dori, Nori, Ori, Oin, Gloin, Bifur, Bofur und Bombur, die zu den Hauptakteuren der Handlung im Hob zählen, zum Großteil aus dem *Edda*-Gedicht *Völuspá* übernommen hat. Dieses Gedicht bietet allerdings deutlich mehr Namen, als Tolkien verwendete. Es enthält als Strophen 10–16 eine ganze Liste von Zwergennamen, wobei die Aufzählung wohl an die Strophe 9 anknüpft, in der die Schöpfung der Zwerge aus dem Körper des Urriesen Ymir durch die Götter angesprochen wird. Da die Schreibung einzelner Namen in den Handschriften der *Völuspá* stark wechselt, stimmt die zitierte deutsche Übersetzung keineswegs immer genau mit den Namen bei Tolkien überein:

10
Da war Modsognir — von allen Zwergen
der trefflichste geworden, — und Durinn der zweite,
viele Menschengestalten — schufen sie
Zwerge aus Erde — wie Durinn sagte.

11
Nyi und Nidi, — Nordri und Sudri,
Austri und Vestri, — Althjof, Dvalinn,
Bivorr, Bavorr, — Bömburr, Nori,
An und Anarr, — Ai, Mjödvitnir.

12
Veig und Gandalf, — Vindalf, Thrainn,
Thekk und Thorinn, — Thror, Vit und Lit,
Nar und Nyrad, — nun hab ich die Zwerge
– Reginn und Radsvidr – — richtig genannt.

13
Fili, Kili, Fundinn, Nali,
Hepti, Vili, Hanarr, Sviurr,
Frar, Hornbori, Fraegr und Loni,
Aurvangr, Jari, Eikinskjaldi.

14
Zeit ist's, die Zwerge aus Dvalinns Schar
den Menschen bis Lofarr aufzuzählen,
die gingen von den Steinen des Grunds,
nach Aurvangrs Sitz, nach Jöruvellir.

15
Dort war Draupnir und Dolgthrasir,
Har, Haugspori, Hlevang, Gloi,
Skirvir, Virvir, Skafidr, Ai.

16
Alfr und Yngvi, Eikinskjaldi,
Fjallar und Frosti, Finnr und Ginnarr:
die Liste der Ahnen wird auf Lofarr
zurückgeführt solang die Welt besteht.[25]

Von diesen knapp 70 Namen hat Tolkien einige ausgewählt, die entweder eine hervorgehobene Stellung (Durinn) oder besonders sprechende Namen (Eikinskjaldi «Eichenschild») aufweisen oder in stabreimenden (Bifur, Bofur, Bombur und On, Oin) oder binnenreimenden (Fili und Kili, Dori und Nori, Oin, und Gloin, Dwalin und Balin) oder gar endreimenden Gruppen auftreten: Bifur, Bofur oder Thorin, Dwalin and Balin.

Es sind aber nicht nur die Zwergennamen im Hob, die Tolkien der *Völuspá* entnommen hat. Auch die Ahnentafel der zwergischen Herrscher von Moria, wie sie im Lotr (III, Apx A, 352–362 «Durin's Folk», hier 361) präsentiert werden, weist deutliche Abhängigkeiten von der *Völuspá* auf. Außer den schon aufgezählten Namen stammen noch Náinn, Thráinn, Frór, Fundinn und Thrór aus den Zwergenstrophen der *Völuspá*. Jedoch sind auch die verbleibenden Namen in der Königsgenealogie der Zwerge nicht alle frei erfunden: Die Schwester von Thórin II und Frerin, nämlich Dís, trägt einen Namen, der «Göttin» oder wenigstens «verehrenswürdige, mythologische Frau» bedeutet. Frerin gibt anscheinend die Neben-

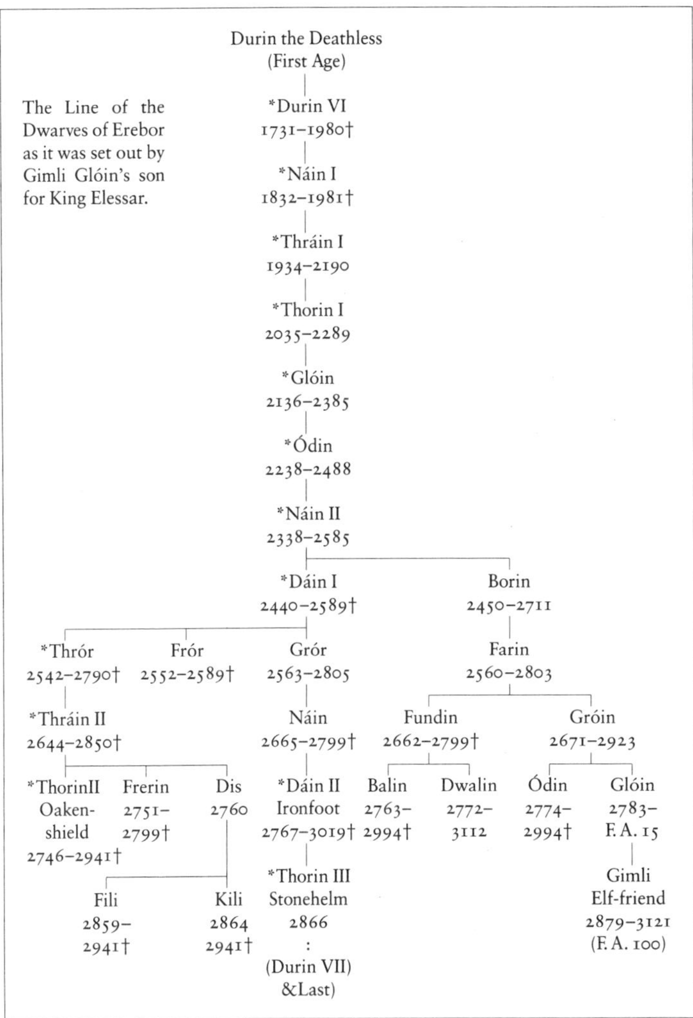

form von Frór wieder (in den *Edda*-Handschiften findet sich mitunter Frár statt Frór).

Der bekannteste aller Zwergennamen bei Tolkien, der des Ringgefährten Gimli, ist jedoch eigentlich nicht der Name eines Zwerges, sondern eines mythologischen Ortes in der *Völuspá* 64, dessen ursprüngliche Bedeutung wohl «der vor Feuer geschützte Ort» war. Auch der Name von Farin findet sich, allerdings in der Form Fár, unter den altnordischen Zwergennamen, jedoch nicht in der *Völuspá*, sondern in einer hochmittelalterlichen Sammlung dichterischer Synonyme. Nur die Namen Balin, Grór, Borin und Gróin scheint Tolkien selbst erfunden zu haben.

Ein Sonderfall ist der Beiname von Thorin Oakenshields, altnord. *Eikinskjaldi*, der in der *Völuspá* als eigener Zwergenname erwähnt wird, sogar zweimal. Eigentlich müßte er als Name *Eikinskjöldr* lauten und dürfte daher nur ein adjektivischer Beiname zu anderen Zwergennamen gewesen sein. Dies hat Tolkien richtig erkannt und daraus den Beinamen des Thórin macht.

Alle Zwergennamen der altnordischen Literatur sind sprechende Namen, die relativ leicht zu übersetzen sind und die uns auch etwas über die Vorstellungen von Zwergen im Frühmittelalter sagen, da sich die Namen meist auf ihre Tätigkeit oder ihren Lebensraum beziehen:[26]

- Bifur (altnord. Bífurr, Bívörr oder Bívorr) heißt wahrscheinlich «der Zitternde».
- Bofur (altnord. auch Bávorr, Bavörr oder Bafurr) und ist wohl nur eine handschriftliche Variante zu Bifur.
- Bombur (eigentl. altnord. Bömbur) heißt «Dicker».
- Dori (altnord. Dóri) kann entweder «Schädiger» heißen oder «Pflöckchen» oder «Narr».[27]
- Durinn bedeutet, obwohl Tolkien ihn zu einem der wichtigsten Zwergennamen macht, ursprünglich wohl einfach nur «der Schläfrige» und würde dann dem Zwerg Drowsy in Walt Disneys Trickfilmversion des Märchens von Schneewittchen und den Sieben Zwergen (von 1937) entsprechen. Möglich wäre allerdings auch die Bedeutung «der Türwächter», was für Tolkien ein Grund für die Wahl dieses Namens gewesen sein könnte.
- Dwalin (altnord. Dvalinn) ist ein in der *Edda*-Dichtung sehr verbreiteter Zwergenname, der entweder «der Langsame» oder «der Schlafende» bedeutet.
- Fár (altnord. auch Fárr) kann entweder «der Farbige» oder, wahrscheinlicher, «der Gefährliche» bedeuten.
- Fili (altnord. Fíli oder Víli) heißt entweder «Feile» oder «der etwas versteckt»; in letzterem Fall würde der Name darauf anspielen, daß es die Zwerge waren, die in der altnordischen Mythologie

den Skaldenmet (der die Gabe der Dichtkunst verleiht) versteckt hatten.[28]

- Frór heißt «flink».
- Fundinn bedeutet «gefunden, entdeckt», ist aber auch als Name Odins in der skandinavischen Mythologie belegt.
- Gloin (altnord. entweder Glói oder Glóinn) bedeutet «der Glühende» und könnte auf die Zwerge als Schmiede hinweisen, vgl. Kili und Fili.
- Kili könnte auf Altnordisch etwa «der Keilschmied» bedeuten, sicher ist diese Erklärung aber nicht.
- Náinn könnte sowohl ein «Nadelschmied» sein (vgl. Gloin, Kili und Fili), eher aber ist er «der Tote» (vielleicht im Hinblick auf die Zwerge als «Unterirdische»?).
- Nori (altnord. Nóri) bedeutet wohl «Winzling».
- Oin (altnord. Óinn) ist vermutlich «der Furchtsame».
- Ori kommt entweder von altnord. Óri oder Órinn, denn beides ist als Zwergennamen belegt, und bedeutet demnach entweder «der Verrückte» oder «der Streitsüchtige».
- Thorin (altnord. Thorinn) heißt «der Tapfere».
- Thráinn bedeutet «der Bedrohliche».
- Thrór heißt wohl etwa «der Gedeihliche», aber ob der Name wirklich ursprünglich zu einem Zwerg gehörte, ist mehr als fraglich.

Insgesamt ergeben die Zwergennamen – es ist sinnvoll, nicht nur die bei Tolkien genannten, sondern auch die anderen Namen der oben zitierten Strophen heranzuziehen – das Bild der Zwerge als eines kunstfertigen Volks von Schmieden, die aber auch gute Kämpfer (oder sonstwie gefährlich?) sind und unterirdische Behausungen haben (über die Zwerge allgemein vgl. unten das 6. KAPITEL über die positiven Mächte der niederen Mythologie).

Einen Sonderfall bildet der Zwergenname Gandalf in der *Völuspá*. Der Name bedeutet eigentlich «Zauber-Albe» und reiht sich damit recht problemlos in die Reihe anderer Zwergennamen auf *-álfr* wie Álfr und Vindálfr ein. Das läßt auf eine ursprüngliche Verwandtschaft zwischen Alben und Zwergen schließen. Tolkien hatte ihn auch in der ersten Version des HOB für den ersten der Zwerge (statt Thorin) verwendet, während der Zauberer noch Bladorthin hieß.[29] Die durchschaubare Bedeutung des Namens dürfte Tolkien jedoch dazu gebracht haben, ihn auf den Zauberer zu übertragen und den Zwerg statt dessen Thorin Oakenshields zu nennen.

Die Könige der Rohirrim und ihre Vorfahren

Die Ahnentafeln (Genealogien) der Könige der Rohirrim, der Bewohner von Rohan (auch *the Mark* «die Mark» genannt), spiegeln nach Tolkiens Absicht am ehesten die zahlreichen erhaltenen Stammtafeln der angelsächsischen (Klein-)Königshäuser. Die Sprache der Rohirrim ist eigentlich das Altenglische (so Tolkien in NOM 172), so daß auch die Namen der Könige der Mark eigentlich dem altenglischen Namenschatz entstammen sollten. Dies ist aber nicht durchwegs der Fall.

Die Struktur der Namensbildung folgte bei den meisten angelsächsischen Königshäusern denselben Gesetzen wie bei den anderen germanischen Stämmen: Die Familienzugehörigkeit ist durch Alliteration im Anlaut markiert, und es werden feste Namenselemente

Die Könige der Mark (nach LOTR III, 349–352)

Erste Linie
1. Eorl the Young 2485–2545
2. Brego the Hall-builder 2512–2570
3. Aldor the Old 2544–2645
4. Fréa 2570–2659
5. Fréawine 2594–2680
6. Goldwine 2619–99
7. Déor 2644–2718
8. Gram 2668–2741
9. Helm Hammerhand 2691–2759

Zweite Linie
10. Fréaláf Hildeson 2726–2798
11. Brytta 2752–2842
12. Walda 2780–2851
13. Folca 2804–64
14. Folcwine 2830–2903
15. Fengel 2870–2953
16. Thengel 2905–80
17. Théoden Ednew 2948–3019

Dritte Linie
(Théodwyn, Schwester von Théoden,
heiratet 2989 Éomund of Eastfold, Marshal of the Mark.)
Éomer Éadig 2991–F. A. 63 (3084)

verwendet. Außerdem leiten sich die meisten germanischen Königshäuser über die historischen Könige und über mythisch-heroische Vorzeitkönige entweder auf namengebende (eponyme) Helden in alter Zeit oder aber auf die heidnischen Götter zurück.

Die Erste Königslinie der Mark hat gleich eingangs etwas mit dem Abstammungsmythos in einem mythologischen Lied der *Edda* zu tun, nämlich mit der Ständelehre, die im *Edda*-Lied *Rígsþula* behandelt wird. In diesem Lied besucht ein Gott Rígr auf Erden drei kinderlose Ehepaare und hält sich bei ihnen jeweils drei Tage auf, wobei er jeweils einen Sohn zeugt. Der Sohn des ersten Paares, Ai und Edda («Urgroßvater und Urgroßmutter»), heißt Thræll («Knecht»), der des zweiten Paares, Afi und Amma («Großvater und Großmutter»), Karl («Mann»), der des dritten Paares, Faðir und Móðir («Vater und Mutter»), aber Jarl («Fürst»). Diesen adoptiert und unterweist der Gott, und Jarls jüngster Sohn heißt Konr ungr («junger Nachkomme»), aber das ist natürlich auch *konungr* «König», also der Ahnherr aller Könige.

Tolkien variiert die Geschichte und bezeichnet schon Jarl (auf altengl. Eorl) als *the Young*, wodurch allerdings der Wortwitz des Originals verlorengeht, und auch die Herkunft dieser Bezeichnung ist nicht mehr durchsichtig. Statt dessen gibt Tolkien für den Beinamen eine sachliche Erklärung:

He was so named because he succeeded his father in youth and remained yellow-haired and ruddy to the end of his days. (LOTR III 349 = APX A).	So nannte man ihn, weil er seinem Vater schon als Jüngling nachfolgte und weil er bis zum Ende seiner Tage hellblond und rotwangig blieb. (ANH 57)

Derartige Begründungen fehlen in den äußerst knappen realen angelsächsischen Königsgenealogien, die schon aus dem 8. und 9. Jahrhundert überliefert sind und in denen sich die englischen Teilkönige häufig auf Woden (d.i. Wodan, Odin) zurückführen.[30]

Ansonsten ist von den Königsnamen der Rohirrim nur das Element Fréa direkt von der germanischen Mythologie beeinflußt, denn in fast allen germanischen Königsgenealogien spielt der Gott Freyr eine Rolle. Er wurde in der angelsächsischen Form Frea aber nicht mehr als Gott wahrgenommen, sondern in der Bedeutung «Herr» aufgefaßt. Dieses wiederkehrende Namenselement der

Stammtafeln hat Tolkien übernommen, dazu auch den Namen Fréawine, der in der sagenhaften dänischen Geschichte des Saxo Grammaticus (s. 1. KAPITEL, S. 34 f.) als Freawine vorkommt. Im *Beowulf* taucht ein Name Fréawaru auf. Tolkien vermeidet aber offenbar direkte Übernahmen aus dem *Beowulf*, so daß auch der Folcwaru des *Beowulf* in Anlehnung an Fréawine zu Folcwine umgestaltet wird. Die einzige direkte Entlehnung aus dem *Beowulf* unter den Namen der Rohan-Könige ist Éomer: Er wird im *Beowulf* als Sohn des Königs Offa von Anglien genannt und ist im LOTR der vorläufig letzte König der Rohirrim.

Das Element Theo- übernahm Tolkien dagegen nicht aus den angelsächsischen Genealogien, sondern aus fränkischen und langobardischen: Theodemir (oder Theudemer), Theuderic, Theudebert (und sein Bruder Theudebald) sowie später Theudebert und Theuderic zählen alle zur fränkischen Familie der Merowinger vom 5. bis zum frühen 7. Jahrhundert. Aber auch andere Königshäuser im frühmittelalterlichen Europa verwendeten dieses Element, vgl. etwa die Westgotenkönige Theuda und Theudegisl in Spanien oder die langobardische Königin Theodelinde bairischer Abstammung am Ende des 6. Jahrhunderts.

Mit den Merowingern verbindet zwar sonst das Haus der Rohirrim nicht viel, aber die tatsächliche Geschichte der Merowinger hatte einen deutlichen Einfluß auf die Schilderung des Königshauses von Gondor. Dieses war nach dem Verschwinden des Königs Eärnur verwaist und wurde seit Mardil von den Stewards regiert, bis Denethor II wieder durch Aragorn aus der wahren Königslinie abgelöst wurde: Nach dem letztem selbständigen Merowinger-König Dagobert I. (gest. 639) übernahmen sog. Hausmeier (engl.: Stewards) die eigentliche Macht und gingen letztendlich als das Herrscherhaus der Karolinger in die Geschichte ein.

Die Hobbitfamilien

Tolkien schildert bei den Namen der Hobbits recht ausführlich die Prinzipien seiner Namenbildung, ausführlicher jedenfalls als bei den anderen vorkommenden Rassen:

In the case of persons, however, Hobbit-names in the Shire and in Bree were for those days peculiar, notably in the habit that had grown up, some centuries before this time, of having inherited names for families. Most of these surnames had obvious meanings (in the current language, being derived from jesting nicknames, or from place-names, or (especially in Bree) from the names of plants and trees. Translation of these presented little difficulty; but there remained one or two older names of forgotten meaning, and these I have been content to anglicize in spelling: as Took for Tûk, or Boffin for Bophîn.

I have treated Hobbit first-names, as far as possible, in the same way. (LOTR III 413 = APX F)

Was aber die Personen angeht, so hatten die Hobbits im Auenland und in Bree für jene Zeit ungewöhnliche Namen, da es bei ihnen schon einige Jahrhunderte vor dieser Zeit Sitte geworden war, einen Namen in der Familie weiterzuvererben. Zumeist hatten diese Zunamen in der damaligen Umgangssprache eine nahe liegende Bedeutung, abgeleitet von Spitznamen, Ortschaften oder (vor allem in Bree) vom Baum- und Pflanzennamen. Diese waren unschwer zu übersetzen; doch bei zwei älteren Namen, deren Bedeutung nicht mehr bekannt ist, haben wir uns damit begnügt, die Schreibweise etwas zu verdeutschen: Tuk fur *Tûk* und Boffin für *Bophin.*

Die Vornamen der Hobbits habe ich, soweit möglich, ebenso behandelt. (ANH 145)

Tolkien geht dann in der Folge auf die Mädchennamen ein, denen die Hobbits gerne die Namen von Blumen oder Edelsteinen gaben – letztere sind allerdings selten. Dagegen haben viele männliche Vornamen gar keine umgangssprachliche Bedeutung, so auch Bilbo, Bungo, Polo, Lotho, Tanta, Nina, und Überschneidungen mit heute gebräuchlichen Vornamen seien angeblich rein zufällig (wie bei Dora oder Cora). Wichtig dabei zu beachten ist jedoch laut Tolkien, daß bei den Hobbits *-a* eine männliche Endung war, *-o* und *-e* dagegen in der Regel weiblich.

In some old families, especially those of Fallohide origin such as the Tooks and the Bolgers, it was, however, the custom to give high-sounding first-names. Since most of these seem to have been drawn from legends of the past, of Men as well as of Hobbits, and many while now meaningless to Hobbits closely resembled

In manchen alten Familien, besonders solchen von fahlhäutischer Abkunft wie den Tuks und den Bolgers, war es jedoch Sitte, den Kindern hochtönende Vornamen zu geben. Da dies zumeist Namen von Sagengestalten, von Menschen wie von Hobbits, waren und viele, obgleich für die Hobbits inzwischen

the names of Men in the Vale of Anduin, or in Dale, or in the Mark, I have turned them into those old names, largely of Frankish and Gothic origin, that are still used by us or are met in our histories. (LOTR III 413 = APX F)

bedeutungslos, den Namen der Menschen im Anduintal, in der Stadt Thal oder in der Mark sehr ähnlich waren, habe ich sie durch alte Namen meist fränkischer oder gotischer Herkunft ersetzt, die auch bei uns noch gelegentlich vorkommen oder in den Geschichtsbüchern zu finden sind. (ANH 145)

Hobbitnamen sind also in ihrer Herkunft teilweise germanisch und sind besonders aus fränkischem und normannischem Namenmaterial, weniger (wie wohl zu erwarten gewesen wäre) aus dem angelsächsischen geschöpft. Wenn Tolkien in dem Zitat oben behauptet, die «hochklingenden Namen» in Familien wie den Tooks seien aus fränkischen und gotischen Namen übernommen, so stimmt das zwar für die fränkischen, aber das Gotische im heutigen Sinn (als germanische Sprache der Ost- oder Westgoten) hat dabei nur eine recht geringe Rolle gespielt. Zwar finden sich im Gotischen männliche Personennamen auf *Fer-* oder *Hild-*, aber diese gibt es auch im Langobardischen oder Fränkischen. Tolkien verwendet «gotisch» offenbar entweder in einem weiteren Sinn (etwa: ostgermanische Dialekte) oder im älteren Sinn von «urgermanisch». Vom 16. bis zum frühen 20. Jahrhundert war es vor allem in Skandinavien, aber dann auch in England üblich, sich auf die altgermanischen Wurzeln heutiger germanischer Völker als die gotischen Vorfahren zu berufen, da man schon damals wußte, daß die meisten der bekannten germanischen Stämme wie die Goten irgendwann während der frühen Völkerwanderungszeit aus Skandinavien ausgewandert waren. Diese gemeinsame «gotische» Herkunft diente also dazu, die Germanen in der skandinavischen Urheimat vor der getrennten Auswanderung verschiedener Stämme zu bezeichnen, und in diesem Sinn mag Tolkien «gotisch» verwendet haben.

Für Namen der früh christianisierten Franken und ihrer Königshäuser und der (für skandinavische Verhältnisse!) ebenfalls schon relativ früh (nämlich ab 911) zum Christentum übergetretenen Normannen der Normandie ist kennzeichnend, daß sie germanisches, romanisches und auch ausgesprochen christliches Material miteinander verschmelzen.

Die Namen der Baggins of Hobbiton und ihre vermutliche Herkunft:

Angelica: lateinisch/englisch
Belba: ?
Bilbo: spanisch/englisch
Bingo: ?
Bungo: ?
Daisy: englisch
Dora: lateinisch
Drogo: normannisch
Dudo: normannisch
Falco: normannisch
Fosco: pseudo-lateinisch ?
Frodo: skandinavisch ?
Largo: pseudo-lateinisch ?
Lily: englisch
Linda: englisch
Longo: pseudo-lateinisch o. normannisch ?
Lotho (< Lothar?) fränkisch
Meriadoc: keltisch
Minto: ?
Moro: lateinisch/italienisch
Mosco: s. Fosco
Mungo: keltisch
Myrtle: englisch
Odo: normannisch
Olo: fränkisch
Otho: fränkisch
Pansy: englisch
Peony: englisch
Peregrin: lateinisch
Polo: lateinisch/italienisch ?
Ponto: keltisch?
Poppy: englisch
Porto: lateinisch/italienisch ?
Posco: s. Fosco
Prisca: lateinisch
Rosa: lateinisch

Die Namen der Baggins of Hobbiton (vgl. LOTR III 380): Die männlichen Vornamen der Baggins of Hobbiton sind durch den Einfluß des fränkischen und normannischen Namensschatzes geprägt. Es kommen aber auch andere, zum Teil frei nachempfundene Namen vor, dazu einige archaische Wörter (wie der Name von Bilbo «Schwertklinge», nach den teuren Schwertern aus der spanischen Stadt Bilbao). Ein Name wie Peregrin («Pilger») ist natürlich deutlich lateinischen Ursprungs. Die Namen Dudo oder Drogo sind ebenso wie Falco und einige andere ganz eindeutig normannisch. Es fällt aber auf, daß Tolkien so offensichtlich normannische Namen wie Wilhelm, Robert, Tankred oder Roger vermeidet, vermutlich um sein Sprachspiel nicht allzu durchsichtig zu machen.

Bei den weiblichen Vornamen hat sich Tolkien einen Anflug von Humor erlaubt: die meisten von ihnen sind nach gängigen Gartenblumen oder Kräutern benannt; allerdings sind dies eher triviale Namen bzw. Pflanzen wie Peony «Pfingstrose», Daisy «Gänseblümchen», Pansy «Stiefmütterchen», Myrtle «Myrthe» usw. Daneben hat er aber auch noch einige lateinische weibliche Vornamen, und nicht nur solche von Gartengewächsen, eingesetzt, etwa Dora.

Die Took of Great Smials (vgl. LOTR III 381*):* Bei den Tookschen Namen hat Tolkien weit ausgeholt: Weibliche Namen sind in erster Linie (sprechende) spanische romanische Frauennamen (Belladonna, Donnamira, Esmeralda, Mirabella), daneben aber auch vereinzelt solche fränkischer Herkunft (Hildigard). Auch hier spielt Tolkien wieder mit den Namen von schlichten Gartengewächsen (Pimpernel, Primula). Bei den männlichen Vornamen aber liegt der Schwerpunkt ganz deutlich auf fränkischen Namen (mehrfach mit den Elementen Hildi- und Ise-), teils schon in Formen des anglonormannischen Hochmittelalters (Adelard, Flambard). Mitunter kommen auch phantasievolle «hochklingende» Namen vor, die sogar über Shakespeare entnommen sein können (wie etwa Fortinbras).

*Die Brandybuck of Buckland (*LOTR III 382*):* Hier schließlich ist kaum mehr germanischer Einfluß spürbar. Die Namen sind in erster Linie aus der mittelalterlichen romanischen (Celandine, Milo) und sogar aus der arabischen Welt entlehnt oder ganz aus dort gängigen Elementen neukomponiert. Allenfalls die Familie von Seredic mit den Söhnen Doderic und Ilderic weist auf fränkische und damit germanische Herkunft, während die Namen auf -oc wohl keltischer Herkunft sein sollen.

*The Longfather-Tree of Master Samwise (*LOTR III 383*):* Dieser Ausdruck ist eine direkte Übersetzung von altnordisch *langfeðgatal* «Ahnentafel», wie etwa im bekannten *Langfeðgatal af Nóregs konungum* «Ahnenreihe der norwegischen Könige».

In dieser Genealogie sind Namen vereint, die aus der Wikingerzeit (Nordost-)Englands stammen, also letztlich skandinavischer Herkunft sind. Die Wikinger, die sich in England niederließen, hatten sich aber (wohl auch aufgrund ihrer relativ geringen Zahl) schnell mit der einheimischen, vorwiegend angelsächsischen Bevölkerung vermischt, so daß angelsächsische Namenselemente mit den vorherrschenden wikingischen verschmolzen. Die Männernamen Carl (altnord. *karl* «Mann») sowie alle auf *-son* («Sohn von») und *-ing* («aus dem Geschlecht von*»)* sind skandinavischen Ursprungs oder geben dies zumindest durch diese Art der Wortbildung vor zu sein. Aber Hobson und Hamson sind keine echten skandinavischen Personennamen (es gibt keinen männlichen Vornamen *Hob oder *Ham), auch Hending und Harding trotz ihres skandinavischen Klangs nicht. Außerdem finden sich einige wenige (Hamfast, Gamwich), die eindeutig angelsächsischer Herkunft sind. Dazu kommen hier noch, wohl um die Intention einer angeblichen nordischen Herkunft deutlicher zu machen, einige echte skandinavische Vornamen der Wikingerzeit, etwa Halfred oder Erling, zum Einsatz. Erst in der letzten Generation der Ahnentafel tragen alle mit Ausnahme von Pippin (fränk.) und Frodo (skand.?) vorwiegend englische Namen.

Genau genommen sind von den vielen nordisch klingenden Namen also nur Erling, Carl und Halfred echt nordischen Ursprungs.

Weitere vom Altnordischen beeinflußte Namen

Easterlings («Ostlinge»): Easterlings bedeutet «Ost-Leute»; auch hier wird, wie bei der Bezeichnung *Halflings* für Hobbits das germanische Element *-ling* zur Kennzeichnung der Herkunft (vgl. Gameling und Swertings) verwendet, in diesem Fall in geographischer Hinsicht. Im Gegensatz zu den erwähnten Königshäusern (wie Ynglinge oder Knytlinge) wird hier der Begriff während des Council of Elrond (LOTR I 258) ganz allgemein für üble Völker des Ostens verwendet.

Fairbairns («Schönkinds»): Der Name der Fairbairns (LOTR I 23), der «Wardens of the Westmarch» («Verweser der Westmark»), ist identisch mit Fairchild: Das Element *-bairn* ist eine der relativ verbreiteten wikingerzeitlichen Spuren in den heutigen englischen Dialekten Nordostenglands (besonders in Yorkshire) und Schottlands. Es geht auf altnord. *barn* «Kind» zurück und wird noch heute häufig verwendet, und zwar nicht nur in Personennamen.

Gameling: Gameling trägt den Beinamen «the Old», aber das ist auch gleichzeitig die Bedeutung des Namens. *Gamal-* ist altnordisch und bedeutet (ebenso wie in den heutigen skandinavischen Sprachen) «alt». Das Element *-(l)ing* wird als dynastische, ethnische oder familiäre Herkunftsableitung in den meisten germanischen Sprachen verwendet, vgl. im Englischen die Bezeichnung *Halflings* für die Hobbits; im Altenglischen wie im Altnordischen die Benennung der Königshäuser nach ihren Stammvätern, also Æthelings oder Scyldings (altengl. *Scyldingas*), schwed. Ynglinge, dän. Knytlinge etc.

Greyhame («Graumantel»): Greyhame (oder Grayhame) ist Gandalfs Name bei den Rohirrim (LOTR II 37, 129, 133). Das zweite Namenselement wird aber von Tolkien selbst (NOM 167) nicht ganz korrekt erklärt. Zwar kann *-hama*, *-hame* tatsächlich auch «Mantel» bedeuten, aber in Namen und besonders im Kontext eines Zauberers ist die erste Assoziation die mit altnord. *hamr* «Gestalt, Hülle». Davon leitet sich das Wort *hamingja* «Schutzgeist, persönliches Glück» ebenso her wie *hamramr* oder *hamfarir* «fähig, seine Gestalt zu wechseln oder zu verändern» – beides trifft auf Gandalf genauso zu wie auf viele Zauberer der altnordischen Sagaliteratur.

Radagast: Radagast the Brown (LOTR I 269–72) ist einer der Zauberer im LOTR. Der Name bedeutet wörtlich «der beratende Gast» und könnte nach Vorbild eines altnordischen Namens wie dem der Sagenperson Ráðbarðr (*Hyndluljóð* 28; vgl. auch einen Zwergennamen wie Ráðsviðr) gebildet sein. Auch der Name des vandalischen Heerführers Radagais (um 405) mag Pate gestanden haben. Eine direkte Vorlage im Altnordischen existiert allerdings nicht.

Swertings («Schwärzlinge»):

But I've heard tales of the big folk down away in the Sunlands. Swertings we call 'em in our tales; and they ride on oliphaunts, 'tis said, when they fight. (LOTR II 255)	Aber ich habe Geschichten gehört über die großen Leute da unten in den Sonnenlanden. Schwärzlinge nennen wir sie in unseren Geschichten; und sie reiten auf Olifanten, heißt es, wenn sie kämpfen. (HDR II 292)

Diesen eindeutig abwertenden Völkernamen hat Tolkien möglicherweise aus dem Namen des Großvaters des gautischen Königs Hygelac im *Beowulf*, Swerting, nach Vorbild anderer mittelalterlichen Völker- oder Dynastienbezeichnungen geschaffen. Die einzige mir bekannte Parallele mit einem so gebildeten ausgesprochen abwertenden Namen findet sich aber in der altnordischen Sagaliteratur, wo die grönländischen Eskimos (und vielleicht auch die nordamerikanischen Indianer) als *Scraelingar* (denen englisch *Scraelings* entsprechen würde) bezeichnet wurden, was ungefähr so viel wie «Krüppelchen» bedeutet. Bei den Swertings ist sicherlich weder der abwertende Klang noch die Assoziation mit Schwert ungewollt. Im

Altnordischen selbst wurden schwarzhäutige Menschen (ob in der Realität oder in Abenteuerromanen) als Blámenn (eigentlich «Blaumänner») bezeichnet, da man dunkles, schillerndes Schwarz altnordisch *blá* «blau» nannte. Dieser Praxis ist Tolkien jedoch nicht gefolgt, sondern er hielt sich ans Altenglische.

Wormtongue («Schlangenzunge»): Gríma, der böse Ratgeber von Théoden (LOTR II 113), hat den Beinamen Wormtongue. Tolkien vermerkt, daß der Name in der Sprache von Rohan (also im Altenglischen) *wyrm-tunga* «Schlangenzunge» gelautet haben müßte (NOM 175). Der am besten bekannte Träger dieses Beinamens ist jedoch nicht im Altenglischen, sondern im Altnordischen zu finden, wo dem Skalden Gunnlaugr ormstunga (zu altnord. *ormr* «Schlange») eine eigene Saga gewidmet ist (*Gunnlaugs saga ormstungu*). Er trug seinen Beinamen übrigens nicht wegen etwaiger Lügen, sondern wegen seiner spitzen Zunge, die er auch am norwegischen Königshof nicht im Zaum hielt.

4. Kapitel

Odins Erscheinungsformen

Odin (altnord. Óðinn, südgerman. Wodan oder Wotan), der oberste Gott der germanischen Götterwelt, hat mehrere von Tolkiens literarischen Figuren deutlich und auf verschiedenste Weise beeinflußt. Tolkien war sich dieser Beeinflussung offenbar zu einem gewissen Grad bewußt, da er Odin in seinen theoretischen Schriften wiederholt erwähnt. Allerdings konzentrierte er sich auf nur wenige der vielen Facetten des Gottes. Er sah in Odin in erster Linie den Zauberer und den geheimnisvoll auftauchenden und wieder verschwindenden Wanderer – offenbar war er von seiner ersten Begegnung mit dem Gott in der *Völsunga saga* sein Leben lang beeinflußt. Odin als Gott der Runen oder der Dichtung bleibt ganz im Hintergrund, und selbst in den Realisationen als Saruman oder Sauron bleibt seine Rolle als Totengott fast unerwähnt.

Gandalf und Odin

Die Figur des Gandalf im Hob und im Lotr ist wohl eine der augenfälligsten Anspielungen auf die nordische Mythologie in Tolkiens Werk. Daß der Name Gandalf eigentlich ein Zwergenname in der *Edda* ist, aber von Tolkien nicht ganz unpassend («Zauber-Albe») auf den Zauberer übertragen wurde, ist schon oben im 3. Kapitel behandelt worden. Schon zu Beginn des Hob wird Gandalf äußerlich so beschrieben, daß die Übereinstimmungen mit der Figur des Odin in den altisländischen Sagas, vor allem in den sog. *Fornaldarsögur* («Vorzeitsagas») nicht zu übersehen sind:

All that the unsuspecting Bilbo saw that morning was an old man with a staff. He had a tall pointed blue hat, a long grey cloak, a silver scarf over which his long white beard hung down below his waist, and immense black boots. (Hob 13)

Alles, was also der keineswegs mißtrauische Bilbo an diesem Morgen sah, war ein alter Mann mit einem Stab, hohem, spitzem blauem Hut, einem langen grauen Mantel, mit einer silbernen Schärpe, über die sein langer weißer Bart hing, ein kleiner, alter Mann mit riesigen schwarzen Schuhen. (KHOB 11)

Not the fellow who used to tell such wonderful tales at parties, about dragons and goblins and giants and the rescue of princesses and the unexpected luck of widow's sons? (HOB 13)

Keiner verstand es wie er, beim Kaffeetrinken solch wunderbare Geschichten über Drachen zu erzählen, über Kobolde und Riesen, über gerettete Prinzessinnen und über das unvorhergesehene Glück von Söhnen armer Witwen. (KHOB 14 f.)[31]

[...] there just on the edge of the fire-light stood an old bent man, leaning on a staff, and wrapped in a great cloak; his widebrimmed hat was pulled down over his eyes. (LOTR II 45)

Da stand am Rande des Feuerscheins ein alter, gebeugter Mann, auf einen Stab gestützt und in einen grauen Mantel gehüllt. Sein breitkrempiger Hut war bis auf die Augen heruntergezogen. (HDR II 48)

Ganz ähnlich wird nämlich Odin in den Sagas beschrieben, besonders in der Tolkien wohlbekannten *Völsunga saga*:

> [...] da kam ein Mann in die Schlacht mit einem tiefhängenden Hut und einen schwarzen Kapuzenmantel. Er war einäugig und hielt einen Speer in seiner Hand. [...] Anderntags ging Sigurd in den Wald und traf einen alten Mann mit einem langen Bart. (*Völsunga saga,* Kap. 11 und 13).

Mehr als in den *Eddas*, wo Odin vor allem als Göttervater, Götterkönig oder allwissender Ase auftaucht, ist er in den Sagas ein einsamer, geheimnisvoller Wanderer. In dieser Darstellungsweise hat er auch am meisten mit Gandalf gemeinsam: er taucht plötzlich auf, verschwindet mitunter auch plötzlich und verändert den Gang der Dinge für den Helden, wobei aber Gandalf eindeutig positiver gezeichnet ist als der Odin der Sagaliteratur. Dort – zwei oder drei Jahrhunderte nach der Christianisierung Skandinaviens – weist Odin nämlich schon Züge der Dämonisierung der alten Götter auf.

Der Gott Odin in der nordischen Mythologie war aber eine Figur mit vielen Facetten,[32] was Tolkien selbstverständlich wußte: er war nicht nur der alte Wanderer, der mitunter zum Schutz seiner menschlichen Schützlinge unerwartet und hilfreich auftauchte (so wie Gandalf für die Hobbits), sondern er war auch der Götterfürst, ja vielleicht sogar Vater der anderen Götter, und er war ein Gott der

Toten sowie des – nicht verläßlichen – Schlachtenglücks. Die oft aristokratischen und kriegerischen Verehrer dieses Gottes wußten, daß sein Schutz eine zweifelhafte Sache war: so konnte er einem König das Schlachtenglück schenken, aber ihm dabei gleichzeitig das Leben nehmen.

In der mittelalterlichen altnordischen Dichtung erscheint Odin zudem nicht nur als hoher und alter Gott der Toten und des Krieges, sondern auch als Gott der Dichtkunst, der Runen und der Magie (letzteres wird sich bei Odins Erscheinungsformen in Saruman oder Sauron zeigen). Vielleicht deshalb hatten ihn die Germanen in der römischen Eisenzeit nicht mit dem Götterfürsten Jupiter, sondern mit dem römischen Gott Merkur gleichgesetzt, als sie die römischen Wochentagsnamen in die germanischen Sprachen übernahmen: der lateinische *Dies Mercurii* (vgl. franz. *mercredi*) wurde germanisch als **Wodanesdag* übertragen, auf altenglisch hieß er *wōdnesdaeg*, heute *Wednesday*, auf Mittelniederdeutsch noch *wōdensdach* (holl. *Woensdag*), altnord. *Óðinsdagr* (dänisch etc. *Onsdag*). Odin hatte die Gabe der Weisheit; angeblich hatte er dafür ein Auge gegeben, deswegen wird er auch häufig als einäugig dargestellt. Außerdem war er unter den nordischen Göttern der Magier, so daß es naheliegt, ihn mit den Zauberern in Tolkiens Werk zu vergleichen, besonders aber mit Gandalf und Saruman (über letzteren siehe weiter unten).

Neben der Kleidung und einigen Funktionen hat Gandalf mit Odin auch einige andere Aspekte gemeinsam, etwa daß er das schnellste aller Pferde besitzt:

[…] the horses of the Riddermark come from the fields of the North […] And there is one among them that might have been foaled in the morning of the world. The horses of the Nine cannot vie with him; tireless, swift as the flowing wind. Shadowfax they called him. By day his coat glistens like silver; and by night it is like a shade, and he passes unseen. Light is his footfall! Never before had any man mounted him, but I took him and I tamed him, and

[…] die Pferde der Riddermark kommen von den Feldern des Nordens […] Und eines ist unter ihnen, das hätte in der Morgendämmerung der Welt geboren sein können. Die Pferde der Neun können sich nicht mit ihm messen; unermüdlich und schnell wie der Wind. Schattenfell nannten sie es. Bei Tage schimmert sein Fell wie Silber; und bei Nacht ist es wie ein Schatten und eilt ungesehen dahin. Leicht ist sein Schritt. Niemals zuvor hatte ein

so speedily he bore me [...] (LOTR I 275 f.)

Mann es geritten, doch ich nahm es und zähmte es; und so geschwind trug es mich [...] (HDR I 319)

In der *Edda* heißt es über Odins Pferd: «[Sleipnir] was grey and had eight legs, and this is the best horse among gods and men» (Snorri: *Edda*, *Gylfaginning* Kap. 14).

Tolkien vermerkt selbst (NOM 172 f.), daß die richtige Form des Pferdenamens bei den Rohan (also im Altenglischen) «Sceadu-faex, having shadow-grey mane and coat» lauten müßte. Er vermerkt aber (m. E. ganz irreführend), daß das Element *-fax* mit «Haar» oder mit «Mähne» übersetzt werden sollte. Tatsächlich aber tragen im Altnordischen Pferde fast durchwegs Namen mit dem Zweitelement *-fax*, so daß dieser Namenteil nicht mehr «Mähne», sondern eigentlich «Pferd» bedeutet, vgl. etwa einen Pferdenamen wie Freyfaxi (in der *Hrafnkels saga*) für «Freyrs Pferd».

Dazu kommt, daß der Name Shadowfax ebenfalls eine deutliche Anspielung auf die mythischen Vorstellungen in der *Edda* ist, wo zwei Pferde namens Skinfaxi («scheinende Mähne») und Hrimfaxi («frostige Mähne») den Tag bzw. die Nacht heraufziehen (*Vafþrúðnismál* 12 und 14). «Das Pferd heißt Skinfaxi, und die ganze Luft und Erde wird von seiner Mähne erleuchtet» (Snorri: *Edda*, *Gylfaginning* Kap. 9). Ein Pferd namens Skuggfaxi, also Gandalfs «Schattenmähne» entsprechend, findet sich zwar meines Wissens nicht in der altnordischen Literatur (heute jedoch schon als Pferdename in Island), aber Tolkien hat sich dennoch bei der Namensbildung eng an die Prinzipien der altskandinavischen Pferdenamengebung angelehnt.

Selbst einzelne Details hat Tolkien noch verarbeitet, etwa wenn er die Flucht Odins *als* Adler (so auf der Flucht vor dem Riesen Suttungr im Mythos vom Skaldenmet) zu einer Flucht Gandalfs *auf* einem Adler umwandelt:

[...] Gwaihir the Windlord, swiftest of the Great Eagles, came unlooked-for to Orthanc; and he found me standing on the pinnacle. Then I spoke to him and he bore me away, before Saruman was aware (LOTR I 275)

[...] Gwaihir, der Herr der Winde, der schnellste der Großen Adler, unerwartet nach Orthanc kam; und er fand mich auf der Zinne stehend. Dann sprach ich mit ihm, und er trug mich davon, ehe Saruman es bemerkte. (HDR I 318)

Man hat sogar im «Great Shelf of the Lord of the Eagles» (Hob 97) einen Anklang an Odins Hochsitz sehen wollen,[33] der aber eher mit dem Hochsitz Manwës Gemeinsamkeiten aufweist (s. unten).

Zuletzt sei noch ein Detail aus Tolkiens Leben zur Figur Gandalfs erwähnt, das allerdings nichts mit Odin zu tun hat: Tolkien hatte nämlich schon als 19jähriger auf einer Sommerreise in die Schweizer Alpen 1911 eine Postkarte des Gemäldes *Der Berggeist* von Josef Madelener erstanden, wozu er später notierte «Origin of Gandalf».[34] In der Tat ist dieser Berggeist mit seinem Schlapphut, langem Mantel und weißem Bart rein äußerlich nicht weit von den Odinsvorstellungen der mittelalterlichen Sagaliteratur entfernt, allerdings ist der rote Mantel, die Lieblichkeit der Szene und das Rehlein, das ihm aus der Hand frißt, weit entfernt sowohl von Odin als auch Gandalf.

Saruman und Odin

Auch in Saruman, wie Gandalf einer der Istari, der aber Saurons böser Macht verfällt, kann man Züge von Odin entdecken, war doch Odin kein unproblematischer Gott. Er schenkte zwar seinen Anhängern den Schlachtensieg, die Gabe der Dichtkunst und vielleicht auch magische Fähigkeiten, aber dafür forderte er auch mitunter deren Leben, nahm ihnen alles und ließ sie im Stich. Die positiven und negativen Aspekte von Odin haben Tolkien, wie ich meine, zu der Kontrastierung von Gandalf und Saruman geführt, auch wenn Saruman – über das Äußere hinaus – nur selten mit Odin-Attributen besetzt wird. Am ehesten ist noch Odins Allwissenheit, die sich nicht nur durch Mimirs Kopf, sondern auch durch seinen mit unendlichem Fernblick ausgestatteten Hochsitz Hliðskjálf und die Raben Hugin und Munin als Informanten erklärt, mit Sarumans Fernsicht aus seinem Turm zu vergleichen:

Now it appears that, as the rock of Orthanc has withstood the storms of time, so there the *palantír* of that tower has remained. But alone it could do nothing but see small images of things far off and days remote. Very useful, no doubt, that was to Saruman, yet it seems that he	Jetzt zeigt es sich, daß der Palantír von Orthanc erhalten geblieben ist, weil dieser Turm den Stürmen der Zeit widerstanden hat. Doch allein könnte er nur kleine Bilder von weit entfernten Dingen und längst vergangenen Tagen sehen. Sehr nützlich war das zweifellos für Saruman;

was not content. Further and further abroad he gazed, until he cast his gaze upon Barad-dûr. (LOTR II 203)	indes scheint es, daß er damit nicht zufrieden war. Weiter und weiter hinaus schaute er, bis er einen Blick auf Barad-dûr warf. (HDR II 233)

Ansonsten sind die Parallelen zwischen Saruman und Odin geringer als erwartet, obwohl Odin bei Tolkien eben auch ganz allgemeine Züge von Zauberern beeinflußt haben dürfte (vgl. etwa die Beschreibung von Denethor in LOTR III 37).

Sauron und Odin

Zahlreiche Züge von Odin finden sich jedoch direkt auf Sauron angewandt, obwohl hier die rein äußerlichen Bezüge fehlen. Tolkien spricht beide, Sauron wie Saruman, als *Necromancers* (böse Zauberer) an. Dies entspricht einem Bild von Odin, das in erster Linie auf die mythologische Einleitung zu Snorri Sturlusons Geschichtswerk *Heimskringla* (am Beginn der *Ynglinga saga,* Kap. 7) zurückgeht, wo die magischen Fähigkeiten Odins ausführlich erwähnt werden:[35]

Odin konnte seine Gestalt verändern. Sein Körper lag wie schlafend oder tot da, er aber war ein Vogel oder ein Tier, ein Fisch oder eine Schlange und fuhr in Augenblicken in andere Länder, in seinen Angelegenheiten oder denen anderer Leute. Er beherrschte auch das noch, daß er mit Worten allein Feuer schlagen konnte und das Meer beruhigen und den Wind in jede Richtung schralen lassen konnte, wie er wollte. Er hatte auch das Schiff, das Skíðblaðnir hieß, das über die Maßen groß war, aber das man wie ein Tuch zusammenlegen konnte. Er hatte immer Mímirs Haupt bei sich, und dieses sagte ihm viele Nachrichten aus der anderen Welt, aber manchmal weckte er die Toten aus der Erde auf oder setzte sich unter Gehenkte. Deswegen nannte man ihn auch Herr der Wiedergänger oder Herr der Gehenkten. Er besaß zwei Raben, die er mit der Sprache gezähmt hatte. Sie flogen weit übers Land und erzählten ihm viele Neuigkeiten. Deswegen wurde er sehr berühmt. Alle diese Fertigkeiten erreichte er mit Runen und den Liedern, die Zaubersprüche (*galdrar*) heißen. Deswegen heißen die Asen auch Sprücheschmiede. Daneben beherrschte er aber auch noch die Kunst, der er am meisten folgte, und die er selbst betrieb, die Schwarzkunst (*seiðr*) heißt, und damit konnte er das Schicksal der Menschen und zukünftige Dinge erfahren, auch Menschen den Tod oder Unglück oder Krankheit bringen, und Menschen ihren Verstand oder ihre Kraft rauben und sie anderen geben. (Ü.: R. S.)

Dies ist natürlich gleichzeitig eine Zusammenfassung hochmittelalterlichen Wissens über die Zauberkunst, aber sie zeigt doch, wie sehr man magische Fertigkeiten auf Odin projizierte.

Tolkien spricht selbst in einem Essay *On Fairy-Stories* von Odin als Zauberer: «Odin the Goth, the Necromancer, glutter of the crows, Lord of the Slain.»[36] Alle drei, Gandalf, Saruman und Sauron, werden bei Tolkien als Zauberer bezeichnet. Wie Odin, der sich sowohl in eine Schlange als auch einen Adler verwandeln konnte (beides in der Geschichte vom Skaldenmet, Snorri: *Edda: Skáldskaparmál* Kap. 1), sind alle drei ebenfalls Gestaltwandler, d. h. sie können sich beliebig in andere Gestalten, besonders Tiere verwandeln:

Then Sauron shifted shape, from wolf to serpent, and from monster to his own accustomed form; but he could not elude the grip of Huan without forsaking his body utterly.

[...]
And immediately he [Sauron] took the form of a vampire, great as a dark cloud across the moon, and he fled, dripping blood from his throat upon the trees, and came to Taur-nu-Fuin, and dwelt there, filling it with horror. (Silm 175),

Nun wechselte Sauron die Gestalt, vom Wolf zur Schlange und vom Ungetüm zu seiner gewohnten Gestalt; doch nichts entzog ihn Huans Griff, es sei denn, er hätte seinen Leib ganz aufgeben wollen.

[...]
Und sogleich nahm er die Gestalt eines Vampirs an, groß wie eine dunkle Wolke vor dem Mond, und entfloh, während Blut aus seiner Kehle auf die Bäume tropfte, und er flog nach Taur-nu-Fuin und hauste da, das Land mit Greueln erfüllend. (DSilm 195)

In der Figur des Sauron werden die negativen odinischen Züge am deutlichsten offenbar. Sauron wird von Tolkien fast ähnlich zaubermächtig beschrieben wie Odin von Snorri in der oben zitierten Stelle der *Ynglinga saga*, aber dazu wesentlich furchteinflößender und zerstörerischer:

Sauron was become now a sorcerer of dreadful power, master of shadows and of phantoms, foul in wisdom, cruel in strength, misshaping what he touched, twisting what he ruled, lord of werewolves; his dominion was torment. He took

Sauron war nun zu einem Zauberer von furchtgebietender Macht geworden, ein Meister der Schatten und Phantome, voll ruchloser Weisheit und grausamer Stärke, verunstaltend, was immer er anfaßte, verderbend, wen er regierte, der Herr

Minas Tirith by assault, for a dark cloud of fear fell upon those that defended it; and Orodreth was driven out, and fled to Nargothrond. Then Sauron made it into a watchtower for Morgoth [...] (SILM 156)

der Werwölfe; sein Reich war die Folter. Er nahm Minas Tirith im Sturm, denn eine dunkle Wolke der Angst senkte sich über die Verteidiger; und Orodreth wurde vertrieben und floh nach Nargothrond. Nun verwandelte Sauron Minas Tirith in einen Wachtturm für Morgoth [...] (DSILM 174)

Der augenfälligste Bezug zwischen Odin und Sauron ist jedoch die Einäugigkeit, die schon im Zitat eingangs vorkam, verbunden mit Allwissenheit:

In the black abyss there appeared a single Eye that slowly grew, until it filled nearly all the Mirror. [...] The Eye was rimmed with fire, but was itself glazed, yellow as a cat's, watchful and intent, and the black slit of its pupil opened on a pit, a window into nothing. (LOTR I 379)

In dem schwarzen Abgrund erschien ein einzelnes Auge, das langsam wuchs, bis es fast den ganzen Spiegel ausfüllte. [...] Das Auge war von Feuer umrandet, aber es selbst war glasig, gelb wie ein Katzenauge, wachsam und angespannt, und der schwarze Schlitz seiner Pupille öffnete sich über einem Abgrund, ein Fenster zum Nichts. (HDR I 439)

Das *Edda*-Lied *Völuspá* führt Odins Weisheit auf Mimirs Haupt zurück und setzt dieses wiederum mit Odins Einäugigkeit in Verbindung:

«Schon weiß ich, Odin, wo du das Auge verbargst
in dem berühmten Brunnen Mimirs.»
Met trinkt Mimir jeden Morgen
aus dem Pfand Walvaters. Wißt ihr nun noch etwas? (Str. 28)

Sowohl bei Odin als auch bei Sauron sind Weisheit und Macht zu einem gewissen Grad durch ein Opfer erkauft, obwohl die Parallelen hier nur vage sind: Odin erwirbt seine Weisheit durch die Hingabe eines Auges, Sauron dagegen gibt einen Teil seiner Macht vorerst auf, um den Einen Ring zu erlangen.

Beide, Odin und Sauron, haben den unheimlich wirkenden Zug, daß sie Wölfe als Haustiere halten, die sich unter ihrem Tisch ernähren:

an awful werewolf fierce and great:
pale Draugluin, the old grey lord
of wolves and beasts of blood abhorred,
that fed on flesh of Man and Elf
beneath the chair of Thû [= Sauron] himself.

(*The Lays of Leithian* Vers 2711–2716).[37]

Bei Snorri: *Edda. Gylfaginning* Kap. 37, heißt es nämlich ähnlich: «Das Essen, das auf seinem [Odins] Tisch steht, gibt er den zwei Wölfen, die er besitzt, die so heißen, Geri und Freki. Er aber braucht kein Essen; Wein ist ihm sowohl Speise als auch Trank.»

Eine weitere Gemeinsamkeit ist der Besitz eines wertvollen Rings, Näheres dazu jedoch im 10. KAPITEL.

Manwë und Odin

Im LOTR bleiben insgesamt die Parallelen zwischen Gandalf, Saruman, Sauron einerseits und Odin andererseits auf der Ebene einzelner Motive sowie des äußeren Aussehens. Viel intensiver sind die Anleihen bei den Odindarstellungen in der nordischen Mythenschreibung aber im SILM. Manwë Súlimo ist der höchste und heiligste der Valarî (SILM 39), also der vielleicht den Asen der nordischen Religion entsprechenden Götterfamilie; auch Odin wird wiederholt als «der höchste und älteste der Asen» bezeichnet (Snorri Sturluson: *Edda. Gylfaginning* Kap. 19). Die Identifikation wurde von Tolkien indirekt in *The Book of Lost Tales* 2 bestätigt: «Eriol told the fairies of Wôden [Odin], and they identified [him] with Manweg [Manwë]» (S. 295). Die Verbindung zwischen Odin und Manwë in der Tolkienschen Darstellung ist wohl nicht zufällig, schließlich war Gandalf von Manwë nach Middle-earth entsandt worden, so daß Züge des Senders und des Gesandten aus dem ja ohnehin vielschichtigen Bild Odins übernommen werden konnten.

Nicht nur seine Rolle als Götterkönig, sondern auch zahlreiche Details in der Beschreibung von Manwë verweisen darauf, daß Tolkien seine Figur direkt an die Schilderung Odins bei Snorri Sturluson angelehnt hat, viel enger, als dies bei Gandalf und Sauron der Fall war.

Beide haben Vögel, denen sie ihre Kenntnis auch der fernsten Dinge verdanken:

Spirits in the shape of hawks and eagles flew ever to and from his [Manwë's] halls; and their eyes could see to the depths of the seas, and pierce the hidden caverns beneath the world. Thus they brought word to him of well nigh all that passed in Arda; (SILM 40)

Geister in Gestalt von Adlern und Falken flogen in seinen Hallen aus und ein; und ihre Augen drangen bis in die Tiefen der Meere und bis in die versteckten Höhlen unter der Welt. So brachten sie ihm Meldung von fast allem, was geschah auf Arda; (DSILM 48)

Ganz ähnlich findet sich schon die Beschreibung Odins bei Snorri in der *Edda*:

Zwei Raben sitzen auf seinen Schultern und flüstern ihm alle Neuigkeiten, die sie sehen oder hören, in die Ohren. Sie heißen so, Hugin und Munin. Die schickt er am Tagesanbruch aus, um über die Welt zu fliegen, und zur Nachtmahlzeit kehren sie zurück. Davon lernte er viele Neuigkeiten kennen, und deswegen nennen ihn die Menschen Raben-Gott. (*Gylfaginning* Kap. 37)

Beide haben auch einen Hochsitz, von dem aus sie die ganze Welt überblicken können:

Manwë and Varda are seldom parted, and they remain in Valinor. Their halls are above the everlasting snow, upon Oiolossë, the uttermost tower of Taniquetil, tallest of all the mountains upon Earth. When Manwë there ascends his throne and looks forth, if Varda is beside him, he sees further than all other eyes, through mist, and through darkness, and over the leagues of the sea. (SILM 26)

Manwe und Varda trennen sich selten, und sie bleiben in Valinor. Ihre Hallen sind über dem ewigen Schnee, auf dem Oiolosse, dem höchsten Gipfel des Taniquetil, welcher der höchste aller Berge auf Erden ist. Wenn Manwe dort seinen Thron besteigt und hinausblickt, so sieht sein Auge, wenn Varda bei ihm ist, weiter als alle andren, durch Nebel und durch Dunkelheit und über das weite Meer. (DSILM 32 f.)

und ähnlich:

But Manwë Súlimo, highest and holiest of the Valar, sat upon the borders of Aman, forsaking not in his thought the Outer Lands. For his

Doch Manwe Súlimo, der höchste und heiligste der Valar, der an den Grenzen von Aman saß, verlor die Außenlande nicht aus dem Sinn.

throne was set in majesty upon the pinnacle of Taniquetil, the highest of the mountains of the world, standing upon the margin of the sea. (SILM 39 f.)

Denn sein Thron stand in Herrlichkeit auf dem Gipfel des Taniquetil, des höchsten von allen Bergen der Welt, der am Rande des Meeres aufragt. (DSILM 48)

Dagegen hat Odins Thron in Asgard (Tolkien selbst nennt ihn «high-seat of Odin»[38]) einen Namen, *Hliðskjálf,* der nicht nur bei Snorri Sturluson, sondern auch in *Edda*-Liedern überliefert ist. Offenbar findet er sich in Tolkiens «High Seat of Amon Hen», auch «Seat of Seeing on the Hill of the Eye, Hill of Sight» (LOTR I 406 und 416), von dem aus Frodo über Middle-earth blicken kann.

Dort ist ein Ort, der Hliðskjálf heißt, und wenn sich der Allvater [Odin] dort in den Hochsitz setzt, da sieht er von dort die ganze Welt und wie sich jeder Mensch benimmt und weiß da alle Dinge, die er da sieht. (Snorri: *Edda. Gylfaginning*, Kap. 8)

Da ist ein großer Ort, der Valaskjálf heißt, diesen besitzt Odin. Diesen schufen die Götter und deckten ihn mit reinem Silber, und in diesem Saal ist Hliðskjálf, der Hochsitz, der so heißt; und wenn der Allvater in diesem Sitz sitzt, da sieht er von dort die ganze Welt. (Snorri: *Edda. Gylfaginning*, Kap. 16).

Beide, Odin wie Manwë, sind auch Götter der Dichtung: «Deswegen nennen wir die Dichtkunst den Fang Odins, oder seinen Fund oder seinen Trank, oder seine Gabe oder das Getränk der Asen.» (Snorri: *Edda. Skáldskaparmál*, Kap. 1). Tolkien legt allerdings bei Manwë deutlich mehr Betonung auf die Musik als Teil der Dichtung:

The Vanyar he loved best of all the Elves, and of him they received song and poetry; for poetry is the delight of Manwë, and the song of words is his music. (SILM 40)

Die Vanyar schätzte er unter allen Elben am höchsten, und von ihm empfingen sie den Gesang und die Dichtkunst; Verse nämlich sind Manwes Freude, und das Lied der Worte ist seine Musik. (DSILM 48)

5. Kapitel

Naturmythologische Elemente

Es finden sich in Tolkiens Werk einige Wesen oder Gruppen von Wesen, die zwar nicht der germanischen Mythologie entstammen und auch nicht der keltischen, aber doch nicht allein der Phantasie Tolkiens entsprungen sind. Gerade bei Naturwesen hat Tolkien offenbar stärker als anderswo auf den einheimischen englischen Sagenschatz zurückgegriffen, wo solche Figuren sehr unterschiedlichen Alters vorkommen. Darunter sind auch mittelalterliche Elemente, die nicht so einfach auf eine der großen alteuropäischen Mythologien zurückzuführen sind. Zu diesen teils sehr rätselhaften Wesen zählt Tom Bombadil ebenso wie die Baumhirten, die Ents, oder auch der «Bärenhäuter» Beorn; nur der letzte hat etwas mit der altnordischen Sagaliteratur zu tun.

Wer ist Tom Bombadil?

Obwohl wir aus den biographischen Angaben von Tolkiens Kindern wissen, daß Tom Bombadil im Hause Tolkien in Oxford eine Puppe des Sohns Michael war, die durch den älteren Bruder John offenbar verschiedenes Unheil erlitt,[39] wird im gesamten Werk Tolkiens nicht wirklich erklärt, wer oder was Tom Bombadil in seinem Werk denn ist:

Old Tom Bombadil is a merry fellow;
Bright blue his jacket is, and his boots are yellow.

«Fair lady!» said Frodo again after a while. «Tell me, if my asking does not seem foolish, who is Tom Bombadil?»

«He is,» said Goldberry, staying her swift movements and smiling.

Frodo looked at her questioningly. «He is, as you have seen him,»

Tom, alter Bombadil, lustiger Gevatter,
Blaue Jacke hat er an, gelbe Stiefel hat er.

«Schöne Frau», sagte Frodo nach einer Weile. «Sagt mir, wenn meine Frage nicht töricht klingt, wer ist Tom Bombadil?»

«Er ist», antwortete Goldbeere, hielt in ihren raschen Bewegungen inne und lächelte.

Frodo sah sie fragend an. «Er ist,

she said in answer to his look. «He is the Master of wood, water, and hill.»

«Then all this strange land belongs to him?»

«No indeed!» she answered, and her smile faded. «That would indeed be a burden,» she added in a low voice, as if to herself. «The trees and the grasses and all things growing or living in the land belong each to themselves. Tom Bombadil is the Master. No one has ever caught old Tom walking in the forest, wading in the water, leaping on the hill-tops under light and shadow. He has no fear. Tom Bombadil is master.» (LOTR I 135)

wie ihr ihn gesehen habt», sagte sie als Antwort auf seinen Blick. «Er ist der Meister von Wald, Wasser und Berg.»

«Dann gehört ihm dieses ganze sonderbare Land?»

«O nein», antwortete sie, und ihr Lächeln verblaßte. «Das wäre wahrlich eine Bürde», fügte sie leise hinzu, als spräche sie zu sich selbst. «Die Bäume und die Gräser und alles, was im Land wächst oder lebt, gehören sich selbst. Tom Bombadil ist der Meister. Niemand hat jemals den alten Tom gefangen, wenn er im Wald wanderte, im Wasser watete, in Licht und Schatten über die Berggipfel sprang. Er hat keine Furcht. Tom Bombadil ist der Meister.» (HDR I 158 f.)

Eine bessere Antwort bekommt der Hobbit Frodo bei der ersten Begegnung mit Tom Bombadil von dessen Frau Goldberry nicht mehr, und von Tom selbst auch nicht:[40]

«Eh, what?» said Tom sitting up, and his eyes glinting in the gloom. «Don't you know my name yet? That's the only answer. Tell me, who are you, alone, yourself and nameless? But you are young and I am old. Eldest, that's what I am. Mark my words, my friends: Tom was here before the river and the trees; Tom remembers the first raindrop and the first acorn.» (LOTR I 142)

«Wie, was?», sagte Tom und setzte sich auf, und seine Augen glänzten in der Dämmerung. «Weißt du meinen Namen noch nicht? Das ist die einzige Antwort. Sage mir, wer bist du, allein, du selbst und namenlos? Aber du bist jung, und ich bin alt. Der Älteste bin ich. Merkt euch meine Worte, liebe Freunde: Tom war hier vor dem Fluß und vor den Bäumen; Tom erinnert sich an den ersten Regentropfen und die erste Eichel.» (HDR I 166)

Frodo und der Leser dürfen also weiter raten, wer Tom wirklich ist, und es bleibt keine andere Antwort auf dieses Rätsel – und gerade der letztzitierte Absatz hat alle Merkmale eines archaischen Rätsels –

als anzunehmen, daß Tom Bombadil die Natur oder das Leben selber ist. Das Rätsel war von Tolkien auch gewollt: «... es muß Rätsel (*enigmas*) geben, die es ja immer gibt; Tom Bombadil ist eines davon (absichtlich).» (Brief 144, 25.4.1954, Ltrs 174)

Tom Bombadil wird aber auch auf dem Council of Elrond nochmals ausführlicher erwähnt, und hier ist es Elrond selbst, der von ihm sagt:

But I had forgotten Bombadil, if indeed this is still the same that walked the woods and hills long ago, and even then was older than the old. That was not then his name. Iarwain Ben-adar we called him, oldest and fatherless. But many another name he has since been given by other folk: Forn by the Dwarves, Orald by Northern Men, and other names beside. He is a strange creature [...] (Lotr I 278)

Doch hatte ich Bombadil vergessen, wenn er wirklich derselbe ist, der vor langer Zeit in den Wäldern und Bergen umging und damals schon älter als alt war. Zu jener Zeit war das nicht sein Name. Iarwain Ben-adar nannten wir ihn, den Ältesten und Vaterlosen. Doch so mancher andere Name ist ihm seitdem von anderen Völkern gegeben worden: Forn von den Zwergen, Orald von den Menschen des Nordens, und noch andere Namen. Er ist ein seltsames Geschöpf [...] (HdR I 322)

Die beiden hier genannten Namen kommentiert Tolkien übrigens selbst (Nom 171): «*Forn* ist nämlich das skandinavische Wort für «alt, zu alten Zeiten gehörig» [...] *Orald* ist das altenglische Wort für «sehr alt» und soll offenbar die Sprache der Rohirrim und ihrer Sippe repräsentieren» (Ü.: R. S.). Daher sind die Namen *Forn* und *Orald* für Bombadil Namen «in foreign tongues (not Common Speech)», also *Forn* (altnordisch, «zur Vorzeit gehörig») in der Sprache der Zwerge und *Orald* (altenglisch, «sehr alt») in der Sprache der Rohirrim.

Über die Natur Tom Bombadils sagen sie nur aus, daß er zu der ältesten Schicht mythischer Lebewesen gehört. Aber in der nordischen Mythologie wären das die Urriesen, und ein Riese ist Tom Bombadil nicht, auch wenn der Name Forn darauf hinweist. *Forn* (auch *Fornjótr*) heißen nämlich die ältesten Reifriesen in den norwegischen Abstammungsmythen der Königshäuser, sie sind also auch nichts anderes als Personifizierungen der «alten Vorfahren».

Toms Verhalten und seine Unbezwingbarkeit legen nahe, daß er nicht vor, sondern auch über den irdischen Mächten steht oder von diesen nicht erreicht werden kann:

«Say rather that the Ring has no power over him. He is his own master. But he cannot alter the Ring itself, nor break its power over others. And now he is withdrawn into a little land, within bounds that he has set» [said Gandalf] (LOTR I 279)

«Man müßte eher sagen, der Ring hat keine Macht über ihn. Bombadil ist sein eigener Herr. Doch kann er den Ring nicht verändern und auch seine Macht über andere nicht brechen. Und jetzt hat er sich in ein kleines Land zurückgezogen, dessen Grenzen er selbst festgelegt hat» [meinte Gandalf] (HDR I 323)

Die Deutung als Leben(skraft) und Natur(freude) wird durch Tolkien selbst gestützt, auch wenn er andere Worte verwendet: «Tom Bombadil, der Geist der (entschwindenden) Landschaft von Oxford und Berkshire» (Brief 19, 16.12.1937: LTRS 26). Tom hat auch etwas mit der Freiheit, der unbezwungenen Natur zu tun, die sich nicht funktionalisieren läßt (vgl. Frodos Vision einer grünen Landschaft im Hause Tom Bombadils: LOTR I 141). Tolkien vermerkt (ob zu Recht oder Unrecht, sei dahingestellt): «Am Ende wird nur der Sieg des Westens Bombadil das Weitermachen oder sogar das Überleben gestatten. In der Welt des Sauron ist kein Platz für ihn.» (Brief 144, 22.1.1954: LTRS 179). Daran zeigt sich auch, daß es eine weitgehend wilde Natur ist, die sich in Tom Bombadil manifestiert (auch wenn dies ein Widerspruch zur kultivierten Garten- und Felderlandschaft von Oxfordshire und Berkshire sein mag), denn eine gezähmte, der Landwirtschaft untergeordnete Natur hätte wohl auch unter Sauron weiterexistiert.

Tom Bombadil bleibt, auch wenn wir genügend Hinweise auf seine Bedeutung im Text haben, eine rätselhafte, eine enigmatische Figur. Die Herkunft seiner Gestalt liegt ebenfalls im Dunklen, er trägt aber deutliche Züge des Wilden Manns, des «Wild Man» der mittelalterlichen (besonders englischen) Literatur. Dies war ein satyr-ähnliches Wesen, eine Art Waldmensch, ungezähmt durch Kultur und Religion. Aber Tom Bombadil ist in seiner Rätselhaftigkeit nie bedrohlich, er ist keine Herausforderung des Helden. Er hat nichts vom bezwungenen Wildmenschen der Heraldik an sich, so wie er (halb)nackt, blumen- und laubbekränzt auf manchen Wappen erscheint. Nur die äußere Darstellung – der Tanzschritt, die bunte oder fehlende Kleidung, und vor allem der Blätterkranz am Kopf – gleicht tatsächlich der Beschreibung Tom Bombadils im 7. Kapitel des LOTR I, die vor allem dem mittelalterlichen englischen Konzept des «Green Man», einer Variante des Wild Man, nahesteht.[41]

Tolkien wies Spekulationen deutlich zurück, nach denen die Tatsache, daß Tom Bombadil älter ist als alle anderen Wesen, ihn auf eine Ebene mit Gott stellt:

Über Tom muß man meines Erachtens nicht spekulieren, und er wird davon nicht besser. [...] dann ist er eine ‹Allegorie›, ein Vorbild, eine besondere Verkörperung der reinen (wirklichen) Naturwissenschaft: der Geist, den nach Wissen um andere Dinge verlangt, ihre Geschichte und ihr Wesen, *weil sie eben anders sind*, und völlig unabhängig vom forschenden Geist, ein Geist gleichaltrig dem Wissen: Zoologie und Botanik, nicht Viehzucht oder Landwirtschaft. (Brief 153, 1954: LTRS 192)

Dasselbe Bild griff Tolkien schon früher auf, als er vom Verhältnis zwischen Tom Bombadil zu anderen seiner Naturwesen, in diesem Fall den Entfrauen (Entwives), sprach:

Er hat in meinem Verständnis keine Beziehung zu den Entfrauen. Was ihnen zugestoßen war, wird in diesem Buch nicht erklärt. Irgendwie ist er eine Antwort auf sie, in dem Sinn, daß er fast das Gegenteil ist, wie etwa Botanik und Zoologie (als Wissenschaften) und Dichtung im Gegensatz zu Viehzucht und Landwirtschaft und dem praktischen Leben. (Brief 144, 22.1.1954: LTRS 179)

Ents und Entfrauen

In der Tat sind die Ents ein weiteres naturmythologisches Element im LOTR, und ebenfalls ein sehr rätselhaftes. Tolkien weigerte sich wiederholt, etwas über ihre Herkunft zu sagen, da er meinte, sie seien aus einer Erwähnung von Treebeard entsprungen. Immerhin bekommen wir im LOTR II eine eingehende Beschreibung von Treebeard:

It [the face] belonged to a large Man-like, almost Troll-like, figure, at least fourteen foot high, very sturdy, with a tall head, and hardly any neck.

Es gehörte zu einer großen, menschenähnlichen, fast trollähnlichen Gestalt, mindestens vierzehn Fuß lang, sehr stämmig, mit einem ho-

Whether it was clad in stuff like green and grey bark, or whether that was its hide, was difficult to say. At any rate the arms, at a short distance from the trunk, were not wrinkled, but covered with a brown smooth skin. The large feet had seven toes each. The lower part of the long face was covered with a sweeping grey beard, bushy, almost twiggy at the roots, thin and mossy at the ends. (LOTR II 66)

hen Kopf und kaum einem Hals. Ob sie in einen Stoff, der wie grüne und graue Rinde aussah, gekleidet war oder ob das ihre Haut war, war schwer zu sagen. Jedenfalls waren die Arme, ziemlich nahe am Rumpf, nicht runzlig, sondern mit einer braunen, glatten Haut bedeckt. Die großen Füße hatten je sieben Zehen. Der untere Teil des langen Gesichts war mit einem wallenden grauen Bart bedeckt, buschig, fast zweigartig an den Wurzeln, dünn und moosig an den Enden. (HDR II 73)

Ents, von deren erster Generation es laut Treebeard nur mehr drei gibt, «only myself, Fangorn, and Finglas and Fladrif» (LOTR II 78), sind «Shepherds of the trees», lebendige Bäume, älter als andere Wesen. Sie nehmen nicht erst in LOTR den Kampf um Isengard auf, sondern fochten auch schon in der tiefen Vergangenheit von Middle-earth Kriege aus und entschieden sie für sich, so in der Schlacht zwischen Beren und einer Zwergenarmee: «Es scheint klar, daß Beren, der keine Armee hatte, Hilfe von den Ents bekam – und daher gab es keine Sympathie zwischen Ents und Zwergen.» (Brief 247, 20.9.1063: LTRS 334).

Die Namen der drei Ents Fangorn, Finglas und Fladrif werden als Treebeard, Leaflock und Skinbark aus dem Elfischen übersetzt. «Skinbark» mag von der altnordischen *Örvar-Odds saga* beeinflußt sein, wo sich der Held Oddr (Kap. 24–27) völlig mit Birkenrinde bedeckt und *Næframaðr* («Rindenmann») nennt. Wahrscheinlich ist dies deshalb, weil diese Saga zu den *Fornaldarsögur* gehört, die Tolkien besonders interessierten; beweisbar ist die Entlehnung aber natürlich nicht.

Zu den Ents überhaupt gibt es andererseits eine Fußnote zu einem Brief an W. H. Auden (Brief 163, 7.6.1955: LTRS 211 f.), in dem er mehr als sonst irgendwo über die den Ents zugrundeliegenden Vorstellungen aussagt, nicht zuletzt über die natürlich naheliegende Parallele des «Great Birnam wood» in Shakespeares *Macbeth* (IV. i. 92–94). Seiner Meinung nach hatte Shakespeare den Mythos trivialisiert und mißverstanden:

Nimm zum Beispiel die Ents. Ich habe sie überhaupt nicht bewußt erfunden. [...] Und ich mag jetzt die Ents, weil sie nichts mit mir zu tun zu haben scheinen. Natürlich ist da etwas seit einiger Zeit im «Unbewußten» vorgegangen, was meine Gefühl durchaus erklärt [...]. Aber analysierend zurückblickend sollte ich sagen, daß die Ents aus Philologie, Literatur und Leben bestehen. Sie verdanken ihren Namen dem angelsächsischen *eald enta geweorc* und ihrer Beziehung zu Stein. Ihre Rolle geht, glaube ich, auf meine bittere Enttäuschung und Abneigung seit meiner Schulzeit zurück gegen die schäbige Art, wie Shakespeare das Heranrücken des ‹Great Birnam wood to high Dunsinane hill› verwendet: Ich wollte eine Szene schaffen, in welcher die Bäume wirklich in den Krieg ziehen können.

Die Ents stehen aber für mehr als die Liebe zur Natur, nämlich für die Kraft der Natur, die sie immer mehr einengende Zivilisation auch zu überwinden. Wie Tom Bombadil verband Tolkien damit einerseits eine «natürliche» Freiheit der Natur von den Zwängen des Zweckmäßigen. An vielen Stellen seines Werks, von der Beschreibung der proto-industriellen Ausbeutung natürlicher Resourcen einschließlich der Wälder durch Sarumann in Isengard (LOTR II 160) bis zur Verödung des Shire unter Sharkey steht das Abholzen von Bäumen für die Zerstörung der Landschaft: «All along the Bywater Road every tree had been felled.» (LOTR III 296)

Die von ihm erwähnten altenglischen Ents im angelsächsischen Gedicht *The Wanderer 87* (aber auch im *Beowulf* v. 2774 und in *The Ruin*) stehen für ein (ehemals menschliches, aber ausgestorbenes) Riesengeschlecht. Diesen alten Riesen schrieb man im Frühmittelalter die Erschaffung der prehistorischen Steinmonumente und auch der römischen Straßen und Bauten zu, die damals noch in mächtigen Ruinen sichtbar waren. Solche Leistungen konnte man sich wohl nur als die *orþanc enta geweorc* «Werke kunstfertiger Riesen»[42] erklären.

Wie in dem altenglischen Gedicht, so ist es auch in der altnordischen Mythologie und Historiographie eine akzeptierte Tatsache, daß das Riesengeschlecht älter ist als das der Menschen und lange vor diesen schon große Leistungen vollbracht hat. Direkte Entlehnungen aus der altnordischen Literatur sind aber bei den Ents nicht zu erkennen.

Bei der Geschichte von den Entwives (Entfrauen) dagegen ist, obwohl Tolkien sie selbst sehr psychologisch deutet, noch eine Reminiszenz des altnordischen Mythos von Njörðr und Skaði erkennbar.

Diese ist allerdings weniger deutlich als in einer Geschichte aus den *Unfinished Tales*, nämlich *Aldarion and Erendis: the Mariner's Wife*[43], wo es ebenfalls um die Unvereinbarkeit der Charaktere oder der persönlichen Vorlieben von Mann und Frau geht. Der Mythos von Njörðr und Skaði ist sozusagen der locus classicus der (nord)-europäischen Literatur für dieses Phänomen: Die Riesin Skaði wollte eigentlich den Gott Balder als Mann, aber da sie nur die Füße der Kandidaten sehen durfte, wählte sie versehentlich den Meeresgott Njörðr. Obwohl die beiden vereinbaren, daß sie abwechselnd jeweils neun Nächte in den Bergen und am Meer wohnen wollen, ist keiner zufrieden. Njörðs Wohnsitz Noatun ist ihr verhaßt:

Ich kann nicht schlafen am Meeresstrand
wegen des Geschreis der Vögel; die Möwe weckt mich,
wenn sie vom Meer kommt, am Morgen.

und Njörðr mag nicht in den Bergen wohnen:

Leid sind mir die Berge, ich war nicht lange dort,
nur neun Tage; der Wölfe Geheul
schien mir übel zu sein im Vergleich zum Gesang der Schwäne.[44]

Es kommt also wohl zur Trennung der unglücklichen Ehepartner, obwohl dies nicht ausdrücklich gesagt wird.

Die Geschichte der Entwives bildet, von Treebeard erzählt, eine kurze Episode in der Ent-Geschichte. Das Aussterben der Ents wird damit begründet, daß es deshalb keinen Nachwuchs (Entings) mehr gebe, weil die Entwives verloren gingen (LOTR II 78). Dies wird auch erklärt: der zunehmende Unterschied in der Naturauffassung zwischen den Ents – sie wandten ihre Liebe den Dingen des Waldes zu, so wie sie sie antrafen – und den Entwives – sie bevorzugten die kleineren Bäume und zogen sie nach ihrem Willen – führte zu einer auch räumlichen Entfremdung:

The Entwives ordered them to grow according to their wishes, and bear leaf and fruit to their liking; for the Entwives desired order, and plenty, and peace (by which they meant

Die Entfrauen befahlen ihnen, nach ihren Wünschen zu wachsen und Blatt und Frucht zu tragen nach ihrem Geschmack; denn die Entfrauen wünschten Ordnung und

that things should remain where they had set them). So the Entwives made gardens to live in. But we Ents went on wandering, and we only came to the gardens now and again. (LOTR II 79)	Überfluß und Frieden (worunter sie verstanden, daß die Pflanzen dort blieben, wo sie sie hingesetzt hatten). So legten die Entfrauen Gärten an, um in ihnen zu leben. Wir Ents aber wanderten weiterhin und kamen nur dann und wann in die Gärten. (HDR II 88)

Als die Entwives dann ihre Gärten westlich des Great River anlegten, gediehen sie prächtig, aber als die Ents dorthin zurückkehrten, waren sie verödet, und die Entwives waren verschwunden. Seither wird die Gegend von den Menschen «Brown Lands» genannt. Das Elfenlied über die Ents und Entwives (LOTR II 80–81) mag den Kern der Geschichte im LOTR gebildet haben, aber Tolkien drückt sich klar über ihre Funktion aus: Er setzt sie in Verbindung mit der Funktion von Tom Bombadil (s. Zitat oben, S. 89: «he is almost the opposite»), aber auch mit der Entstehung der Ents: «... da ist noch ein kleines Stück von Erfahrung hineingeschlüpft, nämlich der Unterschied zwischen der «männlichen» und «weiblichen» Haltung zu wilden Dingen, der Unterschied zwischen wunschloser Liebe und Gärtnerei.» (Brief 144, LTRS 211 f.)

Wir erfahren bei Tolkien nicht, wie die Geschichte zwischen Ents und Entwives ausgeht und ob die Entwives jemals gefunden werden, ebensowenig, wie wir in der *Edda* des Snorri Sturluson etwas über eine Lösung des Konflikts zwischen Njörðr und Skaði hören. In beiden Fällen fehlt die Auflösung wohl auch deshalb, weil diese Art von Differenz eben nicht lösbar ist.

Einen weiteren Hinweis auf die Rolle der Ents und ihre Funktion in Tolkiens Werk hat man in der Art der internen Diskussion unter den Ents sehen wollen, da die quälend langsame und detailreiche Auseinandersetzung an akademische Diskussionen erinnere. Laut Day[45] wollte Tolkien damit seine Kollegen in Oxford karikieren, die alles zu Tode diskutierten und dabei auf der Stelle traten. Die Hauptfigur Treebeard sei eine Karrikatur des Kollegen und Autors C. S. Lewis, der in seiner Rolle als Polyhistor und Besserwisser in der Runde der *Inklings* in Oxford überzeichnet werde. Aber ob Tolkien seinen Freund trotz der gelegentlichen Spannungen zwischen ihnen beiden so karikieren wollte, ist wohl ganz unsicher.

Beorn, der Gestaltwandler

Beorn ist die dritte wichtige Gestalt aus der Naturmythologie bei Tolkien, aber nicht in Form einer botanischen Erscheinung, sondern einer zoologischen. In ihm sind deutliche Einflüsse der altnordischen Sagaliteratur und des altenglischen *Beowulf* greifbar.

«If you must know more, his name is Beorn. He is very strong, and he is a skin-changer.»

«What! a furrier, a man that calls rabbits conies, when he doesn't turn their skins into squirrels?« asked Bilbo.

»Good gracious heavens, no, no, NO, NO!« said Gandalf. »Don't be a fool Mr. Baggins if you can help it; and in the name of all wonder don't mention the word furrier again as long as you are within a hundred miles of his house, nor rug, cape, tippet, muff, nor any other such unfortunate word! He is a skin-changer. He changes his skin; sometimes he is a huge black bear, sometimes he is a great strong black-haired man with huge arms and a great beard. I cannot tell you much more, though that ought to be enough. Some say that he is a bear descended from the great and ancient bears of the mountains that lived there before the giants came. Others say that he is a man descended from the first men who lived before Smaug or the other dragons came into this part of the world. (Hob 102 f.)

«Wenn ihr mehr wissen müßt – sein Name ist Beorn. «Er ist sehr stark und außerdem ist er ein Pelzwechsler.»

«Was, ein Kürschner und Fellhändler, ein Mann, der Kaninchen Angoras und Seidenhasen nennt, wenn er nicht gar ihre Felle unter der Hand in Feh verwandelt?»

«Guter Gott im Himmel, nein, nein, nein!», sagte Gandalf. «Seid kein Narr, Mister Beutlin, wenn Ihr es verhindern könnt. Und im Namen aller guten Geister, erwähnt nie das Wort Kürschner oder Pelzhändler, solang Ihr hundert Meilen im Umkreis des Hauses seid, noch Bettvorleger, Pelzumhang, Pelzkragen, Muff oder andere solch unglückseligen Wörter! Er ist ein Pelzwechsler. Er wechselt seinen Pelz: Manchmal ist er ein mächtiger, schwarzer Bär, manchmal ist er ein großer, starker, schwarzhaariger Mensch mit gewaltigen Armen und langem Bart. Ich kann euch nicht viel mehr erzählen, und es sollte auch genug sein. Einige behaupten, er sei ein Bär, der von den großen alten Bären des Gebirges abstammt, die dort oben lebten, ehe die Riesen kamen. Andere wiederum meinen, er sei ein Mann, der von jenen ersten Menschen abstammt, die noch lebten, ehe Smaug oder die anderen Drachen in diesen Teil der Welt kamen. (Khob 186–188)

Dann wird noch auf sein hohes Alter und seine Herkunft eingegangen, mit dem Hinweis darauf, daß man ihm selbst aber besser keine Fragen stelle. Obwohl er Pferde und Rinder hält, ißt er keine tierische Nahrung, sondern ernährt sich offenbar nur von Sahne und Honig:

He keeps hives and hives of great fierce bees, and lives most on cream and honey. As a bear he ranges far and wide. I once saw him sitting all alone on the top of the Carrock at night watching the moon sinking towards the Misty Mountains, and I heard him growl in the tongue of bears: «The day will come when they will perish and I shall go back!» That is why I believe he once came from the mountains himself. (HOB 102 f.)

Er besitzt Bienenstöcke über Bienenstöcke mit großen, grimmigen Bienen und meist lebt er von Sahne und Honig. Als Bär streift er weit umher. Einmal sah ich ihn nachts ganz allein auf der Kuppe des Carrocks sitzen. Er schaute dem Mond zu, der in den Nebelbergen unterging. Und da hörte ich ihn in der Sprache der Bären brummen: «Der Tag wird kommen, da werden sie verderben und ich werde zurückkehren!» Deshalb also glaube ich, daß er einmal aus dem Gebirge kam. (KHOB 186–188)

Beorn, «der Bär», greift noch dazu deutlich auf altskandinavische Konzepte zurück, nämlich auf die Berserker und auf die Gestaltwandler, aber im Gegensatz zum Bild dieser beiden Kategorien in altnordischen Texten steht Beorn auf der Seite der Hauptakteure der Geschichte.

Berserker sind in der altnordischen Literatur Krieger (bei Snorri Sturluson: *Ynglinga saga* Kap. 6, als Odinskrieger bezeichnet), die dank ihrer Tierverkleidung («Bärenhäuter»), der in ihrer «Berserkerwut» freigesetzten enormen Kraft und ihrer Unverwundbarkeit in dieser Trance zwar einerseits als begehrte Elitekrieger, aber andererseits auch als völlig unberechenbare Unruhestifter galten:

Odins Männer gingen (in der Schlacht) ohne Panzer und waren toll wie Hunde und Wölfe, bissen in ihre Schilde und waren stärker als Bären oder Stiere. Sie erschlugen die Leute, aber sie selbst verwundete weder Feuer noch Eisen; das nennt man Berserkerwut.

Snorris Konzept liegt allerdings auch ein Mißverständis zugrunde, denn wenn er sie als nackt (oder ohne Rüstung) beschreibt, dann beruht das auf einer Verwechslung von altnord. *ber-serkr* «Bärenhemd» mit *berr-serkr* «nackt-, ohne Hemd.»

Zwar ist ein beträchtlicher Unterschied zwischen dem unseren Helden wohlgesonnenen Beorn und den wütenden Bärenhäutern der altnordischen Literatur, aber es finden sich doch auch einige Gemeinsamkeiten über den Namen hinaus, der natürlich den entscheidenden Hinweis gibt. Aber wie die Berserker ist auch Beorn enorm stark, und er wird als gefährlich und unberechenbar beschrieben. Außerdem ist er bei all seiner Bärennatur letztlich doch ein Mensch: «Beorn ist tot [...] er kam in *The Hobbit* vor, [...] Obwohl er ein Gestaltwandler und zweifellos ein wenig ein Zauberer war, war Beorn doch ein Mensch.» (Brief 144, 22.1.1954: LTRS 178).

Tolkien spricht hier noch einen weiteren Aspekt an, der für die Entstehung von Beorn offenbar mitverantwortlich war: die altskandinavischen Vorstellungen von Menschen, die ihre Gestalt wandeln konnten, und zwar nicht nur so berserkerähnliche Krieger wie die Úlfhéðnar «Wolfshäuter», die vielleicht auch mit dem Motiv des Werwolfs zusammenhängen. In einer der bekanntesten Isländersagas, der *Egils saga* (um 1230 wohl auch von Snorri verfaßt), hat der Held Egil, der im Kampf berserkerhafte Kriegerqualitäten aufweist, einige Charakterzüge von seinem Großvater Kveldúlfr «Abendwolf» geerbt. Dieser war abends immer unleidlich geworden und hatte sich (wie impliziert wird) nächtens in einen Wolf verwandelt. Die Parallele überrascht nicht: Auch Beorn wird abends unleidlich, ist morgens aber ausgesprochen freundlich (HOB 142 f.).

Was die echten Gestaltwandler anlangt, so wurde Odin jedenfalls als der erste unter ihnen betrachtet, er konnte seine Gestalt verändern, sich in Tiere wie Vögel oder Schlangen verwandeln und so weit entfernte Länder oder versteckte Orte erreichen (s. oben, 4. KAPITEL).

Es waren aber nicht immer nur Zauberer, die eine solche Verwandlung bewerkstellen konnten, sondern in den Sagas wird auch wiederholt von *hamingjur* «Gestaltwandlern» gesprochen, was vor allem als Fähigkeit zur Verwandlung in Tiere verstanden wurde. Die Bezeichnung stammt wohl von **ham-gengja* = jemand, der seinen *hamr* («Hülle; Körper») «gehen» lassen konnte. Hexen werden in der spätmittelalterlichen Sagaliteratur mitunter als *ham-hleypa*

«Hüllen-Läuferin» bezeichnet, und insgesamt hat das ganze Konzept etwas Unheimliches an sich und wurde letztendlich mit dem Schadenszauber verbunden. Auch hier widerspricht die Figur des Beorn also der Richtung des altnordischen Konzepts, obwohl sich Tolkien ausdrücklich darauf beruft.

Der Name Beorns dürfte sowohl von den Namen altnordischer Helden (vgl. Böðvarr Bjarki «Böðvarr der kleine Bär» in der *Hrólfs saga kraka*) als auch von dem des *Beowulf* beeinflußt sein. Der Name «Beo-wulf» ist eigentlich eine *kenning* (d. h. eine poetische Umschreibung) in der Bedeutung «Bienen-Wolf», also «Bär», und von Beorn (altengl. «Bär») wird ja ausdrücklich gesagt, daß er sich von Honig ernährt.

Nicht im HOB, aber im LOTR wird vom Geschlecht des Beorn berichtet, nämlich von seinem Sohn Grimbeorn («Grimmiger Bär»: ein Name, der ebenfalls von Grímr Kveldúlfsson, dem Vater Egils in der *Egils saga* beeinflußt sein mag) und dessen Nachkommen, die als Beornings bezeichnet werden: «... if it were not for the Beornings, the passage from Dale to Rivendale would long ago have become impossible» (LOTR I 241). Auch hier ist die altenglisch/altnordische Bezeichnung für Dynastien nach ihrem Ahnherrn zur Verwendung gekommen (vgl. oben, 3. KAPITEL, S. 71).

Die Bedeutung der altskandinavischen Kultur in Tolkiens Welt wird uns besonders anschaulich vor Augen geführt in Tolkiens Bleistift- und Tuschezeichnung «Beorn's hall»(s. Abb. S. 181). Dies ist eine weitgehend authentische Darstellung einer skandinavischen Halle der Wikingerzeit bzw. des vorhergehenden Frühmittelalters, abgesehen von der (aber nur schwer genau feststellbaren) Übertreibung in den Ausmaßen, vor allem der Höhe. Zwar hat sich auch hier Tolkien eine gewisse ahistorische Ausgestaltung nicht verkneifen können – die Holzknie, welche die vertikalen Säulen mit den Dachbalken verbinden, machen den Eindruck von Kapitellen –, aber ansonsten bekommen wir den Eindruck, daß Beorn und die Beornings im frühmittelalterlichen Skandinavien lebten. Daß dies selbst für eine Nebenfigur wie Beorn so deutlich herausgearbeitet wird, scheint mir im Hinblick auf Tolkiens Gesamtkonzept des LOTR nicht unwesentlich.

6. Kapitel

Die freundlichen Mächte der niederen Mythologie

Ausgangspunkt aller Wesen der Tolkienschen Mythologie sind die Hobbits. «In a hole in the ground there lived a hobbit», soll er einmal aus lauter Langeweile an einem Sommertag beim Korrigieren von Prüfungsarbeiten der Studenten auf ein leeres Blatt geschrieben haben.[46] Alle anderen Wesen, Zwerge und Elben, Orks und Urukhai, Wargs und Olifanten, sind erst in der Folge aus dieser ursprünglichen Erfindung heraus gewachsen.

Dabei darf aber nicht vergessen werden, daß bei aller Kreativität Tolkiens die meisten dieser Wesen, die man der sog. «niederen Mythologie» zuzählt (also nicht aus dem Kreis der Götter oder Halbgötter stammend), eben ihre Wurzeln in alten germanischen Vorstellungen hatten, wie sie in der altnordischen Literatur und, viel seltener, in der altenglischen Literatur greifbar sind – mit weitgehender Ausnahme der Hobbits.

Hobbits

hobbit [...] In the tales of J. R. R. Tolkien (1892–1973): one of an imaginary people, a small variety of the human race, that gave themselves this name (meaning ‹hole-dweller›) but were called by others *halflings*, since they were half the height of normal men. (The Oxford English Dictionary. Second Edition. Oxford 1989, Vol. 7, 275.)

Das ist die Definition im besten und größten Englischen Wörterbuch, sie hat den Vorteil, daß sie von Tolkien selbst stammt, nach einem Vorschlag, den er der Wörterbuchredaktion 1970 gemacht hatte (Brief 316, 11.9. 1970; Ltrs 405).

Es ist gut bekannt, daß Hobbits also im wesentlichen Tolkiens Kreativität entsprungen sind und nicht auf konkrete Wesen einer europäischen (oder anderen) alten Mythologie zurückgehen. Er hat sich mehrfach zu ihrer Entstehung und der ihres Namens geäußert, wovon die rein sprachliche Herleitung nur eine Seite ist. Tolkien schuf das Wort *Hobbit* aus einem (nicht erhaltenen, aber sprachlich durchaus möglichen) altenglischen Wort **hol-bytla* «Höhlen-Bewohner», welches im modernen Englisch zu *Hobbit* verschliffen worden sei.[47] Die sprachliche Seite ist aber nur ein Aspekt der Entstehung der Hobbits, auch wenn Tolkien mehrfach betont hat, daß ihre Sprache dem Englischen erstaunlich nahe steht, «wie man auch erwarten würde» (Brief 25, Jan./Feb. 1938; LTRS 31).

Wenn der Name und die Idee zu den Hobbits wirklich aus einem spontanen Einfall heraus geboren wurde, dann liegt es natürlich nahe, daß der Klang und die sprachliche Bildungsweise des Wortes das Konzept mitbeeinflußt haben, wie Tolkien auch selbst zugab. Die klanglichen Assoziationen, etwa mit *rabbit* «Kaninchen», gingen auch nie völlig verloren, wie eine andere Stellungnahme Tolkiens zu von Lesern, Verlegern und Wissenschaftlern immer wieder geäußerten Vermutungen zum Ursprung der Hobbits bezeugt:

> Mein Hobbit lebte eben nicht Afrika und er war nicht behaart, außer auf den Füßen. Noch ähnelte er einem Kaninchen [*rabbit*]. Er war ein gutsituierter, gutgenährter Junggeselle mit eigenen Mitteln. Ihn als «nasty little rabbit» zu bezeichnen ist eine vulgäre Narretei, so wie «descendants of rats» eine zwergische Bosheit war.» (Brief 25, Jan./Feb. 1938; LTRS 30)

Da aber diese vulgären Bosheiten von Tolkien selbst dem Höhlenwesen (und korrumpierten Hobbit) Gollum in den Mund gelegt wurden, darf man vermuten, daß er diese Assoziation durchaus auch beim Leser wecken wollte, nicht zuletzt aus seiner Freude am Spiel mit Worten und Namen heraus. Man hat darauf hingewiesen, daß es das Wort *rabbit* im Altenglischen und Altnordischen noch gar nicht gab (weil Kaninchen in diesen Gegenden erst ab dem 13. Jahrhundert vorkommen), und daß Tolkien daher auch das Wort *hobbit* als exotisch in diese Sprachen einführen konnte.[48] Daneben wurde auch der Titel von Sinclair Lewis' (1885–1951) Roman *Babbitt* von 1922 (der hier allerdings nur der Name des durchaus menschlichen Helden war) als möglicher Einfluß auf die Bildung des Begriffs *hobbit* genannt.[49]

Die Hobbits sind also zweifellos eine literarische Erfindung, und so sollten wir für ihre nähere Definition ihre Beschreibung im Roman selbst heranziehen:

[...] what is a hobbit? I suppose hobbits need some description nowadays, since they have become rare and shy of the Big People, as they call us. They are (or were) a little people, about half our height, and smaller than the bearded dwarves. Hobbits have no beards. There is little or no magic about them, except the ordinary everyday sort which helps them to disappear quietly and quickly when large stupid folk like you and me come blundering along, making a noise like elephants which they can hear a mile off. They are inclined to be fat in the stomach; they dress in bright colours (chiefly green and yellow); wear no shoes, because their feet grow natural leathery soles and thick warm brown hair like the stuff on their heads (which is curly); have long clever brown fingers, good-natured faces, and laugh deep fruity laughs (especially after dinner, which they have twice a day when they can get it). Now you know enough to go on with. (Hob 12 f.)

[...] was ist eigentlich ein Hobbit? Ich glaube, daß die Hobbits heutzutage einer Beschreibung bedürfen, da sie selten geworden sind und scheu vor den «Großen Leuten», wie sie uns zu nennen pflegen. Sie sind (oder waren) ungefähr halb so groß wie wir und kleiner als die bärtigen Zwerge (sie tragen jedoch keine Bärte). Es ist wenig, sozusagen gar nichts von Zauberei an ihnen, ausgenommen die alltägliche Gabe, rasch und lautlos zu verschwinden, wenn großes dummes Volk wie du und ich angetapst kommt und Radau macht wie Elefanten, was sie übrigens eine Meile weit hören können. Sie neigen dazu, ein bißchen fett in der Magengegend zu werden. Sie kleiden sich in leuchtende Farben (hauptsächlich in Grün und Gelb). Schuhe kennen sie überhaupt nicht, denn an ihren Füßen wachsen natürliche, lederartige Sohlen und dickes, warmes, braunes Haar, ganz ähnlich wie das Zeug auf ihrem Kopf (das übrigens kraus ist). Die Hobbits haben lange, geschickte, braune Finger, gutmütige Gesichter und sie lachen ein tiefes, saftiges Lachen (besonders nach den Mahlzeiten; Mittagessen halten sie zweimal am Tag, wenn sie es bekommen können). Nun, das sei vorerst genug und wir wollen fortfahren. (KHob 8 f.)

Trotz dieser Beschreibung, die ironisch-liebenswert die Hobbits als Dorfbewohner einer vorindustriellen Gesellschaft zeichnet, die vorwiegend von den englischen Midlands geprägt ist, enthält diese Beschreibung auch Elemente, die über die rein innerliterarische Stellungnahme hinaus verweisen. Die Tatsache nämlich, daß sie nur die halbe menschliche Größe erreichen, weitgehend bartlos sind und die Gabe haben – ob nun magisch oder nicht – beim Auftauchen von Menschen schnell (in ihren Löchern unter der Erde?) verschwinden zu können, stellt sie unzweifelhaft in die Nähe zahlreicher Wesen der niederen Mythologie in Westeuropa und Skandinavien. Von den Heinzelmännchen des westdeutschen Volksglaubens über Wichtel und Kobolde bis hin zum Huldrufolk des neuzeitlichen skandinavischen Volksglaubens (dazu gehören auch die erst im 20. Jahrhundert erfundenen Trolle, die mit den alten Trollen der Mythologie überhaupt nichts zu tun haben) und den verschiedenen englischen Traditionen von *fairies, gnomes, goblins* und den irischen *Leprechauns* reicht der Glaube an ein scheues, kleines, aber im großen und ganzen eher gutmütiges als boshaftes Volk, das im Wald, unter der Erde oder im Gemäuer von Häusern und Ställen haust. Guten Menschen sind sie zugetan und hilfreich, vor allem wenn sie dafür Gaben wie Schalen mit Milch oder ähnliche kleine Mengen Nahrungsmittel bekommen. Ob Tolkien alle diese Traditionen kannte, wissen wir natürlich nicht, aber mit den englischen Formen dieses Volksglaubens hatte er sich relativ intensiv auseinandergesetzt, die skandinavischen waren ihm wohlbekannt.

Aus diesen vielen Realisationen von wichtelartigen Wesen ein weiteres, künstliches zu entwickeln, war nicht sehr schwierig, und so weisen die Hobbits außer ihrem Namen auch lauter Eigenschaften auf, die uns aus diesen Wichtelvorstellungen bekannt sind. Unterirdische Wohnungen haben sie alle (sogar mit den Zwergen) gemeinsam, eine kleine Gestalt ebenso, wobei es ja keinerlei Norm gibt, *wie* klein denn nun kleine Völker sind: von kaum kleiner als Menschen gedachten Zwergen der nordischen Mythologie bis zu spannenlangen Wesen des Volksmärchens ist hier ein weiter Bogen vorgegeben. Die Fähigkeit zum plötzlichen Verschwinden ist diesen kleinen Völkchen ebenso gemeinsam wie vielen kleinen Tieren, die in Erdlöchern hausen, was auch auf die schon erwähnte Namensverwandtschaft zwischen *hobbits* und *rabbits* einen Einfluß gehabt haben mag.

Eine weitere Gemeinsamkeit zwischen den Hobbits und vielen der genannten Völkchen ist ihre immer wieder erwähnte Abhängigkeit von oder auch nur Freude über Nahrung, die von den Menschen bereitgestellt wird. Bei Tolkien wird dies auch den Zwergen zugeschrieben, im Hob findet sich dies in leicht überzeichneter Form in einer ausgesprochenen Liebe der Hobbits zu ihren regelmäßigen Mahlzeiten wieder:

There were three official meals: lunch, tea, and dinner (or supper). But lunch and tea were marked chiefly by the fact that at those times all the guests were sitting down and eating together. At other times there were merely lots of people eating and drinking – continuously from elevenses until six-thirty, (LOTR I 35)

Es gab drei offizielle Mahlzeiten: Mittagessen, Tee und Abendessen. Aber das Mittagessen und der Tee waren hauptsächlich dadurch gekennzeichnet, daß sich die Gäste zu diesen Zeiten hinsetzten und gemeinsam aßen. Zu anderen Zeiten sah man lediglich Scharen von Leuten trinken und essen – ohne Unterbrechung vom zweiten Frühstück um elf bis um halb sieben, (HDR I 42)

Allerdings geht die Liebe der Hobbits für ihr Essen nicht annähernd so weit, wie man es in der Rezeption von Tolkiens Werken (von der ersten Parodie 1969 bis zur Filmversion von Peter Jackson 2001–3) darstellte. Im HOB sind die Hinweise auf die Vorliebe der Hobbits für gutes Essen durchaus dezent und im LOTR beschränken sie sich im wesentlichen auf die einleitenden Teile, auch wenn etwa Pippins Talent zur Nahrungssuche wiederholt angesprochen wird.

[...] they came back laden with dishes, bowls, cups, knives, and food of various sorts.

«And you need not turn up your nose at the provender, Master Gimli,» said Merry. «This is not orc-stuff, but man-food, as Treebeard calls it. Will you have wine or beer? There's a barrel inside there – very passable. And this is first-rate salted pork. Or I can cut you some rashers of bacon and broil them, if you like. I am sorry there is no green stuff: the deliveries have been rather interrupted in the last few days! I cannot offer you anything to follow but butter and honey for your bread. Are you content?» (LOTR II 166)

[...] beladen mit Tellern, Schalen, Bechern, Messern und Eßwaren aller Art.

«Und du brauchst nicht die Nase zu rümpfen über das Futter, Herr Gimli», sagte Merry. «Das ist kein Orkzeug, sondern Menschennahrung, wie Baumbart es nennt. Wollt ihr Wein oder Bier? Da ist ein Faß drinnen – sehr annehmbar. Und das hier ist erstklassiges gepökeltes Schweinefleisch. Oder ich kann euch ein paar Schinkenscheiben abschneiden und sie braten, wenn ihr wollt. Es tut mir leid, daß es kein Grünzeug gibt: die Lieferungen waren in den letzten Tagen sozusagen unterbrochen. Als nächsten Gang kann ich euch nur Butter und Honig zu einem Brot anbieten. Seid ihr damit zufrieden?» (HDR II 188)

Von einer so ausgesprochenen Verfressenheit der Hobbits, wie es die Parodie *Bored of the Rings* in einem Lied über die *boggies* zum Ausdruck bringt, kann jedenfalls im Original keine Rede sein:

We boggies are a hairy folk
Who like to eat until we choke.
Loving all like friend and brother,
And hardly ever eat each other.

Ever hungry, ever thirsting,
Never stop till belly's bursting.
Chewing chop and pork and muttons,
A merry race of boring gluttons. [...].[50]

Zwerge (dwarves)

Zwerge sind diejenigen Wesen der Tolkienschen niederen Mythologie, die am deutlichsten aus den Vorstellungen der altnordischen Mythologie gespeist werden. Tolkien warnt aber selbst vor einer allzu vereinfachenden Gleichsetzung zwischen den Zwergen der altnordischen *Edda*-Lieder (*dwarfs*) und den Zwergen (*dwarves*) von Middle-earth:

Diese Zwerge (dwarves) sind nicht genau die Zwerge (dwarfs) des gut bekannten Volksglaubens. Sie haben zugegebenermaßen skandinavische Namen bekommen, aber das ist nur ein Zugeständnis des Herausgebers. (Brief 25, Feb. 1938; LTRS 31)

Er erklärt auch selbst an anderer Stelle, warum und wie er versuchte, diesen Unterschied zwischen den Zwergen in den altskandinavischen Vorstellungen und in seinem Werk herauszuarbeiten:

Und warum *dwarves*? Die Grammatik schreibt *dwarfs* vor; der Philologie zufolge wäre *dwarrows* die historische Form. Die wahre Antwort ist, daß ich es nicht besser weiß. Aber *dwarves* paßt gut zu *elves*; (Brief 25, Feb. 1938; LTRS 31).[51]

Es ist also vor allem eine sprachliche, auf die von ihm selbst eingeführte Form von *elves* (s. u.) Rücksicht nehmende Veränderung, mit der Tolkien versucht, zwischen den nordischen und seinen eigenen

Zwergen zu unterscheiden. Dennoch sind die Differenzen hier eher gering, nicht zuletzt auch wegen der identischen Namen, die im 3. Kapitel erläutert wurden. Die offensichtlichste und jedem mit der altnordischen *Edda* vertrauten Leser auffälligste Übereinstimmung zwischen Tolkien und den Quellen der altnordischen Mythologie ist diejenige Gruppe von Zwergen, die sich in «An unexpected party» plötzlich in Bilbos Behausung einfindet, womit dessen unerwartetes Abenteuer beginnt:

It was a dwarf with a blue beard tucked into a golden belt, and very bright eyes under his dark-green hood. As soon a the door was opened, he pushed inside, just as if he had been expected. He hung his hooded cloak on the nearest peg, and «Dwalin at your service!» he said with a low bow.» (Hob 15 f.)

Es war ein Zwerg mit einem blauen Bart, den er hinter den Goldgürtel gesteckt hatte, mit leuchtenden Augen unter seiner dunkelgrünen Kapuze. Kaum war die Tür geöffnet, so drängelte er sich auch schon hinein, gerade als ob er erwartet worden wäre. Er hing seinen Kapuzenmantel an den nächsten Haken, verbeugte sich und sagte: «Dwalin, zu Euren Diensten!» (KHob 17)

Zwerge spielen in der altnordischen Literatur und Mythologie eine überraschend große Rolle. Wie bei Tolkien, so sind sie eine von Göttern, Menschen und Alben unterschiedene, eigenständige Rasse mit einer eigenen Entstehungsgeschichte. Laut Prosa-*Edda*, und hier folgte Snorri Sturluson dem *Edda*-Gedicht *Völuspá* (Str. 9), werden nämlich die Zwerge wie die restliche physische Welt (nicht aber die Menschen) aus dem Körper des Urriesen Ymir geschaffen: Sie treten als Maden im Fleisch dieses Riesen auf, das gleichzeitig die Ursubstanz der Erde ist.

Sie [die Götter] erinnerten sich, woraus die Zwerge im Erdboden und tief unten in der Erde lebendig geworden waren, so wie Maden im Fleisch. Die Zwerge hatten sich zuerst gebildet und waren im Fleisch Ymirs lebendig geworden. Damals waren sie Maden. Aber durch die Entscheidung der Götter erhielten sie Verstandeswissen und Menschengestalt. Doch sie leben in der Erde und in Felsen. Modsognir war der höchste und Durinn der zweite. (Snorri: *Edda. Gylfaginning* 14[52])

Gleich den Maden im Fleisch leben die Zwerge in unterirdischen Tunneln der Erde, was bei Tolkien in den ausgedehnten unterirdischen Welten von Moria seinen Widerhall findet. Solche unterirdischen Wohnorte – im Gegensatz zu denen der Hobbits ja nicht als luftige Baue in sandigen Hügeln, sondern als Kavernen tief in den Bergen gedacht – gehören zu den ältesten Aspekten des Glaubens an Zwerge. In der mittelalterlichen Literatur sind ihre Wohnorte in Felsen und Bergen bestens belegt: In den altnordischen *Eddas* und Sagas leben die Zwerge oft in großen Steinblöcken, Findlingen, wie in Häusern; und in den mittelhochdeutschen Epen gibt es den Zwergenkönig Laurin, der im Rosengarten in den Südtiroler Alpen sein Reich gehabt haben soll. Dazu paßt die bildhafte Vorstellung, die dem altnordischen Wort *dvergmáli,* wörtlich: «Zwergenspruch», für «Echo» zugrunde liegt.

Das Wort Zwerg ist in den germanischen Sprachen schon früh weit verbreitet; altenglisch *dweorg,* altnordisch *dvergr*, althochdeutsch *zwerc*, *gitwerc*, deuten darauf hin, daß auch die Vorstellung von diesen Wesen alt und Teil des Volksglaubens war, der sich von der heidnischen zur christlichen Zeit nicht wesentlich veränderte. In den altnordischen Skaldengedichten sind Zwerge schon im 9. Jahrhundert, also in der früheren und noch heidnischen Wikingerzeit, gut belegt, und die vielen überlieferten Zwergennamen sprechen ebenfalls für die allgemeine Bekanntheit des Konzepts. Zwar sind etliche der in der langen Zwergenliste des *Edda*-Lieds *Völuspá* (s. S. 59 f.) aufgelisteten Namen sprechende Namen und daher wohl eher jünger, aber dennoch ist die Vorstellung von Zwergen uralt. Diese Gruppe mythologischer Wesen scheint sich schon in den ältesten Quellen durch ihre Weisheit, gewisse magische Kenntnisse, besonders aber durch ihre technische Fertigkeiten auszuzeichnen. Auf einen kleineren Körperwuchs deuten im Frühmittelalter nur vereinzelte Hinweise, so die althochdeutsche Glosse, welche *gitwerc* mit *pygmaeus* «Pygmäe» überträgt, im skandinavischen Norden fehlen aber vor dem Hochmittelalter solche Hinweise fast völlig.

Die technischen Fähigkeiten der Bergbewohner zeigen sich unter anderem in ihren Fertigkeiten im Bergbau und in der Schmiedekunst. Dies spielt in der mittelalterlichen Literatur jedoch eine viel geringere Rolle als bei Tolkien, wo sich diese Eigenschaften sowohl durch Hob als auch Lotr ziehen. Auch im Silm werden sie hervorgehoben:

[...] for their skill in the working of metal and stone was very great, and there was much need of their craft in the halls of Menegroth. But they came now no longer in small parties as aforetime, but in great companies well armed for their protection in the perilous lands between Aros and Gelion; and they dwelt in Menegroth at such times in chambers and smithies set apart for them. (SILM 232)	[...] denn sie waren Meister der Metalle und Steine, und in den Hallen von Menegroth war ihre Kunst sehr gefragt. Doch kamen sie nun nicht mehr wie einst in kleinen Trupps, sondern in großen und wohlbewaffneten Scharen, zum Schutz in den gefahrvollen Landen zwischen Aros und Gelion; und in Menegroth wohnten sie in eigens für sie eingerichteten Kammern und Werkstätten. (DSILM 258 f.)

Angeblich habe die Zwerge auch die meisten Götterattribute hergestellt, was allerdings erst bei Snorri Sturluson besonders hervorgehoben wird. Dieser nennt die Zwergenschmiede als Schöpfer von Freyjas Halsband Brísingamen ebenso wie von Thors Hammer Mjöllnir und auch von Freys Schiff Skíðblaðnir. Dazu kommt in jungen *Edda*-Liedern noch der Eber Hildisvíni. Schon für die älteste Schicht altnordischer Literatur und damit für die noch heidnische Zeit ist belegt, daß die Zwerge den Skaldenmet brauen. Daß dieses Getränk die Gabe der Dichtkunst verleiht, erklärt vielleicht, warum Zwerge als besonders weise galten. Andererseits hat diese Weisheit aber auch damit zu tun, daß Zwerge ähnlich den Riesen zu einer sehr alten Schicht mythischer Lebewesen gezählt werden und somit auch Kenntnisse über die Urgeschichte der Menschheit besitzen. Dieses hohe Alter, verbunden mit der keineswegs klaren Beziehung zu der anderen sehr alten Rasse der Alben (etliche Zwerge tragen Albennamen: Álfr, Álfrigg, Gandálfr, Vindálfr), hat vermuten lassen, daß es sich bei beiden vielleicht ursprünglich um die Geister verstorbener Ahnen handelte, denen eine Art von Kult gewidmet war. Tolkien kannte offenbar diese Zusammenhänge, denn die Wiederkehr des ersten Zwergenkönigs von Moria, Durin the Deathless (LOTR III 352), weist Gemeinsamkeiten mit der Geschichte des Königs Olafr Guðrøðarson auf (Snorri Sturluson: *Heimskringla. Ynglingasaga* 48 f): der wurde nach seinem Tode von der Bevölkerung weiterverehrt und deswegen Geirstaða-álfr, also «Albe von Geistad», genannt.

Dennoch muß angemerkt werden, daß die Zwerge in den ältesten nordischen Quellen fast ausschließlich in *kenningar* (poetischen

Umschreibungen) für den Skaldenmet genannt werden, daß man sie ursprünglich also besonders mit der Dichtkunst assoziierte. Diesen Aspekt hat Tolkien völlig beiseite gelassen, bei ihm sind die Zwerge alles Mögliche, aber keine Dichter!

In den neuzeitlichen Traditionen der Volkserzählungen wandeln sich die Zwerge als weise Bergbewohner und kunstfertige Handwerker zu den versteckt in Bergen werkenden Bergleuten, denen dadurch aber auch verborgenes Wissen zur Verfügung steht. Zwerge – das gilt für alle «versteckten» Völkchen – treten übrigens weder bei Tolkien noch in seinen Quellen als Produzenten von Nahrungsmitteln auf:

Fathers would beg us to take their sons as apprentices, and pay us handsomely, especially in food-supplies, which we never bothered to grow or find for ourselves. (HBT 28).	Väter baten uns, ihre Söhne als Lehrlinge einzustellen und bezahlten uns ordentlich, besonders mit Lebensmitteln. Wir brauchten uns daher nicht mehr damit abzumühen, das Gemüse selbst anzubauen.» (KHOB 43)

Auffällig ist das Fehlen von Zwerginnen in der mittelalterlichen Literatur, so daß man fast meinen könnte, es seien den Zwergen – wie den Ents bei Tolkien – die Frauen abhanden gekommen. Anscheinend bestand keine Notwendigkeit für die Existenz weiblicher Wesen, obwohl Zwerge ja als Volk aufgefaßt wurden.[53] Bei Tolkien werden Zwerginnen in den Romanen selbst ebenfalls nicht erwähnt. Im Gegenteil, wo im SILM von der Erschaffung der Zwerge durch Aulë im Verborgenen und Unterirdischen die Rede ist (SILM 43 f.), werden als Stammeltern der Zwerge nur «Seven Fathers of the Dwarves» genannt, keine Mütter wie in der nordischen Mythologie. Im Widerspruch dazu teilt uns Tolkien im APX A zu LOTR III etwas unvermittelt mit, daß es sehr wohl Zwergenfrauen gebe, diese aber nur ein Drittel der Bevölkerung ausmachten und sich auch selten öffentlich zeigten, außerdem sähen sie fast genauso aus wie männliche Zwerge. Dies habe bei den Menschen zu der verrückten Ansicht geführt, es gebe keine geschlechtliche Vermehrung, sondern Zwerge wüchsen aus Steinen (LOTR III 360).

Dazu paßt, was die Elben im SILM von der Entstehung der Zwerge glauben; dort wird auch auf die grundlegenden Eigenschaften der Zwerge eingegangen:

[...] Aulë made the Dwarves strong to endure. Therefore they are stone-hard, stubborn, fast in friendship and in enmity, and they suffer toil and hunger and hurt of body more hardily than all other speaking peoples; and they live long, far beyond the span of Men, yet not for ever. Aforetime it was held among the Elves in Middle-earth that dying the Dwarves returned to the earth and the stone of which they were made; yet that is not their own belief. (SILM 44)

[...] schuf Aule die Zwerge zäh und ausdauernd. Deshalb sind sie steinhart, dickköpfig, unbeirrbar in der Freundschaft wie im Haß, und standhafter als alle andern sprechenden Völker ertragen sie Mühsal, Hunger und Wunden; und sie leben lange, viel länger als die Menschen, doch nicht ewig. Die Elben in Mittelerde glaubten einst, die Zwerge kehrten, nachdem sie gestorben, in die Erde zurück und würden wieder zu dem Stein, aus dem sie geschaffen waren; die Zwerge selbst aber glauben dies nicht. (DSILM 53)

Was nun die Funktion der Zwerge bei Tolkien anlangt, so ist eine der wenigen unmittelbaren Entlehnungen aus der nordischen Mythologie im Zusammenhang mit den Zwergen die Neuerschaffung des Nauglamír «Halsband der Zwerge» (und die Einsetzung des Silmarils in dieses: SILM 232 f.). Auch das Halsband Brísingamen («Halsband der Brisinge», der Zwerge?) der Göttin Freyja wurde der Sage nach von den Zwergen geschaffen, und wie Nauglamír sollte es zuerst Freyja vorenthalten werden. Erst als sie den vier Zwergenschmieden, den Söhnen Ivaldis, zu Willen ist und sich ihnen hingibt, rücken sie das Geschmeide heraus (*Sörla þáttr*).[54] Tolkien dagegen läßt diese (ihm anstößig vorkommende?) Geschichte weg und vermischt die Herstellung des Brísingamen (bei ihm also von Nauglamír) mit der von der Herstellung des Skaldenmets durch die Zwerge.

Diese Geschichte wird nämlich bei Snorri Sturluson (*Edda: Skáldskaparmál* 1) so erzählt: Zwei Zwerge, Fjalarr und Galarr, ermorden das weise Wesen Kvasir (ein Riese?), fangen sein Blut in drei Gefäßen auf und brauen daraus unter Zusatz von Honig den Met, dessen Genuß die Gabe der Dichtkunst verleiht, eben den Skaldenmet. Als die beiden Zwerge auch noch den Riesen Gillingr und seine Frau töten, setzt dessen Sohn die beiden Zwerge kurzerhand auf einer von der Flut überspülten Schäre aus. Um ihr Leben zu retten, müssen sie ihm als Preis den Skaldenmet überlassen. Dem

Riesen und seiner Tochter wird er dann von Odin geraubt und den Göttern überbracht.

Bei Tolkien nun erschlagen die Zwerge ebenfalls den Auftraggeber des Halsbands Nauglamír, nämlich den Elbenkönig Thingol, und fliehen zuerst mit dem Schmuck, er wird ihnen aber ebenfalls abgejagt (SILM 233). Der darauffolgende Krieg zwischen Elben und Zwergen (SILM 325 f.) und der Fluch, den der zwergische Lord of Nogrod auf das Halsband legt, entspricht nun wiederum dem Fluch, der offenbar auch auf dem Brísingamen lag (*Sörla þáttr*), denn es ist dort der Grund für einen ewig dauernden Krieg.

Dieser Krieg der Zwerge bei Tolkien (in der *Edda* und im *Sörla þáttr* sind die Zwerge in den Krieg nicht selbst involviert), die Asexualität der Zwerge und wohl auch ihr handwerkliches Können als Schmiede (selbst als Waffenschmiede) mag für die stark kriegerische Ausrichtung der Tolkienschen Zwerge verantwortlich sein. So wie Gimli im LOTR sind die Zwerge allgemein als kämpferisch, ja sogar streitsüchtig, dazu kräftig und geschickt im Umgang mit Waffen gezeichnet. Dieser Aspekt ist in der nordischen Mythologie dagegen kaum ausgeprägt.

Wahrscheinlich wurden im mittelalterlichen Skandinavien auch die Zwerge der heidnischen Vorstellungen im Zuge der Christianisierung teilweise dämonisiert. Vielleicht trugen sie aber auch schon früher Züge von Krankheitsdämonen. Im Altenglischen kann nämlich *dweorg* «Zwerg» auch «Fieber» heißen, und in einem altdänischen Runenamulett aus Ribe von ca. 720–30 (also lange vor der Christianisierung Dänemarks) wird ein Zwerg anscheinend als Verursacher von Kopfschmerzen angesehen; diesen Aspekt hatten die Zwerge also offenbar mit den nicht immer klar von ihnen zu trennenden Alben/Elben gemeinsam.

Elben (elves)

Von all den Rassen von Middle-earth sind die Elben diejenigen, die Tolkien im Vergleich zu seinen mittelalterlichen Quellen am meisten umgearbeitet und verändert hat. Dabei hat der Name der englischen Elfen und skandinavischen Alben für sie Pate gestanden, was aber eher zu Mißverständnissen führt, als daß es für das Verständnis der Tolkienschen Elben hilfreich ist. Die deutsche Mischprägung «Elben» aus «Alben» und «Elfen» ist durchaus sinnvoll, denn auch

Tolkiens *elves* sind ja, wie wir sehen werden, nicht die *ælfen* der altenglischen Literatur. Während das Thema Elben bei Tolkien insgesamt zwar das ganze Werk durchzieht und damit allein ein Buch zu füllen wäre, sind die Gemeinsamkeiten mit den altnordischen und altenglischen Elfen/Alben-Vorstellungen nur mehr relativ gering, so daß hier nur kurz auf die Elben eingegangen werden muß.

Im Altnordischen kommen Wesen namens *álfar* «Alben» vor, im Altenglischen heißen sie *ælfen*. Es scheint sich dabei im Altnordischen um eine eigene Gattung mythologischer Wesen neben Göttern, Zwergen und Menschen gehandelt zu haben (insoweit folgte Tolkien der germanischen Tradition); die Phrasen *ása ok álfa* «Asen und Alben» oder *Hvat er með ásom, hvat er með álfom?* «Was war bei den Asen, was bei den Alben?» könnten sich allerdings auch auf eine Gesamtheit mythologischer Wesen beziehen. Diese Gruppe kann einerseits im Sinne von Naturgeistern interpretiert werden, wofür die altenglischen Spezialausdrücke *bergælfen*, *dunælf(en)*, *muntælfen* «Berg-Elfen», *landælf, feldælf* «Feld-Elfe», *wæterælfen*, *sææelfen* «Wasser-Elfen», «Wasser-Nymphen» und *wuduælfen* «Wald-Elfen» sprechen. Andererseits wäre auch eine Herkunft der Alben aus der Ahnenverehrung denkbar: Im Altnordischen findet sich aus spätheidnischer Zeit ein Hinweis auf ein *álfablót* «Alben-Opfer» in Schweden, und auch der schon bei den Zwergen erwähnte sagenhafte König Olaf Geirstaðaálfr genoß kultische Verehrung. Unter den Vorfahren des ersten gesamtnorwegischen Königs Harald Schönhaar finden sich zudem ziemlich viele Namen mit *álfr*: Álfr, Álfgeir, Gandálfr, Álfhild. Beide Traditionen, die englische wie die nordische, ließen sich gemeinsam dann erklären, wenn man die Alben/Elfen als Geister verstorbener Ahnen interpretieren würde. Dagegen spricht allerdings, daß im Altenglischen auch Krankheiten wie der Hexenschuß mit Alben assoziiert werden (altengl. *ylfa gesceot* «Elfenschuß» = «Hexenschuß») und im Norden im Mittelalter die Alben überhaupt nur mehr als Krankheitsdämonen angesehen wurden. Das belegt eine ganze Reihe von erhaltenen mittelalterlichen Amuletten, die Abwehrsprüche gegen Alben/Elfen in Blei geritzt aufweisen und sie z. T. ausdrücklich mit Dämonen gleichsetzen, z. B.: «Ich beschwöre euch Dämonen oder Alben» (auf einem Schleswiger Bleiamulett) oder: «Ich beschwöre euch Alben und Albinnen oder Dämonen» (auf einem Bleiamulett aus Romdrup/Jütland).

Mit dem Widerspruch zwischen einer Verehrung der Alben/Elfen einerseits und ihrer so offenbar negativen Rolle als Krankheitsdämonen mußte schon Snorri Sturluson im 13. Jahrhundert zurechtkommen. Snorri (*Gylfaginning* 16 und 33, *Skaldskaparmál* 37) führte eine neue, christlich beeinflußte Einteilung ein, nämlich in Lichtalben, Dunkelalben und Schwarzalben, er identifizierte Alben offenbar mit Engeln und Dämonen, die Schwarzalben zusätzlich noch mit den Zwergen.

Tolkien kannte sowohl Snorris Konzept als auch die Spuren ganz gegenläufiger Auffassungen, wie z. B. altengl. *ælfsciene* «schön wie eine Elfe» oder die zweifellos positive Bedeutung in altenglischen Namen wie Ælfbeorht oder Ælfred. Er nahm die Elfen/Alben in dem Sinn auf, wie sie einige *Edda*-Lieder sehen, nämlich in einer Rolle, die fast der der Götter zu entsprechen scheint, oder wenigstens als verehrungswürdige mythologische Rasse von hohem Alter. Es läßt sich eben nach der Quellenlage nicht ausschließen, daß die germanischen Alben/Elfen eine alte Gruppe von Göttern sind, vielleicht von Naturgottheiten, die man in Seen, Wäldern und Hügeln verehrte. Darauf kann sowohl die Verehrung von Personen mit *álf*-Namen in Skandinavien als auch die Verbindung mit bestimmten Naturformen wie Seen, Wäldern oder Hügeln im Altenglischen hindeuten. Das räumliche Element tritt auch in Skandinavien hinzu, denn Snorri Sturluson bezeichnet in seiner norwegischen Königsgeschichte (*Heimskringla*: *Ynglinga saga* 48) das Gebiet in Südostnorwegen und Südwestschweden zwischen Raumelfr und Gautelfr als Álfheimr «Albenheim». Ob er noch etwas über einen besonders ausgeprägten Kult in dieser Gegend wußte oder sich nur auf Genealogien stützte, läßt sich nicht mehr ausmachen.

Tolkien baut sein gesamtes Werk auf eine die Weltalter durchziehende Geschichte der Elben auf. So wie die *Edda*-Lieder mitunter «Von Alben und Asen» sprechen, ließe sich die Geschichte von Middle-earth bei Tolkien als «Von Alar und Elben» beschreiben. Snorris Unterscheidung in Lichtalben und Dunkelalben hat bei Tolkien weiteren Niederschlag gefunden, wenn er in seinen kurzen Definitionen der Wesen von Middle-earth die Elben in die West-elves and East-elves einteilt:

Of the Elves

The Elves far back in the Elder Days became divided into two main branches: the West-elves (the *Eldar*) and the East-elves. Of the latter kind were most of the elven-folk of Mirkwood and Lórien;

[...]

Of the *Eldarin* tongues two are found in this book: the High-elven or *Quenya*, and the Grey-elven or *Sindarin*. The High-elven was an ancient tongue of Eldamar beyond the Sea, the first to be recorded in writing. It was no longer a birth-tongue but had become, as it were, an «Elven-latin», still used for ceremony, and for high matters of lore and song, by the High Elves, who had returned in exile to Middle-earth at the end of the First Age.

The Grey-elven was in origin akin to Quenya. (LOTR III, APX F, 405 f.)

Von den Elben

Vor langer Zeit, in den Ältesten Tagen, hatten sich die Elben in zwei Hauptgruppen gespalten: die Westelben *(Eldar)* und die Ostelben. Zu den Letzteren gehörten die meisten Elben im Düsterwald und in Lórien;

[...]

Von den Sprachen der Eldar finden sich in diesem Buch zwei vertreten: das Hochelbische oder Quenya und das Grauelbische oder Sindarin. Das Hochelbische war eine uralte Sprache, die Sprache von Eldamar jenseits des Meeres und die erste, die schriftlich festgehalten wurde. Es war keine lebende Sprache mehr, sondern war gewissermaßen zu einem «Elbenlatein» geworden und wurde von den Hochelben, die am Ende des Ersten Zeitalters ins Exil nach Mittelerde zurückgekehrt waren, bei Zeremonien und in der Beschäftigung mit den erhabenen Gegenständen der Überlieferung und der Dichtung gebraucht.

Das Grauelbische war dem Quenya vom Ursprung her verwandt. (HDR IV 134)

In der altnordischen Literatur werden übrigens keine konkreten Sprachen der Alben/Elfen (wie auch der Zwerge oder Götter) erwähnt, außer in dem relativ jungen *Edda*-Lied *Alvíssmál*, das innerhalb eines Wissensdialogs auch die Sprachen von Göttern, Menschen, Riesen und eben auch Alben fingiert, alles unterschiedliche Sprachregister des Altnordischen. Dabei sind die Wörter der angeblichen Sprache der *álfar* üblicherweise der poetischen Sprache entnommen, wie etwa «Schönes Rad» für die Sonne oder «die Sprießende» für die Erde. Es scheint mir mehr als wahrscheinlich, daß Tolkien das Grundkonzept für unterschiedliche Sprachen diesem Lied entnommen hat, auch wenn er dies in seinen Briefen und anderen Schriften nicht ausdrücklich erwähnt.

Einen wichtigen Aspekt der mythologischen Alben/Elben der germanischen Tradition hat Tolkien ebenfalls bewahrt, nämlich die klare Unterscheidung zwischen männlich und weiblich. Schon in der ältesten Schicht der germanischen Alben/Elben-Tradition finden sich, ganz im Gegensatz zu den Zwergen, verschiedene Wörter für männliche (*ælf/ylf*) und weibliche (*ælfen/elfen*) Wesen dieser Rasse. Noch in den krankheitsabwehrenden Amuletten des Hochmittelalters, die sich gegen Alben/Elfen als Krankheitsdämonen richten, ist diese Unterscheidung bewahrt, so auf dem schon erwähnten Bleiamulett aus Schleswig: *eluos uel eluas aut demones* («Alben und Albinnen oder Dämonen»).

Zuletzt sei noch ein Wort über die jüngere Geschichte des Wortes Albe/Elfe gesagt. Nachdem die Alben in Skandinavien im Hochmittelalter zu Elfen im Sinne von Dämonen geworden waren und schließlich am Beginn der Neuzeit ebenso wie die Alben des deutschen Volksglaubens mehr oder weniger in Vergessenheit geraten waren, hatte sich im Spätmittelalter in England die positive, helle Seite der *Elves* durchgesetzt (vgl. etwa Shakespeares *Oberon*). Aus dieser neueren angelsächsischen Tradition wurden dann die nun esoterischen, feenhaften Elfenwesen im Laufe der jüngeren Neuzeit, vor allem aber im 18. Jahrhundert, durch deutsche Dichter wie Johann Jacob Bodmer, Christoph Martin Wieland und Johann Gottfried Herder wieder ins Deutsche eingeführt. Aus solchen wurden dann im 19. Jahrhundert (wiederum in England) die zarten, geflügelten, kaum sichtbaren Wesen von Kinderbüchern und esoterischen Scharlatanen (die mit gefälschten Photos die Existenz von Elfen beweisen wollten), die mit den jenseitigen, aber durchaus machtbegabten Wesen der germanischen Mythologie überhaupt nichts mehr zu tun hatten. Davon grenzte Tolkien sich ab, als er seine *Elves* schuf, die zu den mächtigen, magisch wie künstlerisch begabten und noch dazu schönen und unsterblichen Wesen von Middle-earth wurden. Insofern ist Tolkiens Elbenkonzept zwar keineswegs mit dem germanischen identisch, steht diesem aber wesentlich näher als die Feenwesen bei Shakespeare und der englischen Literatur seither.

Wasa (Woses)

Es ist nicht ganz sicher, ob man die Woses wirklich unter die freundlichen Völker einreihen kann oder sie eher zu den naturmythologischen Elementen stellen sollte. Die einzige Erwähnung dieses Volks findet sich im 3. Teil des LOTR, wo Elfhelm Merry alles über sie sagt:

«Is the enemy coming then?» asked Merry anxiously. «Are those their drums? I began to think I was imagining them, as no one else seemed to take any notice of them.»

«Nay, nay,» said Elfhelm, «the enemy is on the road not in the hills. You hear the Woses, the Wild Men of the Woods: thus they talk together from afar. They still haunt Druadan Forest, it is said. Remnants of an older time they be, living few and secretly, wild and wary as the beasts. They go not to war with Gondor or the Mark; but now they are troubled by the darkness and the coming of the orcs: they fear lest the Dark Years be returning, as seems likely enough. Let us be thankful that they are not hunting us: for they use poisoned arrows, it is said, and they are woodcrafty beyond compare. But they have offered their services to Théoden. Even now one of their headmen is being taken to the king. Yonder go the lights. So much I have heard but no more. And now I must busy myself with my lord's commands. Pack yourself up, Master Bag!» He vanished into the shadows.

Merry did not like this talk of wild men and poisoned darts. (LOTR III 105)

«Kommt denn der Feind?», fragte Merry ängstlich. «Sind das ihre Trommeln? Ich dachte schon, ich hätte sie mir eingebildet, da niemand sonst sie zu beachten schien.»

«Nein, nein», sagte Elfhelm, «der Feind ist auf der Straße, nicht in den Bergen. Ihr hört die Wasa, die Wilden Menschen der Wälder: auf diese Weise reden sie miteinander von ferne. Sie hausen immer noch im Druadan-Wald, heißt es. Überreste einer älteren Zeit sind sie, leben zu wenigen zusammen und versteckt, wild und scheu wie Tiere. Sie ziehen nicht mit Gondor oder der Mark in den Krieg; aber jetzt sind sie beunruhigt über die Dunkelheit und das Kommen der Orks: sie fürchten, die Dunklen Jahre kommen wieder, was nicht so unwahrscheinlich ist. Laßt uns dankbar dafür sein, daß sie uns nicht jagen: denn sie verwenden vergiftete Pfeile, heißt es, und sie sind unvergleichliche Jäger. Aber sie haben Théoden ihre Dienste angeboten. Gerade eben wird einer ihrer Häuptlinge zum König gebracht. Dort drüben gehen die Lichter. Soviel habe ich gehört, nicht mehr. Und jetzt muß ich mich um die Befehle meines Herrn kümmern. Packt Euch, Herr Beutel!» Er verschwand in den Schatten.

Merry gefiel dies Gerede von wilden Menschen und vergifteten Pfeilen nicht. (HDR III 115)

Die *Wild Men* sind in mittelalterlichen Vorstellungen ein bekanntes Volk, wie schon oben bei der Behandlung von Tom Bombadil erwähnt wurde. Sie hier sozusagen am Rande der bewohnten Welt einzusetzen, ist zwar unüblich, aber durchaus noch im Rahmen der mittelalterlichen Tradition. Shippey[55] hat vermutet, daß der Auslöser für den Namen der Woses in einer Zeile des mittelenglischen Gedichts *Sir Gawain and the Green Knight* (Vers 721) gelegen haben könnte. Dort kommen *wodwos* vor, deren altenglische Form *wudu-wása* gelautet haben muß, also «Wald-Waisen». Da Tolkien *Sir Gawein* ja selbst ediert hatte und daher genau kannte, ist eine derartige Herleitung ziemlich wahrscheinlich.

7. Kapitel

Die bedrohlichen Mächte der niederen Mythologie

In Tolkiens Werken findet sich ein beträchtliches Spektrum an Wesen, die für Middle-earth und seine Bewohner eine Bedrohung darstellen. Dazu zählen durchaus auch menschenähnliche Wesen wie die Swertings und die Men of the East, die Wild Men und natürlich diejenigen Zauberer, die sich Saurons Herrschaft unterworfen haben. Es gehören dazu aber auch noch Tiere (darüber dann im 9. Kapitel) und einige Rassen von Wesen der niederen Mythologie, die ihre Wurzeln zum Teil in germanischen mythologischen Vorstellungen haben, zum Teil aber auch überwiegend Tolkiens Kreativität verdanken. Während wir Trolle, Riesen und die nur im Hob erwähnten Goblins aus der mittelalterlichen Literatur kennen, sind die Orks (bis auf den Namen) und die Uruk-hai zur Gänze aus Tolkiens Phantasie entsprungen. Kleinere Gruppen von bösen Wesen, wie die Ring-wraiths (dt. unzulänglich, wenn auch unvermeidlich als «Ringgeister» übersetzt) oder der Balrogs, weisen ebenfalls kaum Bezüge zu germanischen Vorstellungen auf und sollen hier deshalb nur kurz angesprochen werden.

Orks (orcs)

Die Orks sind die am häufigsten erwähnte feindliche Rasse im LotR, im Hob werden sie noch nicht genannt, sondern durch Goblins vertreten. «Orcs and evil creatures» (Silm 212) werden in Tolkiens Werk vielfach gleichbedeutend erwähnt und haben einen Stellenwert als Repräsentanten des Bösen (ob nun in Person von Morgoth oder Sauron), der weit über ihre Darstellung als eine der Rassen der niederen Mythologie hinausgeht:

[...] many evil things that Morgoth had devised in the days of his dominion: demons, and dragons, and misshapen beasts, and the un-	[...] von vielen Unheilsdingen, die Morgoth in den Tagen seiner Herrschaft gezüchtet hatte: Dämonen und Drachen und Ungeheuern und

clean Orcs that are mockeries of the Children of Ilúvatar (SILM 260)

den unreinen Orks, welche ein Spottbild der Kinder Ilúvatars sind. (DSILM 286)

Die Orks ersetzen die Goblins des HOB, sind aber teilweise auch eine Weiterentwicklung: Die Tolkienschen Goblins des HOB sind schon wesentlich mächtiger, stärker und übler als die *goblins* «Kobolde» des englischen Volksglaubens der frühen Neuzeit, die Orks des LOTR sind aber eindeutig noch gefährlicher und stärker gezeichnet. Nichts erinnert mehr an die kleine Körpergröße und das zwar boshafte, aber nicht wirklich bedrohliche Wesen der volkstümlichen *goblins*.

Erst im SILM wird allerdings erklärt, daß die Orks ursprünglich gar keine eigene Rasse mythologischer Wesen sind – im LOTR hat es noch öfters den Anschein, als sei dies so –, sondern mutierte Elben:

[...] all those of the Quendi who came into the hands of Melkor, ere Utumno was broken, were put there in prison, and by slow arts of cruelty were corrupted and enslaved; and thus did Melkor breed the hideous race of the Orcs in envy and mockery of the Elves, of whom they were afterwards the bitterest foes. For the Orcs had life and multiplied after the manner of the Children of Ilúvatar; and naught that had life of its own, nor the semblance of life, could ever Melkor make since his rebellion in the Ainulindalë before the Beginning: so say the wise. And deep in their dark hearts the Orcs loathed the Master whom they served in fear, the maker only of their misery. This it may be was the vilest deed of Melkor, and the most hateful to Ilúvatar. (SILM 50)

[...] alle die Quendi, die in Melkors Hände fielen, ehe Utumno zerstört wurde, dort in Gefangenschaft kamen und durch die langsamen Künste der Folter verderbt und versklavt wurden; und so züchtete Melkor das ekle Volk der Orks, in Neid und Hohn den Elben nachgebildet, deren bitterste Feinde sie später waren. Denn die Orks hatten Leben und vermehrten sich ganz so wie die Kinder Ilúvatars; und nichts, was nach eigener Art lebte oder zu leben schien, konnte Melkor je mehr schaffen seit seiner Auflehnung in der Ainulindale vor dem Anbeginn: so sagen die Weisen. Und tief in ihren dunklen Herzen haßten die Orks den Meister, dem sie in Furcht dienten und der sie zu solchem Elend geschaffen. Es mag wohl sein, daß dies von Melkors Taten die schändlichste und für Ilúvatar die verhaßteste war. (DSILM 60 f.)

Hier ist auch eine weitere Inkonsequenz Tolkiens bei der Beschreibung der Orks zu finden: Einerseits werden die Orks als Kreaturen Melkors bzw. Sarumans im LOTR bezeichnet (wenn auch vielleicht nur in der Weise, daß Saruman sie züchtet). Andererseits wird hier ausgesagt, daß Melkor und Saruman nichts Neues schaffen können[56] und die Orks sich daher eigentlich wie die Menschen fortpflanzen und vermehren. Wenn sich die Orks aber so vermehren, ist überraschend, daß niemals weibliche Orks genannt werden.[57] Dies haben sie mit den Zwergen und Trollen gemeinsam, während wir von den Ents immerhin hören, daß diese ihre Frauen verloren haben. Auch stellt sich bei dieser Art der Fortpflanzung die Frage, warum dann unter Morgoth in Angband und später unter Saruman in Isengard die Zahl der Orks so drastisch zunimmt. Das wird nicht erklärt, auch wenn die Vermehrung der Orks unter der Erde ein wenig an die Entstehung der Zwerge in der altnordischen Mythologie erinnert:

> There countless became the hosts of his beasts and his demons, and the race of the Orcs, bred long before, grew and multiplied in the bowels of the earth. (SILM 81)

> Zahllos wurden dort die Scharen seines Getiers und seiner Dämonen, und die Brut der Orks, lange zuvor schon gezüchtet, wuchs und mehrte sich in den Eingeweiden der Erde. (DSILM 93 f.)

Eine Erklärung dafür dürfte allerdings sein, daß sie in Tolkiens Denken etwas durchwegs Kreatürliches, Geschaffenes an sich haben, sie sind sozusagen schlechte Kopien der Elben nach dem Willen ihrer Erzeuger, aber nichts Eigenständiges (vgl. dazu Tolkiens Briefe 144 und besonders 153, LTRS 178 bzw. 190). Bei den Orks gilt es allerdings noch mehr als bei anderen mythologischen Rassen in Tolkiens Werk zu unterscheiden zwischen der Entstehung der Orks nach der inneren Logik der Geschichte von Middle-earth, dann der Entstehung des Konzepts innerhalb von Tolkiens literarischem Schaffen und schließlich der Entstehung nur ihres Namens.

Um mit dem ersten Punkt zu beginnen: Tolkien hat die Entstehung der Orks in Middle-earth wie oben im Zitat im SILM eben als Korruption und Mutation von Elben erklärt. Im LOTR werden auch noch andere Facetten dieser Entwicklung greifbar, wenn etwa von verschiedenen Stämmen oder Formen der Orks die Rede ist, was sich in diese ursprüngliche Mutation nicht recht einpassen will:

«But these creatures of Isengard, these half-orcs and goblin-men that the foul craft of Saruman has bred, they will not quail at the sun,» said Gamling. «And neither will the wild men of the hills.» (LOTR II 142)

«Aber diese Geschöpfe von Isengart, diese halben Orks und Bilwißmenschen, die Sarumans verderbte Zauberkraft gezüchtet hat, die werden nicht schwach in der Sonne», sagte Gamling. «Und ebenso wenig die wilden Menschen aus den Bergen.» (HDR II 159)

Hier scheint von Zwischenformen von Orks und Elben (?), aber auch von Menschen und Goblins (die ja auch Orks sind) die Rede zu sein, die alle noch soweit menschlicher (oder elbischer) Natur sind und nicht etwa dämonischer, daß sie das Tageslicht nicht zu scheuen brauchen. Auch in der folgenden Passage wird klar, daß es bei Orks und Trollen um physische Geschöpfe geht und nicht etwa um Geister:

[...] the Dark Lord in Mordor. Not all his servants and chattels are wraiths! There are orcs and trolls, there are wargs and werewolves; and there have been and still are many Men [...] (LOTR I 234)

[...] des Dunklen Herrschers in Mordor [...] Nicht alle seine Sklaven und Leibeigenen sind Geister! Es gibt Orks und Trolle und Warge und Werwölfe; und es hat viele Menschen gegeben [...] (HDR I 271)

Offenbar bestand aber ein Unterschied auch innerhalb der Orks selbst, und nicht nur zwischen den «half-orcs and goblin-men», wobei einerseits Größenunterschiede benannt werden (wenn etwa die größten Orks bei der Schlacht um Helm's Deep die Brücke angreifen), andererseits auch verschiedene Stämme auszumachen sind:

«There are Orcs, very many of them,» he said. «And some are large and evil: black Uruks of Mordor.» (LOTR I 338)

«Das sind Orks, und zwar sehr viele», sagte er. «Und manche sind groß und böse: schwarze Uruks aus Mordor.» (HDR I 391)

Neben diesen *Uruks of Mordor* – auf die noch unten unter den Uruk-hai näher eingegangen werden soll –, erwähnt Tolkien im LOTR weiters noch eigene *Orcs of the White Hand* (LOTR II 27 und 44), das sind die Orks von Isengard und somit eigentlich wohl wieder die Uruk-hai (siehe unten), sowie *Orcs of the Mountains*

(LOTR I 61). Ob dagegen mit den *Orcs of Mordor* (LOTR I 406) und den *Orcs of the Eye* (LOTR III 95) tatsächlich eigene Gruppen oder Stämme gemeint sind, muß offen bleiben. Die unterschiedlichen Gruppen und Stämme sprechen sogar unterschiedliche Sprachen, welche sich – entsprechend ihrer Entstehung aus Elben – nicht wesentlich von den Elbensprachen zu unterscheiden scheinen:

To Pippin's surprise he found that much of the talk was intelligible; many of the Orcs were using ordinary language. Apparently the members of two or three quite different tribes were present, and they could not understand one another's orc-speech. (LOTR II 48)

Pippin merkte zu seiner Überraschung, daß ein Großteil der Unterhaltung verständlich war; viele der Orks bedienten sich der gewöhnlichen Sprache. Offenbar gehörten sie zwei oder drei verschiedenen Stämmen an und verstanden ihre jeweiligen Orksprachen nicht. (HDR II 52)

Dagegen wird im APX F zum LOTR (III 409) die Frage der Sprache der Orks systematischer abgehandelt und deren Herkunft beleuchtet:

The Orcs were first bred by the Dark Power of the North in the Elder Days. It is said that they had no language of their own, but took what they could of other tongues and perverted it to their own liking; yet they made only brutal jargons, scarcely sufficient even for their own needs, unless it were for curses and abuse. And these creatures, being filled with malice, hating even their own kind, quickly developed as many barbarous dialects as there were groups or settlements of their race, so that their Orkish speech was of little use to them in intercourse between different tribes.

So it was that in the Third Age Orcs used for communication between breed and breed the Westron tongue;

Die Orks wurden zuerst von der Dunklen Macht des Nordens in den Ältesten Tagen gezüchtet. Es heißt, sie hätten keine eigene Sprache gehabt, sondern nur von anderen Sprachen aufgeschnappt, was sie brauchen konnten, und es dann nach Lust und Laune verballhornt; doch so brachten sie nur ein Rotwelsch zustande, das außer beim Fluchen und Schimpfen selbst ihren eigenen Ansprüchen nicht ganz genügte. Und weil diese Kreaturen so bösartig waren, daß sie sogar ihre Artgenossen haßten, sprachen sie bald ebenso viele barbarische Dialekte, wie es Gruppen oder Siedlungen ihrer Rasse gab, so daß ihnen die Orksprache im Verkehr zwischen den verschiedenen Stämmen nicht viel nützte.

So kam es, daß sich im Dritten

Zeitalter auch die Orks für die Verständigung von Gezücht zu Gezücht des Westrons bedienten. (HdR Anh 139 f.)

Ein zweiter Aspekt ist die Entstehung des Ork-Konzepts in Tolkiens Denken: Die Idee läßt sich zum Großteil auf die englische Tradition der *goblins* zurückführen (darüber mehr unten), die im Hob auch bewußt als Übersetzung gewählt wurden (Brief 144, 25.4. 1954: Ltrs 177 f.).

Schließlich geht der Name «Orcs» tatsächlich auf ein altenglisches Wort *orc*, etwa «Dämon» zurück, das sich als Kompositum sogar im *Beowulf* findet: «Ich nahm das Wort ursprünglich aus dem altenglischen *orc* (Beowulf 112 *orc-néas* und die Glosse *orc-þyrs* («Oger»), *heldeofol* («Höllteufel»). Das sollte nicht mit neuenglisch *orc*, *ork* zusammengebracht werden, ein Name für etliche Meerestiere aus der Familie der Delphine.» (Nom 171, Ü.: R. S.)

Der Klang des Wortes in Verbindung mit der Tatsache, daß beide Begriffe, das altenglische *orc* wie das spätmittelalterliche *goblin*, ungefähr soviel wie «Dämon» bedeuten und somit auch wirklich austauschbar sind, haben Tolkien also offensichtlich zur Übernahme des Worts *orc* für seine dämonischen Krieger bewogen. Er nennt auch die elbische Form des Namens, *orch*, Plural *yrch*, und die Form im Black Speech, nämlich *uruk* – beides allerdings von ihm gemäß seinem internen System erfunden.

Das Konzept der Orks hat aber trotz des altenglischen Namens nur wenig mit altgermanischen Vorstellungen zu tun. Es muß deutlich gesagt werden, daß Verweise auf angebliche *tribes of orcs* in der *Edda* (etwa im *Edda*-Lied *Skírnismál 10*)[58] nur auf englische Übersetzungen zurückgehen, die *nach* dem Erscheinen des Lotr herauskamen. Hier wird Tolkiens Vokabular mißverständlicherweise für andere Konzepte verwendet; im Original steht nämlich in diesem *Edda*-Lied *þursa þióð*, also «Riesenvolk». Übersetzer wie Auden und Taylor haben auch an anderen Stellen dieses Lieds *orcs* eingeführt, wo im Original gar keine zu finden sind, etwa in Str. 30: dort übersetzen sie «Orcs (shall pinch you)», wo im Original nur *tramar* «Trolle» steht.

Dieser mißbräuchliche oder zumindest mißverständliche Gebrauch Tolkienscher Kunstwörter führt bei der Frage nach der Herkunft von Konzepten in seinem Werk zu ganz falschen Vorstellungen bei den Lesern. Kurz: die Orks schulden der *Edda* überhaupt nichts. Auch daß sie auf Wölfen oder Wargs reiten, ist trotz des altnordischen Namens Warg (dazu im nächsten Kapitel mehr) Tolkiens Erfindung.

Swiftly a scout rode back and reported that wolf-riders were abroad in the valley, and that a host of Orcs and wild men were hurrying southward from the Fords of Isen. (LOTR II 134)

Ein Kundschafter kam rasch zurück und berichtete, überall im Tal seien Wolfreiter, und ein Heer von Orks und wilden Menschen eile von den Furten des Isen nach Süden heran (HDR II 150)

[...] he humbled his pride and suffered her to ride upon him in the fashion of a steed, even as the Orcs did at times upon great wolves. (SILM 173 f.)

[...] und er überwand seinen Stolz und ließ zu, daß sie auf ihm ritt wie auf einem Pferde, so wie auch die Orks bisweilen auf großen Wölfen ritten (DSILM 193)

Die Tatsache, daß Tolkien zwar bei der Abfassung des LOTR den Name und das Konzept «Orc» schon erfunden hatte – hierfür spricht der Name von Thorins Schwertes Orcrist –, aber dafür im HOB durchwegs «Goblin» benutzt, macht diesen letzten Begriff auch für das Konzept der Orks relevant.

Kobolde, «Bilwiß» (goblins)

Goblins ist im HOB der übliche Ausdruck für die dort kaum, aber im LOTR häufig in Erscheinung tretenden Orks. Im Gegensatz zu Ork ist der Ausdruck im modernen Englisch geläufig, und das war wohl auch der Grund für die Verwendung im (auch) als Kinderbuch konzipierten HOB. Dabei stellt Tolkien mehrere Ausdrücke nebeneinander, die aber mehr oder weniger synonym aufgefaßt werden können:

[...] the Grey Mountains [...] are simply stiff with goblins, hobgoblins, and orcs of the worst description. (HOB 121)

[...] die Grauen Berge [...] sind einfach vollgestopft mit Orks, Hobkobolden und Ungeheuern übelster Art. (KHOB 220)

Das große Standardwörterbuch des Englischen[59] definiert *goblin* als «a mischievous and ugly demon», und vermerkt, daß der Begriff erst seit dem Spätmittelalter belegt und sprachlich verwandt mit dem deutschen Wort *Kobold* ist. Auch im Deutschen sind Kobolde erst seit dem Mittelalter belegt.[60] Beide Begriffe haben also nichts mit der germanischen Mythologie zu tun. In der Tat gibt es aber nicht allein eine sprachliche, sondern auch eine inhaltliche Verwandtschaft: Beide Wörter bezeichnen boshafte und häßliche dämonenartige Wesen, wobei im Deutschen nicht wirklich von Dämonen im engeren Sinn gesprochen werden kann. Der Volksglaube der frühen Neuzeit sah sie eher als eines der vielen kleinen jenseitigen Völkchen, allerdings deutlich weniger positiv als andere. Ihre Besonderheit ist neben der Bosheit ihre Häßlichkeit, was dazu führte, daß man im Volksglauben auch Kretins und verwachsene Kinder als Kobolde ansah.

Für die Bestätigung der Gleichsetzung von Goblins und Orks sind wir nicht auf die schon oben erwähnte Stelle aus Tolkiens Korrespondenz (vgl. Brief 151 von ca. 1955: LTRS 151) angewiesen, sondern auch die Texte selbst sprechen eine eindeutige Sprache:

This, Thorin, the runes name Orcrist, the Goblin-cleaver in the ancient tongue of Gondolin; it was a famous blade. (HOB 51)

Auf diesem, Thorin, ist aus den Runen der Name Orkrist zu lesen, der Orkspalter in der alten Sprache von Gondolin. Es war eine berühmte Klinge. (KHOB 88 f.)

Die Häßlichkeit der Goblins wird auch dort herausgestrichen, wo es gar nicht direkt um Goblins oder Orks geht: «with goblin-faces, sallow, leering, squint-eyed» (LOTR II 171)

Uruk-hai

We are the fighting Uruk-hai! We slew the great warrior. We took the prisoners. We are the servants of Saruman the Wise, the White Hand: the Hand that gives us man's-flesh to eat. We came out of Isengard, and led you here, and we shall lead you back by the way we

Wir sind die kämpfenden Uruk-hai! Wir haben den großen Krieger erschlagen. Wir haben die Gefangenen gemacht. Wir sind die Diener von Saruman dem Weisen, der Weißen Hand: die Hand gibt uns Menschenfleisch zu essen. Wir sind aus Isengart gekommen und haben euch

choose. I am Uglúk. I have spoken. (LOTR II 49)	hierher geführt, und wir werden euch auch auf dem Weg, den wir wählen, zurückführen. Ich bin Uglúk. Ich habe gesprochen. (HDR II 53)

Diese Form der Orks ist wenigstens dem Namen nach völlig Tolkiens Erfindung, auch ihre angebliche Abstammung von Orks und Goblins. *The fighting Uruk-hai* ist die von ihnen selbst immer wieder gebrauchte Formel, über die sie sich selbst definieren, aber wenigstens in dem obigen Zitat, wo sie sich als Krieger der Weißen Hand in Isengard identifizieren, ist eine Gleichsetzung mit den «Orcs of the White Hand» (LOTR II 27 und 44) möglich.

Die Uruk-hai sind eine künstliche Weiterentwicklung der Orks, aber wie Saruman dies bewerkstelligt, wird nicht genau mitgeteilt, und nur ganz nebenbei spricht Tolkien einmal davon, daß es sich um «folk made bad by the intention of their maker» handele (Brief 78, 12.8.1944: LTRS 90).

Der Eindruck jedoch, den die Uruk-hai erwecken – die raren Informationen über sie bekommen wir meistens von ihnen selbst –, ist der von besonders kräftigen, speziell für den Kampf geschaffenen oder trainierten Orks: «Let the fighting Uruk-hai do the work, as usual» (LOTR II 54). Insofern sind sie mit den skandinavischen Berserkern zu vergleichen: Dies waren, wenigstens in der hoch- und spätmittelalterlichen Literatur, hochspezialisierte Kämpfer der Wikingerzeit, deren Trance und damit verbundene temporäre Unverwundbarkeit sie zu beliebten Elitetruppen von Königen machte (vgl. auch die Erläuterungen zu Beorn, S. 95). Das Verhältnis von Wikingern zu Berserkern ist also ähnlich dem von normalen Orks zu Uruk-hai. Dabei ist nicht ganz unwesentlich, daß eine der wenigen Isländersagas (auch Familiensagas) aus der umfangreichen Sagaliteratur, die Tolkien offenbar besser kannte, ausgerechnet die *Víga-Glúms saga* («Saga vom Kämpfer Glúm») war, neben der *Grettis saga* («Saga von Grettir dem Starken») eine der ganz wenigen Sagas, in denen Berserker eine nennenswerte Rolle spielen (LTRS 436).

Trolle (trolls)

Trolle in der germanischen Mythologie sind eigentlich eine Untergruppe von Riesen, die in *rísar* «Riesen», *jötnar* «Jöten», *tröll* «Trolle» und *þursar* «Thursen» eingeteilt werden können. Während die erste Gruppe mehr dümmliche Riesen wie die im Volksmärchen umfaßt, sind die Jöten mehr die weisen und alten Riesen der nordisch-heidnischen Schöpfungsgeschichte, wie der Urriese Ymir, aus dessen Körper die Erde geschaffen wurde. Trolle und Thursen dagegen sind gewalttätig, kräftig und dem Wesen nach boshaft oder böse, wobei sich die Trolle schon im Mittelalter als eigene Gattung etablierten, die man als groß, unförmig, häßlich und ungeschlacht, aber nicht unbedingt dumm darstellte.

Die lange Szene im 2. Kapitel des Hob (37–45), an deren Ende die drei Trolle William, Tom und Bert schließlich dank Gandalfs Trick von der aufgehenden Sonne versteinert werden, hat in ihrer Schwankhaftigkeit mehr mit den Riesen im Volksmärchen zu tun als mit den Trollvorstellungen des Mittelalters. Gandalfs Methode, die Trolle zu besiegen, indem er sie mit verstellter Stimme gegeneinander ausspielt, ist übrigens ein gängiges Märchenmotiv, wie etwa im *Tapferen Schneiderlein* der Brüder Grimm. Sein Trick, sie mit einem Gespräch lange genug hinzuhalten, bis sie durch die aufgehende Sonne versteinern, ist dagegen aus dem *Edda*-Lied *Alvíssmál* entlehnt, wo der Gott Thor ihn zur Versteinerung des allzu schlauen Zwergs anwendet.

Tolkien hatte seine eigenen Vorstellungen von den Trollen. Zwar werden sie im Silm so gut wie nicht erwähnt und spielen damit in der kosmologischen Entwicklung von Middle-earth offenbar keine Rolle. Aber die riesigen, dummen Trolle des Hob, denen Bilbo und die Zwerge mit Gandalfs Hilfe ihr Gold abnehmen konnten, entwickeln sich deutlich weiter, und zwar in eine eher finstere Richtung:

Orcs were multiplying again in the mountains. Trolls were abroad, no longer dull-witted, but cunning and armed with dreadful weapons. (Lotr I 53)	Die Orks nahmen wieder an Zahl zu in den Bergen. Trolle waren unterwegs, und sie waren nicht länger einfältig, sondern verschlagen und mit fürchterlichen Waffen ausgerüstet. (HdR I 63)

Other wanderers were rare, and of evil sort: trolls might stray down at times out of the northern valleys of the Misty Mountains.(LOTR I 202)

Andere Wanderer waren selten und von übler Art: Trolle kamen manchmal herab aus den nördlichen Tälern des Nebelgebirges. (HDR I 236)

Wir hören indirekt sogar etwas über die Größe von Trollen, wenn der Ent Treebeard (LOTR II 66) mit 14 Fuß als beinahe so groß wie ein Troll beschrieben wird, so daß sich Tolkien also einen Troll als über 4,5 m groß vorstellte.[61]

Tolkien hatte offenbar mehrere verschiedene Konzepte von der Entstehung der Trolle. Eines von ihnen legt nahe, die Trolle seien nur (künstliche oder mutierte?) Kopien der Ents gewesen:

Maybe you have heard of Trolls? They are mighty strong. But Trolls are only counterfeits, made by the Enemy in the Great Darkness, in mockery of Ents, as Orcs were of Elves. We are stronger than Trolls. We are made of the bones of the earth. We can split stone like the roots of trees, only quicker, far quicker, if our minds are roused! If we are not hewn down, or destroyed by fire or blast of sorcery, we could split Isengard into splinters and crack its walls into rubble. (LOTR II 89)

Vielleicht habt ihr von Trollen gehört? Sie sind mächtig stark. Aber Trolle sind nur Nachbildungen, die der Feind in der Großen Dunkelheit erschaffen hat, eine Nachahmung der Ents, ebenso wie Orks den Elben nachgeäfft sind. Wir sind stärker als Trolle. Wir sind aus dem Gebein der Erde gemacht. Wie die Wurzeln von Bäumen können wir Stein zum Bersten bringen, nur schneller, weit schneller, wenn unser Geist wachgerüttelt ist! Wenn wir nicht umgehauen oder durch Feuer oder den Einfluß von Zauberei vernichtet werden, könnten wir Isengart in Stücke reißen und die Mauern in Schutt und Trümmer legen. (HDR II 99)

Von dieser doch etwas eigentümlichen Vorstellung distanziert sich Tolkien an anderer Stelle wieder und meint, das sei nur die Meinung von Treebeard gewesen, dem die Erklärung in den Mund gelegt wurde – eine zwar elegante, aber nicht ganz überzeugende Klarstellung (Brief 153 an Peter Hastings, Sept. 1954: LTRS 190). Hier ist nun nichts mehr davon zu finden, daß Trolle eine Untergruppe der Riesen wären, und Tolkien verbindet die Trolle mit den Ents nicht zuletzt deswegen, weil beide unmittelbar mit Felsen assoziiert werden: Ents sind als Zerstörer aller Bauwerke letztendlich die Feinde der Felsen; die Trolle jedoch sind aus Felsen gemacht und werden, falls sie vom Sonnenlicht getroffen werden, wieder zu Stein.

Noch ausführlicher ist die Beschreibung dieser Veränderung der Trolle im Apx zu Lotr iii, wo das einzige Mal ausdrücklich von ihrer Herkunft die Rede ist:

Trolls. Troll has been used to translate the Sindarin *Torog*. In their beginning far back in the twilight of the Elder Days, these were creatures of dull and lumpish nature and had no more language than beasts. But Sauron had made use of them, teaching them what little they could learn, and increasing their wits with wickedness. [...]

But at the end of the Third Age a troll-race not before seen appeared in southern Mirkwood and in the mountain borders of Mordor. Olog-hai they were called in the Black Speech. That Sauron bred them none doubted, though from what stock was not known. Some held that they were not Trolls but giant Orcs; but the Olog-hai were in fashion of body and mind quite unlike even the largest of Orc-kind, whom they far surpassed in size and power. Trolls they were, but filled with the evil will of their master: a fell race, strong, agile, fierce and cunning, but harder than stone. Unlike the older race of the Twilight they could endure the Sun, so long as the will of Sauron held sway over them. (Apx F Lotr iii 410)

Trolle. Troll dient hier zur Übersetzung von Sindarin *Torog*. Zu Anfang, in der fernen Dämmerzeit der Ältesten Tage, waren sie plumpe, stumpfsinnige Kreaturen und hatten ebenso wenig eine Sprache wie die Tiere. Doch Sauron hatte sie für seine Zwecke abgerichtet, ihnen beigebracht, was in ihre Köpfe hineinging, und ihren Verstand mit Tücke verstärkt. [...]

Am Ende des Dritten Zeitalters aber trat im südlichen Düsterwald und in den Grenzgebirgen von Mordor eine bis dahin unbekannte Trollrasse auf. Olog-hai hießen sie in der Schwarzen Sprache. Daß Sauron sie gezüchtet hatte, bezweifelte niemand, doch aus welchem Zuchtstamm, wußte man nicht. Manche meinten, es seien gar keine Trolle, sondern Riesenorks; aber sie hatten in Wuchs und Geistesart auch mit den größten Orkrassen keine Ähnlichkeit, sondern waren ihnen an Größe und Verstand weit überlegen. Trolle waren sie, doch erfüllt vom bösen Willen ihres Herrn, wüste Gesellen, stark und gewandt, wild und schlau, härter als Stein. Im Unterschied zu der alten Dämmerlichtrasse konnten sie die Sonne ertragen, solange Saurons Wille sie im Bann hielt. (HdR iv 140 f.)

Diese Trolle sind also durch Sauron mutierte Trolle, die sogar die Sonne ertragen können, solange sie «unter dem Schatten» ihres schrecklichen Herrn stehen. Viel mehr als die eher drolligen, wenn auch menschenfressenden Trolle im HOB sind diese Trolle nun böse, gefährlich und vor allem stark, wie der Troll in Balins Grabkammer (LOTR I 338 ff.) und die zwei Trolle kurz darauf in LOTR I 343 f. zeigen.

Riesen (giants)

Riesen nehmen in der nordgermanischen Mythologie eine herausragende Stellung ein und übertreffen die Götter sowohl an Alter als auch an Weisheit. Aus dem Urriesen Ymir ist die ganze Erde erschaffen worden, und die Frostriesen sind ihre ältesten Bewohner. Von ihnen leiten sich über die Götter die norwegischen Königs- und Fürstengeschlechter ab. Die wichtige Rolle der als positive und weise Kräfte angesehenen Riesen spiegelt sich auch in der altnordischen Literatur wider, sie kommen in den meisten mythologischen *Edda*-Liedern vor.

In Tolkiens Kosmologie von Middle-earth im SILM werden Riesen dagegen überhaupt nicht erwähnt und auch sonst haben sie in Tolkiens Werk eine ganz untergeordnete Bedeutung. Sie werden gelegentlich zu Größenvergleichen herangezogen, bleiben aber durchwegs ohne Funktion für die Handlung. Riesen sind niemals die Hauptakteure, sondern nur Wesen aus alten Geschichten, aus Märchen, aus der Phantasiewelt:

Not the fellow who used to tell such wonderful tales at parties, about dragons and goblins and giants and the rescue of princesses and the unexpected luck of widows' sons? (HOB 14)	Keiner verstand es wie er, beim Kaffeetrinken solch wunderbare Geschichten über Drachen zu erzählen, über Kobolde und Riesen, über gerettete Prinzessinnen und über das unvorhergesehene Glück von Söhnen armer Witwen. (KHOB 14 f.)
Poor Bilbo sat in the dark thinking of all the horrible names of all the giants and ogres he had ever heard told of in tales (HOB 72)	Der arme Bilbo saß im Dunkeln und dachte an all die schrecklichen Riesen und Ungeheuer, von denen er jemals in alten Sagen gehört hatte (KHOB 128)

Giants and other portents on the borders of the Shire (LOTR I 75)

Riesen und andere bedrohliche Anzeichen an den Grenzen des Auenlandes (HDR I 90)

Im HOB 55 werden sie außerdem noch – entsprechend den alten naturmythologischen Deutungen – durch Bilbos Augen als Naturgewalten gesehen, die beim Gewitter für Blitz und Donner verantwortlich sind:

[...] he saw that across the valley the stone-giants were out, and were hurling rocks at one another for a game, and catching them, and tossing them down into the darkness where they smashed among the trees far below, or splintered into little bits with a bang. (HOB 55)

[...] sah er jenseits des Tales die Steinriesen, die herausgekommen waren und sich zum Spaß Felsblöcke zuschleuderten. Die Riesen fingen die Felsen auf und warfen sie in die Finsternis, wo sie tief unten Bäume zerschmetterten oder krachend in tausend Stücke zersprangen. (KHOB 96)

Daß sie auch positiv gesehen werden konnten und Tolkien sie vielleicht im Grunde als relativ harmlos betrachten wollte, belegt wenigstens eine Stelle im HOB, wo Gandalf meint:

I must see if I can't find a more or less decent giant to block it up again (HOB 86)

Ich muß einmal sehen, ob ich nicht einen mehr oder weniger netten Riesen finde, der den Sack dort wieder zumacht (KHOB 155)

Balrogs

Balrogs, «Dämonen der Macht» (auf Quenya: Valaraukar: SILM 31), sind geheimnisvolle, aber furchterregende Wesen, die ihren großen Auftritt im LOTR in den Tiefen von Moria haben, wo Gandalf einem von ihnen zum Opfer fällt:

The ranks of the orcs had opened, and they crowded away, as if they themselves were afraid. Something was coming up behind them. What it was could not be seen: it was like a

Die Reihen der Orks hatten sich geöffnet, und sie wichen zurück, als ob sie selbst Angst hätten. Irgend etwas kam hinter ihnen heran. Was es war, konnte man nicht sehen: es

great shadow, in the middle of which was a dark form, of man-shape maybe, yet greater; and a power and terror seemed to be in it and to go before it.

It came to the edge of the fire and the light faded as if a cloud had bent over it. Then with a rush it leaped across the fissure. The flames roared up to greet it, and wreathed about it; and a black smoke swirled in the air. Its streaming mane kindled, and blazed behind it. In its right hand was a blade like a stabbing tongue of fire; in its left it held a whip of many thongs.

«Ai! ai!» wailed Legolas. «A Balrog! A Balrog is come!» (Lotr I 344)

war wie ein großer Schatten, in dessen Mitte sich ein dunkler Umriß abzeichnete, von Menschengestalt vielleicht, doch größer; und Macht und Schrecken schien in ihm zu sein und ihm voranzugehen.

Es kam an den Rand des Feuers, und dessen Schein verblaßte, als ob sich eine Wolke darüber lege. Dann sprang es über den Spalt. Die Flammen loderten auf, um es zu grüßen, und schlängelten sich darum; und ein schwarzer Rauch wirbelte durch die Luft. Seine flatternde Mähne fing Feuer und brannte hinter ihm lichterloh. In seiner rechten Hand war eine Klinge wie eine zustoßende Zunge aus Feuer; in der Linken hielt es eine Peitsche mit vielen Riemen.

«Wehe! Wehe!», jammerte Legolas. «Ein Balrog! Ein Balrog ist gekommen!» (HdR I 398)

Hier wird zwar nicht erklärt, was ein Balrog ist, aber daß es sich um eine Art dämonischen oder gar teuflischen Feuerriesen handelt, wird durch die Beschreibung deutlich.

Immerhin erklärt Tolkien im Silm 31 die Herkunft dieser Wesen aus korrumpierten Geistern unter Melkor, wobei sie deutliche Anklänge an Luzifer und die gefallenen Engel in der christlichen Überlieferung (nach Lukas 10,18 und Offb. 8,10) aufweisen. Unter diesen Geistern waren die Balrogs offenbar die schlimmsten:

Dreadful among these spirits were the Valaraukar, the scourges of fire that in Middle-earth were called the Balrogs, demons of terror. (Silm 31)

Furchtbar waren unter diesen Wesen die Valaraukar, die Feuergeißler, die man in Mittelerde die Balrogs nannte, Dämonen des Schreckens. (DSilm 39)

And in Utumno he gathered his demons about him, those spirits who first adhered to him in the days of his splendour, and became most

Und in Utumno scharte er seine Dämonen um sich, jene Wesen, die sich von Anfang an, schon in den Tagen seines Glanzes, ihm ange-

like him in his corruption: their hearts were of fire, but they were cloaked in darkness, and terror went before them; they had whips of flame. Balrogs they were named in Middle-earth in later days. (SILM 47)

schlossen hatten und fast so verrucht wie er selber waren: Im Herzen waren sie von Feuer, doch in einen Mantel von Finsternis gehüllt, und Entsetzen ging ihnen voraus; sie hatten Peitschen von Flammen. Balrogs wurden sie in späteren Tagen in Mittelerde genannt. (DSILM 57)

Ansonsten hören wir wenig über sie, was unser Wissen erweitern würde, nur ihr Herr Gothmog wird erwähnt, *Lord of the Balrogs*. Sein Name mag eine Anleihe bei den im Mittelalter als die übelsten, menschenfressenden Völker gedachten Gog und Magog sein. Dese Völker hatte Alexander der Große nach mittelalterlichen Vorstellungen hinter Bergen nördlich des Kaspischen Meers eingemauert, von wo sie erst am jüngsten Tag hervorbrechen würden.[62]

Gog und Magog (und damit wohl Gothmog) sind vielleicht über die Verheerungen des Jüngsten Tags mit den Balrogs verbunden. Zwar stammt der Name der Balrogs von Tolkien selbst, aber die Vorstellung von verheerenden Feuerriesen findet sich in den ältesten Schichten der germanischen Mythologie in der heidnischen Entsprechung zum Jüngsten Tag, den sog. *Ragnarök* (Plural) «Gericht der Götter». Zu diesen *Ragnarök*, die den Untergang von Göttern und Menschen bedeuten, wird neben allen möglichen anderen Monstern auch ein Riese, der (angeblich) Muspell genannt wird, kommen und den alles verzehrenden Weltenbrand entfachen. Es sieht aber so aus, als sei Muspell (und althochdeutsch *muspilli*) selbst schon ein sehr altes Wort für das «Weltende durch Feuer», so daß ein Riese namens Muspell nur eine spätere Personifizierung dieses feurigen Weltuntergangs wäre. Die Balrogs mögen also für endzeitliche Wesen wie Muspell und seine Söhne in den *Edda*-Liedern *Völuspá 51* und *Lokasenna* 42 stehen. Daneben gibt es noch einen Feuerriesen der nordischen Mythologie, der allerdings deutlich jünger ist und von Snorri Sturluson als Logi (d.h. «Wildfeuer, Waldbrand») bezeichnet wird (*Snorra Edda. Gylfaginning,* Kap. 49 f.). Dagegen hat der von Richard Wagner (aufgrund einer Verwechslung mit Logi) fälschlich als Feuerriese oder Feuergott aufgefaßte Gott Loki in der germanischen Mythologie nichts mit dem Feuer zu tun. Das heißt aber nicht, daß Tolkien nicht auch von den Wagnerschen Werken beeinflußt sein kann; aber da er den Namen ohnehin nicht verwendet und nur das Konzept eines Feuerriesen übernimmt, macht dies keinen Unterschied.

8. Kapitel

Mythische Tiere, Fabeltiere und tierische Monster

Neben den schon erwähnten Völkern menschlicher, elbischer oder zwergischer Natur und den diversen bei Tolkien durch «Korruption» aus ihnen hervorgegangen Wesen, bei denen sich Tolkien selbst darüber Gedanken gemacht hat, ob ihnen eine Seele zuzuschreiben sei, kommen in den literarischen Werken noch jede Menge tierischer Wesen und Fabelwesen vor. Auch hier gibt es weitgehend reale, aber stark vergrößerte Geschöpfe wie Spinnen, Adler, Wölfe und Riesenhunde, dazu reine Fabelwesen wie Drachen, Werwölfe und vielleicht auch die Wargs.

Drache und Drachenhort

«Ich halte Drachen für ein faszinierendes Produkt der Phantasie», bekannte Tolkien selbst (Brief 122 vom 18.12.1949: LTRS 134). Auch wenn Drachen im LOTR nur eine nebensächliche Rolle spielen, so sind doch in mehreren von Tolkiens Schriften Drachen in zentralen Positionen zu finden, am offensichtlichsten natürlich im HOB, wo der Drache Smaug Ziel der Reise des *there and back again* ist:

There he lay, a vast red-golden dragon, fast asleep; a thrumming came from his jaws and nostrils, and wisps of smoke, but his fires were low in slumber. Beneath him, under all his limbs and his huge coiled tail, and about him on all sides stretching away across the unseen floors, lay countless piles of precious things, gold wrought and unwrought, gems and jewels, and silver red-stained in the ruddy light.

Smaug lay, with wings folded like an immeasurable bat, turned partly on one side, so that the hobbit could

Da lag er, der rotgoldene Drache, und war fest eingeschlafen. Ein Rasseln fuhr aus Schlund und Nüstern, Strähnen von Rauch, aber sein Feuer gloste nur schwach im Schlummer. Unter ihm, unter seinen Gliedern und dem mächtigen, aufgeringelten Schwanz, neben ihm und weiter überall auf dem unsichtbaren Boden lagen zahllose Haufen kostbarer Dinge, verarbeitetes und nicht verarbeitetes Gold, Gemmen und Juwelen und Silber, das im Lichtschein rotfleckig schimmerte.

Smaug lag mit zusammengefalte-

see his underparts and his long pale belly crusted with gems and fragments of gold from his long lying on his costly bed. Behind him where the walls were nearest could dimly be seen coats of mail, helms and axes, swords and spears hanging; and there in rows stood great jars and vessels filled with a wealth that could not be guessed. (Hob 184 f.)

ten Flügeln wie eine unendlich große Fledermaus ein wenig auf der Seite, so daß der Hobbit seine Brust erblicken konnte und seinen langen, fahlen Wanst, in den vom langen Liegen auf dem kostbaren Bett Gemmen und Stücke aus Gold fest verkrustet waren. Hinter Smaug, wo die Wand am nächsten war, konnte man Kettenhemden, Helme und Streitäxte schimmern und Schwerter und Speere hängen sehen. Und dort standen auch in Reihen große Krüge und andere Gefäße, gefüllt mit einem Reichtum, der nicht abzuschätzen war. (Khob 340).

Diese Beschreibung von Smaug und seinen Schätzen ist sozusagen die Summe der zahlreichen mittelalterlichen Beschreibungen und phantasievollen Vorstellungen zum Thema Drachen. In diesen Texten werden Drachen auf unterschiedlichste Art dargestellt, und noch im 17. Jahrhundert entstanden ausführliche Typologien von Drachenarten.[63] Im folgenden soll gezeigt werden, daß Tolkien auch bei seiner Schöpfung von Drachenwesen auf die altenglische und noch mehr auf die altnordische Tradition zurückgegriffen hat.

Dafür ist schon der Name Smaug ein gutes Beispiel: Er ist ein Spiel mit einem altenglischen Zauberspruch gegen Würmer oder andere parasitäre Krankheiten (nicht gegen Drachen, wie manchmal fälschlich behauptet wird!), in welchem die Phrase *wid smeogan wyrme* «gegen den durchdringenden Wurm» vorkommt; *smeogan* ist also zwar ein Adjektiv, gehört sprachlich aber zu einem Verbum *smūgan* «durchkriechen; sich zwängen», gleichbedeutend mit dem altnordischen Zeitwort *smjúga* «sich schmiegen, sich zwängen», wie in der Phrase *smjúga niðr í jörðina* «in die Erde gleiten, eindringen». Das Perfekt von altnord. *smjúga* ist aber *smaug* «ist eingedrungen», also wird man Smaug etwa mit «der Eingedrungene, (in der Erde) Gleitende, sich Zwängende» übersetzen dürfen.

Über Smaug erfahren wir eine ganze Menge, und nicht nur in der eingangs zitierten hübschen Passage. Auch die Vorgeschichte seiner Herrschaft über den Lonely Mountain wird in einem der Appendices zum LotR mitgeteilt, wo es um das Zwergenvolk geht:

So the rumour of the wealth of Erebor spread abroad and reached the ears of the dragons, and at last Smaug the Golden, greatest of the dragons of his day, arose and without warning came against King Thrór and descended on the Mountain in flames. It was not long before all that realm was destroyed, and the town of Dale near by was ruined and deserted; but Smaug entered into the Great Hall and lay there upon a bed of gold. (LOTR III 353)

Aber die Gerüchte, daß am Erebor viel zu holen sei, gingen weit herum und kamen auch den Drachen zu Ohren; und eines Tages stieg Smaug der Goldene in die Luft auf, der größte Drache seiner Zeit, und fiel unversehens Flammen speiend über König Thrór und sein Reich unter dem Berge her. Nicht lange, und er hatte alles vernichtet, und auch die benachbarte Stadt Thal lag in Trümmern und war von ihren Bewohnern verlassen. Smaug aber kroch in die große Halle und bettete sich auf einen Haufen Gold. (HDR IV 63)

Alle übrigen seiner Drachenwesen schildert Tolkien viel weniger ausführlich. Im SILM erscheint zum Beispiel Glaurung, der *Great Worm* oder *Worm of Morgoth*. Er gehört zur Familie der Urulóki, der Feuerdrachen (wobei hier Tolkien neben dem Wort *dragon* auch das eigentlich veraltete *drake* verwendet):

Again after a hundred years Glaurung, the first of the Urulóki, the fire-drakes of the North, issued from Angband's gates by night. He was yet young and scarce half-grown, for long and slow is the life of the dragons (SILM 116)

Abermals hundert Jahre später stieg Glaurung, der erste der Urulóki, der Feuerdrachen des Nordens, des Nachts aus den Toren von Angband. Er war noch jung und kaum zur Hälfte ausgewachsen, denn lang und langsam ist das Leben der Drachen (DSILM 131)

Die Namensähnlichkeit mit dem nordischen Gott Loki ist nicht zufällig. Urulóki «Feuer-Loki» (Uru bedeutet in Quenya «Feuer») läßt sich vermutlich zurückführen auf die zu Tolkiens Zeiten noch durch Richard Wagner verschuldete Verwechslung von Loki mit Logi, dem Feuerriesen aus der nordischen Mythologie, der schon in der *Edda* auftaucht (s. 7. KAPITEL, S. 131 f.).[64]

Ansonsten erfahren wir über Glaurung aber nur wenige Details. Daß er durch seinen starren, schlangenartigen Blick seine Gegner bannen konnte, erwähnt das SILM an einer einzigen Stelle:

But Glaurung withheld his blast, and opened wide his serpent-eyes and gazed upon Túrin. Without fear Túrin looked into them as he raised up the sword; and straightway he fell under the binding spell of the lidless eyes of the dragon. (SILM 213)	Glaurung aber hielt seine Lohe zurück, und mit seinen weit geöffneten Schlangenaugen starrte er Túrin an. Furchtlos blickte Túrin in sie hinein, als er das Schwert erhob, und sogleich fiel er unter den Bann der lidlosen Augen. (DSILM 238)

Noch ein Drache soll hier nur am Rande erwähnt werden, er trägt den phantasievollen Namen Chrysophylax («der Goldwächter») in Tolkiens *Farmer Giles of Ham* und wird als «schlau, neugierig und gierig»[65] beschrieben.

Von den geflügelten Drachen im SILM, die Morgoth in den Kampf schickt, wird gesagt, daß sie vorher in dieser Art nicht bekannt waren. Daraus kann man schließen, daß andere Drachen vor ihnen, also wohl in erster Linie Glaurung (nicht aber Smaug!), als ungeflügelte Kriechtiere gedacht waren:

[...] the winged dragons, that had not before been seen; and so sudden and ruinous was the onset of that dreadful fleet that the host of the Valar was driven back, for the coming of the dragons was with great thunder, and lightning, and a tempest of fire. (SILM 252)	die geflügelten Drachen [...], die man noch nie zuvor gesehen hatte; und so überraschend und vernichtend war der Angriff dieser entsetzlichen Flotte, daß das Heer der Valar zurückgeschlagen wurde, denn die Drachen kamen mit Donner und Blitz und einem Sturm von Feuer. (DSILM 278)

Alle Details, die wir über Drachen hören, bezog Tolkien im wesentlichen aus den Drachenvorstellungen der germanischen Mythologie. Hier sind Drachen (althochdt. *traccho*, altnord. *dreki*, altengl. *draca*) vor allem in der Heldendichtung weitverbreitet (im altenglischen *Beowulf*, im mittelhochdeutschen *Nibelungenlied*, in der altnordischen *Völsunga saga* und ihren Vorlagen, den heroischen *Edda*-Liedern). Auch rein mythologische Drachen kommen vor, etwa Níðhöggr, der an den Wurzeln des Weltenbaums nagt und somit eine kosmische Bedrohung darstellt. Die Drachenvorstellungen bei den Germanen hat man auch auf die Drachenbanner der römischen Armeen zurückgeführt. Aber spätestens in der Wikingerzeit haben die Drachen einen eigenen wichtigen Symbolwert für das skandinavische Heidentum, entweder als unheilabwendendes Tier (so wohl die Drachenhäupter an den Steven der Schiffe und an den Giebeln der Stabkirchen) oder als Zugang zum Jenseits. Drachenmotive sind in der wikingerzeitlichen Kunst allgegenwärtig.

Im wesentlichen stützt sich Tolkiens Drachenbeschreibung auf den altenglischen *Beowulf* und die altnordische *Völsunga saga*. In beiden Werken werden Drachen als Kriechtiere beschrieben, und in beiden geht es auch um einen Drachenkampf. Erst die jüngeren isländischen *Fornaldarsögur* berichten auch von Flugdrachen (mitunter können sich auch Zauberer in solche verwandeln), so wie sie im obigen Zitat aus dem SILM beschrieben werden.

Die zentrale Stellung Smaugs für den HOB ist nicht überraschend, eher schon das vergleichsweise seltene Auftreten von Drachen im LOTR, wo sie zumindest in der Handlung keine Rolle spielen. Tolkien hat nämlich selbst wiederholt die Faszination von Drachen auf ihn selbst angesprochen «I desired dragons with a profound desire»,[66] aber vielleicht hatte er diesem Drang mit der anschaulichen, farbigen Realisierung von Smaug im HOB so weit genüge getan, daß Glaurung und andere Drachen danach ganz blaß blieben.

Man hat als Quelle für den Drachen, den Drachenhort und den Drachenkampf mitunter auch allein den altenglischen *Beowulf* sehen wollen, da in beiden Fällen der Drache als kriechendes Reptil und als Auslöser des Drachenkampfs ein Becher mit Edelsteinen geschildert werden,[67] aber das greift m. E. zu kurz. Gerade der Drachenhort, um den es ja in der Beschreibung Smaugs (und in der Erzählung um die Vorgeschichte) zentral geht, verweist auf die nordische *Völsunga saga* (die Tolkien ja gut kannte, vgl. oben 1. KAPITEL) als zweite Hauptquelle. Zudem hat sich Tolkien auch selbst in einem Brief und seinem Aufsatz *On Fairy-stories* zum Drachen der *Völsunga saga*, der Fáfnir heißt, geäußert. Ihm gefiel der Drache im *Beowulf* nicht besonders gut; Fáfnir in den jüngeren Versionen der «Völsungengeschichte» (damit kann nur die *Völsunga saga* gemeint sein) fand er viel besser. Letzterem schulden sowohl die Beschreibung von Smaug als auch der Dialog mit ihm das meiste (Brief 122 vom 18.12.1949; LTRS 134). Er nennt Fáfnir auch «Prinz aller Drachen», und eine Welt, die auch nur die Vorstellung von Fáfnir enthalte, sei reicher und schöner, trotz der damit verbundenen Gefahr.[68] Mit Drachen allgemein verband Tolkien in seinem literarischen Schaffen zwar das Böse, aber als Literaturwissenschaftler offenbar auch die Phantasie: «A dragon is no idle fancy. Whatever may be his origin, in fact or invention, the dragon in legend is a potent creation of men's imagination»; «Ein Drache ist kein leeres Hirngespinst. Was auch immer sein Ursprung ist, tatsächlich oder literarisch, der Drache ist eine kraftvolle Erfindung der menschlichen Vorstellungskraft» (MONST 16; Ü.: R. S.).

Tolkiens Smaug verdankt also zweifellos dem nordischen Fáfnir mehr als dem Drachen des altenglischen *Beowulf*. Auch kann Smaug wie gesagt fliegen, während der *Beowulf*-Drache nur kriecht. Nur in der nordischen Literatur des Mittelalters finden wir aber geflügelte Drachen.

There was a most specially greedy, strong and wicked worm called Smaug. One day he flew up into the air and came south. (HOB 28)

Unter ihnen gab es einen besonders gierigen, starken und verschlagenen Drachen, Smaug genannt. Eines Tages flog er auf und kam nach Süden. (KHOB 44)

Ein weiterer Bezug zum Drachen Fáfnir ist wohl die Theorie der «Korrumpiertheit» oder «Korruptheit» von einst positiven, guten, nun aber üblen, bösen Wesen: Gollum ist der verwandelte Sméagol (LOTR I 62 f.), die Orks haben sich aus den Elben und die Trolle aus den Ents entwickelt. Fáfnir war nämlich ursprünglich kein Drache gewesen, sondern menschlicher Natur, bevor er selbst, sein Vater Hreiðmarr und sein Bruder Reginn in den Besitz des späteren Nibelungenschatzes kamen. Nachdem er seinen eigenen Vater getötet hatte, verwandelte er sich aus lauter Goldgier in einen Drachen und bewachte den Hort, bis sein Bruder Reginn ein Schwert schmiedete, mit dem Sigurd ihn tötete (*Völsunga saga* Kap. 14). Diese Verwandlung mag das Muster für die vielfachen Verwandlungen dieser Art bei Tolkien abgegeben haben.

Eine weitere Parallele findet sich in der Drachentötung selbst bzw. dem Drachentöter. Bard the Bowman, Sigurd und Beowulf verwenden verschiedene Methoden, um ihre jeweiligen Drachen zu töten, aber die Konzentration auf etwaige Weichteile haben sie gemeinsam (*Beowulf* v. 2699–2700). Der Vogel, der Bard die verwundbare Stelle an Smaug offenbart, scheint unmittelbar von den Vögeln beeinflußt zu sein, die Siegfried in der nordischen Version der Sage – nach dem Verzehr des Drachenherzens versteht er die Vogelstimmen – vor Fáfnirs Bruder Reginn warnen. Das mittelhochdeutsche *Nibelungenlied* verrät uns leider zu wenig über den Drachen selbst, nur daß sein Blut Siegfried unverwundbar gemacht hatte.

Der Drachenhort wird im HOB relativ ausführlich beschrieben, ebenso in der *Völsunga saga*. In der Saga ist er ein Otternbalg voller Gold, der aufgestellt wird und nochmals von Gold bedeckt werden muß, dazu noch ein Ring, der auch das letzte Schnurrbarthaar verdeckt. Im HOB ist allerdings die Parallele zum *Beowulf* (v. 2751–2775) stärker, wo die Auswahl der gehorteten Gegenstände, nämlich Becher und Banner, Helme und Ringe, Flaschen und Platten, eher dem Hort des Smaug entspricht.

Schließlich ist noch eine letzte Entlehnung Tolkiens aus der nordischen *Völsunga saga* zu erwähnen, nämlich der Drachen-Helm (*Dragon-helm of Dor-lómin*) des Túrin im SILM (114, 251, 260, 284). Auch dieser Helm gehört einem Drachentöter, dem Túrin Turambar.[69] So wie Sigurd Reginn zur Seite steht, hat auch Túrin einen Lehrer in Beleg Strongbow. Túrin lauert Glaurung auf dieselbe Art auf wie Sigurd dem Fáfnir: von unten, um den weichen Bauch zu erreichen (SILM 222). Ein Helm dieser Art findet sich auch in der altnordischen *Völsunga saga* als Ægishjálmr «Furcht-Helm», der ursprünglich Fáfnirs Vater Hreiðmarr gehört hatte und den Sigurd dem Drachen abnimmt (Snorri Sturluson: *Edda. Gylfaginning* 38, nach *Reginsmál* und *Fáfnismál*). Dieser Helm versetzt jeden, der ihn sieht, in Furcht und Schrecken, und mag deshalb einschließlich des Namens aus der griechischen Mythologie entlehnt sein, wo der *aigis* dieselbe Funktion hatte.

Adler

Eagles are not kindly birds. Some are cowardly and cruel. But the ancient race of the northern mountains were the greatest of all birds; they were proud and strong and noble-hearted. They did not love goblins, or fear them. When they took any notice of them at all (which was seldom, for they did not eat such creatures), they swooped

Adler sind keine freundlichen Vögel. Manche sind feige und grausam. Aber die alte Rasse der nördlichen Gebirge, die mächtigsten aller Vögel, war stolz und stark und edelherzig. Diese Vögel mochten die Orks nicht und fürchteten sie auch nicht. Wenn sie überhaupt Notiz von ihnen nahmen, (selten nur, denn solche Geschöpfe fraßen sie nicht), dann

on them and drove them shrieking back to their caves, and stopped whatever wickedness they were doing. The goblins hated the eagles and feared them, but could not reach their lofty seats (HOB 93)

schwangen sie sich über sie und trieben sie kreischend in ihre Höhlen zurück. Oft genug vereitelten sie so die üblen Taten der Orks. Die Orks ihrerseits haßten die Adler, und fürchteten sie. Aber sie konnten weder ihre luftigen Horste erreichen [...] (KHOB 170 f.)

Im HOB und im LOTR haben die Adler vorwiegend diese beiden Funktionen, nämlich zum einen die Hauptfiguren wiederholt aus ausweglosen Situationen zu retten – besonders in exponierten Positionen –, zum anderen als Informanten über weit entfernte Ereignisse zu dienen. Dieser zweite Aspekt bleibt in beiden Werken ebenso wie im SILM weitgehend unwichtig für den Handlungsablauf, obwohl er oft genug erwähnt wird, denn die Botschaften haben nie entscheidenden Charakter. Die Rolle der Adler als Spione ist wohl abgeleitet von der magischen Fähigkeit Odins, sich in Tiere zu verwandeln, um in andere Länder zu reisen und Informationen einzuholen (vgl. Snorri Sturluson: *Heimskringla. Ynglinga saga* Kap. 7), und von seinen zwei Raben Huginn und Muninn, die ihn täglich mit Neuigkeiten versorgen.

Komplexer und ausführlicher erzählt ist die erstgenannte Retterfunktion der Adler: entweder befreien sie die Hauptakteure aus verzwickten Situationen in luftigen Höhen oder aber sie entscheiden Schlachten zu ihren Gunsten.

Im HOB (Kap. 6: 95) werden zunächst Bilbo, Gandalf und die Zwerge von den Adlern aus den brennenden Bäumen gerettet, später (Kap. 17: 241) entscheiden die Adler die schon verloren geglaubte Schlacht gegen die Goblins und Wargs zugunsten der Elben und Zwerge durch ihr direktes Eingreifen. Die nächste Befreiung von einem unzugänglichen hohen Gefängnis ist die von Gandalf vom Turm Sarumans:

[...] Gwaihir the Windlord, swiftest of the Great Eagles, came unlooked-for to Orthanc; and he found me standing on the pinnacle. Then I spoke to him and he bore me away, before Saruman was aware. (LOTR I 275)

[als] Gwaihir, der Herr der Winde, der schnellste der Großen Adler, unerwartet nach Orthanc kam; und er fand mich auf der Zinne stehend. Dann sprach ich mit ihm, und er trug mich davon, ehe Saruman es bemerkte. (HDR I 318)

Hier, bei seiner zweiten Adlerreise mit Gwaihir, nimmt Gandalf auch ganz bewußt Züge von Odin an, der sich selbst in einen Adler verwandeln konnte (vgl. oben 4. KAPITEL). Gandalfs dritte Luftreise ist die am Ende von LOTR III, als es um die Rettung von Frodo und Sam vom Mount Doom geht:

Side by side they lay; and down swept Gwaihir, and down came Landroval and Meneldor the swift; and in a dream, not knowing what fate had befallen them, the wanderers were lifted up and borne far away out of the darkness and the fire. (LOTR III 229)

Seite an Seite lagen sie; und herab stürzte sich Gwaihir, und herab kamen Landroval und Meneldor der Schnelle; und in einem Traum, nicht ahnend, welches Schicksal ihnen widerfuhr, wurden die Wanderer emporgehoben und davongetragen aus der Dunkelheit und dem Feuer. (HDR III 258)

Bei dieser Reise erinnert sich Gandalf, daß es schon das dritte Mal ist, daß er von den Adlern getragen wird, nunmehr um die zwei Hobbits heimzuholen – ein literarischer Kunstgriff, um die lange Heimreise der beiden auch für den Leser drastisch zu verkürzen.

Vor der Rettung der Hobbits müssen aber die Adler noch etliche Male eingreifen, um die Sache des Guten zu retten, und der Ruf aus dem HOB 241: «The Eagles! The Eagles! ... The Eagles are coming!» ertönt im LOTR noch zweimal, beide Male während der Schlacht von Cormallen vor den Black Gates (LOTR III 169 und 224), den Entsatz der Armee des Westens durch die Adler signalisierend. Die letzte dieser Stellen schließlich ist gleichzeitig auch ein wunderbarer Abgesang auf die Adler im LOTR:

There came Gwaihir the Windlord, and Landroval his brother, greatest of all the Eagles of the North, mightiest of the descendants of old Thorondor, who built his eyries in the inaccessible peaks of the Encircling Mountains when Middle-earth was young. (LOTR III 226)

Da kam Gwaihir, der Herr der Winde, und Landroval, sein Bruder, der größte aller Adler des Nordens, der gewaltigste unter den Abkömmlingen des alten Thorondor, der seine Horste auf den unzugänglichen Gipfeln des Umgebenden Gebirges gebaut hatte, als Mittelerde jung war. (HDR III 254)

Ingesamt fünfmal haben im Werk Tolkiens die Adler eine Funktion als Retter in letzter Minute, was ausgesprochen repetitiv wirkt, aber die Handlung jeweils noch in unerwarteter Weise zum Guten wendet. Da derselbe Kunstgriff auch im SILM 243 zum Tragen kommt, wo Adler die Orks besiegen, hat Tolkien das Thema als Element der Handlungsdramaturgie jedenfalls bis zum Letzten ausgereizt.a

Wölfe und Wargs

Wie bei Orks und Uruk-hai scheinen auch die Wargs nur eine Steigerung und Vergrößerung von normalen Wölfen und ihren Eigenschaften darzustellen: «the wild Wargs (for so the evil wolves over the Edge of the Wild were named)» (HOB 90 f.). Im Gegensatz zu den Wölfen werden aber die Wargs offenbar durchaus als Gefolgschaft von Sauron aufgefaßt, stellen also Wölfe im Dienste des Bösen dar:

Not all his servants and chattels are wraiths! There are orcs and trolls, there are wargs and werewolves; and there have been and still are many Men, warriors and kings, that walk alive under the Sun, and yet are under his sway. (LOTR I 234)

Nicht alle seine Sklaven und Leibeigenen sind Geister! Es gibt Orks und Trolle und Warge und Werwölfe; und es hat viele Menschen gegeben und gibt sie noch, Krieger und Könige, die lebendig unter der Sonne wandeln und doch unter seinem Banne stehen. (HDR I 271)

Noch deutlicher wird dies beim nächtlichen Angriff der Wargs auf die Gefährten eine Tagesreise vor den Toren vor Moria in LOTR I: in der Nacht töten sie zahlreiche der angreifenden Wargs und köpfen sie zum Teil sogar, aber am Morgen ist keine Spur von Kadavern der getöteten Tiere zu finden. Wie bei Werwölfen auch, lassen diese Wölfe keine physische Spuren zurück und sind somit als dämonische Wesen gekennzeichnet.

«It is as I feared,» said Gandalf. «These were no ordinary wolves hunting for food in the wilderness. Let us eat quickly and go!» (LOTR I 313)

«Es ist, wie ich gefürchtet hatte», sagte Gandalf. «Das waren keine gewöhnlichen Wölfe, die in der Wildnis nach Futter jagten. Laßt uns schnell essen und gehen!» (HDR I 363)

Der Name der Wargs ist eine der direktesten und geschicktesten Übernahmen aus dem Altnordischen im ganzen LOTR. Altnordisch *vargr* bedeutet «Wolf» ebenso wie «Geächteter, friedloser Verbrecher», die Angleichung an die angelsächsiche Schreibung *wearh* paßt das Wort dem Common Speech ein wenig an. Die altskandinavische Gesellschaft kannte keine Gefängnisse, sondern nur die Verbannung von Kriminellen, ob nun ins Ausland oder in die Wildnis des eigenen Landes. Wer in dieser Verbannung lebte, war vogelfrei und konnte von jedermann straflos getötet werden. Die derart in der Wildnis lebenden Verbrecher verübten natürlich zum Überleben immer wieder Übergriffe auf die Gesellschaft. *Vargr* war daher sowohl der zoologische Wolf als auch der «wie ein gefährlicher Wolf in der Wildnis» lebende Verbrecher, woher auch die berühmte Phrase *sem vargr í véum* «wie ein Wolf/Verbrecher in den Heiligtümern» kommt.

Weniger wichtig ist bei den Wölfen und Wargs ihre Rolle als Odins Haustiere. Nur bei der Schilderung Saurons dienen sie dazu, ihn stärker am Bild Odins zu orientieren. Eine Funktion für den Handlungsablauf im HOB oder LOTR (wo sie nur im LOTR I vorkommen) hat dieses Motiv jedoch nicht, im SILM werden die Wargs gar nicht genannt.

Werwölfe (werewolves)

Werwölfe, also Menschen, die sich in Wölfe verwandeln, sind nicht aus der germanischen Mythologie allein bekannt, sondern finden sich auch im alten Griechenland. In Skandinavien sind die sog. *ulfheðnar* Krieger, die in Wolfsverkleidung kämpften, vielleicht parallel zu den Berserkern in ihren Bärenfellen zu sehen (zu diesen vgl. unter Uruk-hai im 7. KAPITEL). Der Glaube an Werwölfe geht aber auch auf die schon mehrfach erwähnte Idee zurück, daß Menschen ihre Gestalt verändern können.

Ausgerechnet in der von Tolkien intensiv benutzten altnordischen *Völsunga saga* (Kap. 5 und 8) kommen auch die deutlichsten Hinweise auf Werwölfe in der altnordischen Literatur vor, daher ist zu vermuten, daß er das Konzept aus dieser Saga bezog. Es gibt aber auch gute Belege in der mittelalterlichen französischen Literatur, die Tolkien als Mediävist höchstwahrscheinlich ebenfalls kannte.

Neben vereinzelten, aber funktionslosen Erwähnungen von Werwölfen findet sich das beste Beispiel für die Werwölfe in der unglücklichen Liebesgeschichte zwischen Beren und Lúthien im SILM. Im Laufe dieser Erzählung wird Beren von Huan (dem hundegestaltigen Freund der beiden) und Lúthien in die Gestalt von Draugluin verwandelt, des großen Werwolfs, den Huan getötet hatte (SILM 179); er ist nurmehr an seinen Augen als Mensch zu erkennen (SILM 179). Eine Abweichung gegenüber der europäischen Tradition bei Tolkien ist, daß er ungeachtet der Geschichte von Berens Verwandlung in einen Werwolf an einer anderen Stelle im SILM die Werwölfe als richtige Wölfe sieht, die von unreinen Geistern erfüllt sind: «Sauron brachte die Werwölfe mit, Raubtiere, von wütenden Geistern besessen, die er in ihren Leibern eingekerkert hatte» (DSILM 183; SILM 164). Dies mag damit zu tun haben, daß auch Sauron (der wiederholt als *lord of werewolves* bezeichnet wird: SILM 156), sich selbst später im Kampf in einen riesigen Werwolf verwandelt (SILM 175), ein Motiv, das aus den jüngeren *Fornaldarsögur* entlehnt sein könnte, in denen sich Zauberer im Laufe von Schlachten wiederholt in alle möglichen Untiere, Drachen und Wale verwandelten. Mit dem Fenriswolf, dem Endzeitwolf der germanischen Mythologie, welcher zu den *Ragnarök* (s. S. 131) die Sonne verschlingen wird, hat dies alles jedenfalls nichts zu tun, denn dieser ist ein Endzeitmonster und kein Gestaltwandler.

Olifanten (oliphaunts)

Selbstverständlich sind die Olifanten keine Wesen der germanischen Mythologie, sondern in erster Linie eine für Kinder humorvoll aufbereitete und dafür verballhornte Beschreibung von Kriegselefanten, wie beide recht ausführlichen Beschreibungen im LOTR deutlich genug zeigen:

Grey as a mouse,	Grau wie die Maus,
Big as a house.	Groß wie ein Haus,
Nose like a snake,	Schnauze wie Schlange;
I make the earth shake,	Erde bebt bange,
As I tramp through the grass;	Zieh ich durchs Gras,
Trees crack as I pass.	Baum bricht wie Glas.
With horns in my mouth	Hörner im Maul
I walk in the South,	Schüttle ich faul
Flapping big ears. (LOTR II 254 f.)	Mein Ohrenpaar. (HDR II 291 f.)

Diese eher kindgerechte Beschreibung in dem noch deutlich längeren Gedicht wird aber bald darauf durch eine schon wesentlich bedrohlicher wirkende Beschreibung ergänzt:

[...] his great legs like trees, enormous sail-like ears spread out, long snout upraised like a huge serpent about to strike, his small red eyes raging. His upturned hornlike tusks were bound with bands of gold and dripped with blood. His trappings of scarlet and gold flapped about him in wild tatters. The ruins of what seemed a very war-tower lay upon his heaving back, smashed in his furious passage through the woods; and high upon his neck still desperately clung a tiny figure – the body of a mighty warrior, a giant among the Swertings. (LOTR II 269 f.)

[...] wie Bäume waren die großen Beine, die ungeheuren Ohren standen ab, der lange Rüssel war erhoben wie eine riesige Schlange, die gerade die Giftzähne in ihr Opfer schlagen will, die kleinen roten Augen wutentbrannt. Die hornartigen, nach oben gerichteten Stoßzähne waren mit goldenen Bändern umwunden und tropften von Blut. Sein Zaumzeug in Purpur und Rot hing in Fetzen um ihn. Was auf seinem stampfenden Rücken lag, waren offenbar die Reste eines regelrechten Kriegsturms, der bei seinem wütenden Rasen durch den Wald zertrümmert worden war; und hoch auf seinem Nacken klammerte sich noch verzweifelt eine winzige Gestalt fest – ein gewaltiger Krieger, ein Riese unter den Schwärzlingen. (HDR II 309)

Interessant an den Olifanten im Zusammenhang mit dem Mediävisten Tolkien ist, daß er zweifellos die elfenbeinernen Hüfthörner des europäischen Mittelalters kannte. Dazu zählt das berühmte Horn Oliphant aus der Rolandsage. In dieser Geschichte aus der Zeit Karls des Großen besitzt sein Neffe Roland ein Horn, das überaus laut tönt. Allerdings setzt Roland es auf dem Rückzug vom Spanienfeldzug zu spät ein, was für ihn und seine Nachhut fatale Folgen hat. Diese Hörner nannte man allgemein «Oliphant/Oliphaunt», also mit der altfranzösischen Schreibung für Elefant, die auch Tolkien verwendete. Er treibt hier ein gelungenes Doppelspiel mit der Sprache, wenn er mittelalterliche Mythen um den Elefanten aus der Sichtweise der Hobbits wiedergeben läßt und gleichzeitig einen mittelalterlichen Ausdruck dafür verwendet.

9. Kapitel

Runenschriften

Die Varianten des Futhark

Runen sind die Schriftzeichen, mit denen zahlreiche germanische Stämme über mehr als 1000 Jahre hinweg Wörter und Texte auf Steinen und Gegenständen (aber fast nie in Büchern) aufzeichneten. Die Runenschrift war nach dem Vorbild der Schriften von Römern und Etruskern im 1. Jahrhundert entwickelt worden, und sie wurde später immer mehr zu einer Gebrauchsschrift.[70] Schon zu Tolkiens Zeit war bekannt, daß die Runen aus Alphabeten der Mittelmeersprachen, aber auch aus älteren germanischen Symbolzeichen entstanden waren, wobei man wohl mehr Gewicht auf den «einheimischen» Charakter der Schriftzeichen legte als heute. Tolkien war durch seine wissenschaftliche Ausbildung selbstverständlich schon als Student mit Runen in Kontakt gekommen und daher mit den drei wichtigsten Runenalphabeten der germanischen Stämme vertraut. Alle drei wurden nach den ersten sechs Zeichen der Reihe als Fuþark [Futhark] bezeichnet.

Das ältere Futhark: Die älteste, gemeingermanische Form ist das sog. ältere Fuþark, es bestand aus 24 Zeichen und war zwischen dem 1./2. Jahrhundert und dem 8. Jahrhundert von Skandinavien bis Mitteleuropa verbreitet. Wir kennen es aus gut 350 Inschriften, von denen allerdings die Mehrheit aus Skandinavien stammt.

ᚠ	ᚢ	ᚦ	ᚨ	ᚱ	ᚲ	ᚷ	ᚹ
f	u	þ	a	r	k	g	w
ᚺ	ᚾ	ᛁ	ᛃ	ᛇ	ᛈ	ᛉ	ᛊ
h	n	i	j	ï	p	R	s
ᛏ	ᛒ	ᛖ	ᛗ	ᛚ	ᛜ	ᛞ	ᛟ
t	b	e	m	l	ŋ	d	o

Das jüngere Futhark: Während in Mitteleuropa nach der Christianisierung im 8. und 9. Jahrhundert kaum mehr Runen verwendet wurden, hat man in Skandinavien das ältere Runeninventar zum sog. jüngeren Fuþark mit nur 16 Zeichen vereinfacht. Es löste ab Mitte des 8. Jahrhunderts recht plötzlich die ältere Reihe ab und fand dann in Skandinavien, aber auch bis Grönland sowie bis nach Ost- und Südosteuropa weite Verbreitung. Über 6000 Inschriften im jüngeren Fuþark sind erhalten, davon rund 3600 aus Schweden. In Skandinavien fungierte das nordische Fuþark noch im Hochmittelalter, lange nach der Christianisierung, als Gebrauchsschrift.

ᚠ	ᚢ	ᚦ	ᚬ	ᚱ	ᚴ
f	u	th	a	r	k
ᚼ	ᚾ	ᛁ	ᛅ	ᛋ	
h	n	j	a	s	
ᛏ	ᛒ	ᛚ	ᛘ	ᛦ	
t	b	l	m	R	

Das angelsächsische Fuþorc: Das angelsächsische/altenglische oder auch anglo-friesische Fuþorc stellte in Friesland und auf den britischen Inseln eine Sonderentwicklung dar. Es wurde auch von christlichen Missionaren verwendet und war ab dem Beginn des 8. Jahrhunderts in Gebrauch. Allerdings ist es nur in rund 60 Inschriften erhalten. Es umfaßte zunächst gegenüber dem Älteren Futhark vier zusätzliche Runen, also 28 Zeichen, wurde dann aber weiter auf 31 bzw. 32 Zeichen erweitert; hinzu kamen:

ᚪ **a**, ᚫ **æ**, ᚣ **y**, ᛡ **i**, ᛠ **e̅a̅**, ᛣ **k**, ᚸ **g̅**, ᛥ **st**

Insgesamt hatte das angelsächsische Fuþorc also deutlich mehr Zeichen als das gleichzeitig in Skandinavien verwendete Runenalphabet:

ᚠ	ᚢ	ᚦ	ᚩ	ᚱ	ᚳ	ᚷ	ᚹ	ᚻ	ᚾ	ᛁ	ᛡ	ᛇ	ᛈ	ᛉ	ᛋ
f	u	þ	o	r	c	g	w	h	n	i	j	ï	p	x	s
ᛏ	ᛒ	ᛖ	ᛗ	ᛚ	ᛝ	ᛞ	ᛟ	ᚪ	ᚫ	ᚣ	ᛠ	ᚸ	ᛣ	ᛤ	
t	b	e	m	l	ŋ	d	œ	a	æ	y	e̅a̅	g̅	k	k̄	

Das ältere Futhark und das altenglische Futhorc im Überblick

	Laut	Zeichen im älteren Fuþark	Zeichen im Fuþorc	Altengl. Name	Bedeutung
A	**Das altenglische Fuþorc**				
1	*f*	ᚠ	ᚠ	*feoh*	Reichtum
2	*u*	ᚢ	ᚢ	*ūr*	Auerochs
3	*þ* = /*th*/	ᚦ	ᚦ	*þorn*	Dorn
4	*o*	ᚨ(= a)	ᚩ	*ōs*	Mund
5	*r*	ᚱ	ᚱ	*rād*	Ritt
6	*c*	ᚲ	ᚳ	*cēn*	Fackel
7	*g*	ᚷ	ᚷ	*gyfu*	Geschenk
8	*w*	ᚹ	ᚹ	*wynn*	Freude
9	*h*	ᚺ	ᚺ, ᚻ	*hægl*	Hagel
10	*n*	ᚾ	ᚾ	*nyd*	Not
11	*i*	ᛁ	ᛁ	*īs*	Eis
12	*j*	ᛃ	ᛄ	*gēr*	Jahr, Ernte
13	*ï*	ᛇ	ᛇ	*ēoh*	Eibe
14	*p*	ᛈ	ᛈ	*peorð*	?
15	*x*	ᛉ für R/z	ᛉ für x	*ēolhx*	Elch?

Tolkiens kreativer Umgang mit Runen

Obwohl Tolkien auch eigenständige Alphabete erfand (wie die Schrift der Elben namens Tengwar, vgl. unten), übernahm er für seine Runenschrift im Hob in erster Linie die angelsächsische Runenschrift. Für seine Mondrunen und Zwergenrunen kombinierte er sie nur geringfügig mit Zeichen des älteren Fuþark und ergänzte sie mit einzelnen neuen Zeichen, etwa mit der Rune ᚤ für y, die im Altenglischen eigentlich die Form ᚣ hat. Jemand, der das angelsächsische (altenglische) Runenalphabet beherrscht, kann also im Prinzip die Tolkienschen Runen lesen. «Da ist noch die Sache mit den Runen. Die von Thorin and Co. bei besonderen Gelegenheiten verwendeten bestanden aus einem Alphabet von 32 Zeichen [...],

16	*s*	ᛊ	ᛋ	*sigel*	sun
17	*t*	ᛏ	ᛏ	*tīr*	Leitstern (? Gott Týr?)
18	*b*	ᛒ	ᛒ	*beorc*	Birke
19	*e*	ᛖ	ᛖ	*eh*	Hengst
20	*m*	ᛗ	ᛗ	*mann*	Mann
21	*l*	ᛚ	ᛚ	*lagu*	Wasser
22	*ŋ*	ᛜ	ᛝ	*Ing*	Stammvater?
23	*d*	ᛞ	ᛞ	*dæg*	Tag
24	*œ*	ᛟ (für o)	ᛟ	*ēþel*	Heimat
25	*a*		ᚪ	*āc*	Eiche
26	*æ*		ᚫ	*æsc*	Esche
27	*y*		ᚣ	*ȳr*	Bogen?
28	*ēā*		ᛠ	*ēā*	Grab?
B	**Spätere Ergänzungen in Northumbria**				
29	*ḡ*		ᚸ	*gār*	Speer
30	*k*		ᛣ	*calc*	Kalk?, Kelch?
31	*k̄*		ᛤ		?
C	**Zusätzliche Friesische Rune**				
32	*st͡*		ᛥ	*stān*	Stein

ähnlich, aber nicht identisch mit den Runen der angelsächsischen Inschriften: Es besteht zweifellos eine historische Beziehung zwischen den beiden», schreibt Tolkien (Brief 25, Feb. 1938: LTRS 31 f.).

Die Futhark-Runen wurden anfangs meist in Holz, Metall oder Knochen eingeritzt, später dann in zunehmendem Maße in Stein; man denke nur an die vielen wikingerzeitlichen Runensteine. Um das Einritzen handwerklich zu erleichtern, sind die Lettern aus geraden Linien zusammengesetzt. Einige der ältesten Runeninschriften bestehen aus Runen aus parallelen Strichen, um sie deutlicher sichtbar zu machen. Von dieser Praxis mag Tolkien seinen eigenen Stil von häufig in Doppellinien gezeichneten Runen bezogen haben, am deutlichsten bei den Mondrunen auf der Karte von Thror. Es ist jedenfalls ganz sicher, daß er diese Runeninschriften kannte, da eines der bekanntesten Werke mit Runeninschriften in England sehr detaillierte Abbildungen enthielt:

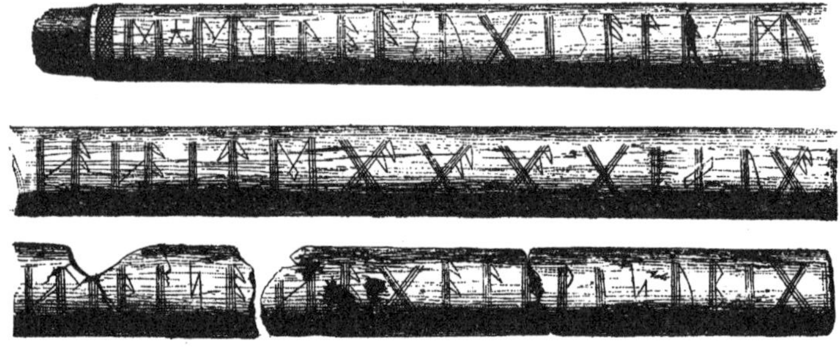

Die Inschrift vom Speerschaft von Kragehul auf Fünen in Dänemark, 5. Jh.; sie enthält offenbar auch magische Runenwörter wie «ga, ga, ga» (in Binderunen in der Mitte) und ist wie die Tolkienschen Runen im Hobbit durch parallele Striche ausgeführt. Aus: Stephens 1884, III, 133.[71]

Ein wesentlicher Unterschied zwischen den beiden Systemen liegt in der optischen Ausführung: im Vergleich zum Fuþark wirken die Tolkienschen Runen runder und kunstvoller.

ᛋᛏᚫᚾᛞ.ᛒᚣ.ᚦᛖ.ᚷᚱᛖᚣ.ᛋᛏ	stand by the grey st
ᚩᚾᛖ.ᚹᚻᛖᚾ.ᚦᛖ.ᚦᚱᚢᛋᚻ.ᚳᚾ	one when the thrush kn
ᚩᚳᛋ.ᚫᚾᛞ.ᚦᛖ.ᛋᛖᛏᛏᛁᛝ.ᛋ	ocks and the setting s
ᚢᚾ.ᚹᛁᚦ.ᚦᛖ.ᛚᚫᛋᛏ.ᛚᛁᚷᚻᛏ.	un with the last light
ᚩᚠ.ᛞᚢᚱᛁᚾᛋ.ᛞᚫᚣ.ᚹᛁᛚᛚ.ᛋᚻ	of Durin's day will sh
ᛁᚾᛖ.ᚢᛈᚩᚾ.ᚦᛖ.ᚳᛖᚣᚻᚩᛚᛖ.	ine upon the key-hole
.ᚦ.	.th.

Insgesamt läßt sich aber in Tolkiens kreativem Umgang mit Runenzeichen eine deutliche Entwicklung feststellen: Sie führt von der relativ einfachen, den echten altenglischen Runen ähnlichen Runenreihe im Hob (Zwergenrunen, Mondrunen) zu einer komplexen, der tatsächlichen Runenschrift sehr fernstehenden und in weiten Teilen phantasievoll erfundenen Zeichenreihe im LotR (Cirth, Agerthas, «Daeron's runes»). Was die Verwendung von Runen betrifft, so entspricht sie bei Tolkien, wie wir im folgenden sehen werden, in etwa dem historisch belegbaren Gebrauch von Runen. Es darf nur nicht der Fehler gemacht werden, seine Runen (bzw. ihren Lautwert) mit den historischen Runen gleichzusetzen, da auch hier seine Kreativität zu Veränderungen geführt hat.

Zwergenrunen und Mondrunen

Die im Hob verwendeten Zwergenrunen (*dwarfrunes*) werden auch Mondrunen (*moonrunes*) genannt, wenn sie in besonderer Weise unsichtbar gemacht sind (s. unten mehr dazu). Sie erscheinen auf der Karte gleich zu Beginn des Hob als «Geheimschlüssel» für den Eingang nach Moria. Dies sind die erwähnten, dem angelsächsichen Runenalphabet nahestehenden Runen, bei denen Tolkien nur geringe Modifikationen vorgenommen hatte.

In der Einleitung zum Hob spricht Tolkien recht ausführlich über seine Runen, diese nur noch von Zwergen benutzten geheimen Schriftzeichen (Hob 9 f.; die entsprechenden Seiten wurden in der deutschen Übersetzung einfach weggelassen!):

Runes were old letters originally used for cutting or scratching on wood, stone, or metal, and so were thin and angular. At the time of this tale only the Dwarves made use of them, especially for private and secret records. Their runes are in this book represented by English runes, which are known now to few people. If the runes on Thror's Map are compared with the transcriptions into modern letters (on pp. 26 and 52), the alphabet, adapted to modern English, can be discovered and the above runic title also read. On the Map all the normal runes are found except ᛉᛦ for X. I and U are used for J and V. There was no rune for Q (use CW); nor for Z (the dwarf-rune ⅄ may be used if required). It will be found, however, that some single runes stand for two modern letters: *th, ng, ee*; other runes of the same kind (ᛠ *ea* and ᛥ *st*) were also sometimes used.

Runen waren alte Buchstaben, die man ursprünglich zum Einschneiden oder Einritzen in Holz, Stein oder Metall verwendete, und die daher dünn und eckig waren. Zu der Zeit, in der diese Geschichte spielt, benutzten nurmehr die Zwerge sie, besonders zu persönlichen und geheimen Zwecken. Ihre Runen werden in diesem Buch durch englische Runen wiedergegeben, die heute nur wenigen Leuten bekannt sind. Wenn man die Runen auf Thrors Karte mit den Transkriptionen in moderne Buchstaben, angepaßt an modernes Englisch, vergleicht, kann man das Alphabet entdecken und die obige Runeninschrift lesen. Auf der Karte finden sich alle normalen Runen außer ᛉ für X. I und U werden für J und V verwendet. Es gab keine Rune für Q (verwende CW); auch nicht für Z (die Zwergenrune ⅄ kann verwendet werden, wenn notwendig). Allerdings wird man finden, daß einzelne Runen für je zwei moderne Buchstaben stehen: *th, ng, ee*; andere Runen von dieser Art (ᛠ *ea* und ᛥ *st*) wurden mitunter auch gebraucht. (Ü.: R. S.)

Zum Schluß weist er auf die Inschrift an der Geheimtür hin:

The secret door was marked D ᛞ. From the side a hand pointed to this, and under it was written:

Die Geheimtür war mit D ᛞ markiert. Auf einer Seite wies eine Hand darauf hin, und darunter stand:

ᚠᛁᚢᛖ·ᚠᛟᛏ·ᚻᛁᚷᚻ·ᚦᛖ·ᛞᚩᚱ·ᚪᚾᛞ·ᚦᚱᛟ·ᛗᚪᛦ·ᚹᚪᛚᚳ·ᚪᛒᚱᛖᚪᛋᛏ⁝ᚦ·ᚦ·

Diese Zeile soll – so wird später (Hob 26 und 52, Khob 38 und 90) erklärt – bedeuten:

«Fiue feet high the dor and three may walk abreast. Th Th»

«Fünf Fuß hoch die Tür, und drei können nebeneinander gehen. Th Th»

Die letzten beiden Runen sind die abgekürzten Namen von Thror und Thrain. Allerdings ist ein Druckfehler dafür verantwortlich, daß im Buch (Hob 9) für «may» eigentlich «day» dasteht – ich habe es hier verbessert. Dagegen ist «fiue» für «five» der normalen (lateinischen) mittelalterlichen Praxis entnommen, und die Verwendung von ᛟ für *ee* ist eine Tolkiensche Eigenheit, denn diese Rune steht im älteren Futhark für *o* und im Altenglischen für *oe*.

Die darauf folgenden Zwergenrunen sind mit denen auf der Karte Thrors identisch und werden im weiteren erklärt, es sind (unsichtbare) Mondrunen:

«Moon-letters are rune-letters, but you cannot see them,» said Elrond, «not when you look straight at them. They can only be seen when the moon shines behind them, and what is more, with the more cunning sort it must be a moon of the same shape and season as the day when they were written. The dwarves invented them and wrote them

«Mondbuchstaben sind Runen», sagte Elrond. «Aber Ihr könnt sie nicht sehen, wenn ihr einfach drauf schaut. Sie können nur gelesen werden, wenn der Mond hinter ihnen steht. Bei den verzwickten jedoch muß der Mond von der gleichen Form und es muß die gleiche Zeit sein wie an dem Tag, an dem sie geschrieben wurden. Die Zwerge er-

with silver pens, as your friends could tell you. These must have been written on a midsummer's eve in a crescent moon, a long while ago.» (HOB 52)[72]

fanden die Mondbuchstaben und schrieben sie mit silbernen Federn, wie Eure Freunde es Euch erzählen könnten. Diese hier müssen vor langer Zeit an einem Mittsommerabend bei zunehmendem Mond geschrieben worden sein.» (KHOB 90)

Während unsichtbare Runen Tolkiens eigene Erfindung sind, gehörte das Unleserlichmachen oder wenigstens Verschlüsseln von Runeninschriften schon vor der Wikingerzeit zu den tatsächlichen Praktiken der germanischen Runenmeister. Es gab die verschiedensten Methoden, Runen nur Eingeweihten lesbar zu machen, beispielsweise das Einbauen in Bilder oder die Verbindung mehrerer Runen an gemeinsamen senkrechten Stäben. Tolkien greift dies allerdings nicht auf.

Cirth und Angerthas

The scripts and letters used in the Third Age were all ultimately of Eldarin origin, and already at that time of great antiquity. [...] The alphabets were of two main, and in origin independent, kinds: the *Tengwar* or *Tîw*, here translated as ‹letters›; and the *Certar* or *Cirth*, translated as ‹runes›. The *Tengwar* were devised for writing with brush or pen, and the squared forms of inscriptions were in their case derivative from the written forms. The *Certar* were devised and mostly used only for scratched or incised inscriptions. (LOTR III 395)

Die im Dritten Zeitalter gebräuchlichen Schriften stammen alle letztlich von den Eldar und waren schon zu jener Zeit sehr alt.[...] Die Alphabete waren von zwei unabhängig voneinander entstandenen Hauptarten: die *Tengwar* oder *Tîw*, was wir hier mit «Buchstaben» übersetzen wollen; und die *Certar* oder *Cirth*, die wir als «Runen» bezeichnen können. Die Tengwar waren für das Schreiben mit Pinsel oder Feder gedacht, und die eckigeren Formen für Inschriften waren in diesem Fall von den fließenderen Schriftarten abgeleitet. Die Certar waren für eingeritzte oder eingemeißelte Inschriften gedacht und werden meistens auch nur dafür verwendet. (HDR IV 120)

Von den Zwergen- und Mondrunen weicht die Runenreihe des Cirth, wie sie im LOTR genannt wird, deutlich ab: zwar sehen die Zeichen aus wie Runen, manche von ihnen sind auch mit wirklichen

1		16		31		46	
2		17		32		47	
3		18		33		48	
4		19		34		49	
5		20		35		50	
6		21		36		51	
7		22		37		52	
8		23		38		53	
9		24		39		54	
10		25		40		55	
11		26		41		56	
12		27		42		57	
13		28		43		58	
14		29		44			
15		30		45		&	

Tafeln der Angerthas (aus LOTR III, 402 f.)

Runen identisch, aber etliche Zeichen haben nur ein «pseudo-runisches» Aussehen und in Wirklichkeit nichts mit richtigen Runen zu tun. Hier hat Tolkien eigentlich ein neues Zeichensystem geschaffen, das mit der Kenntnis der altenglischen Runen allein nicht mehr zu entziffern ist.

Offenbar hatte er erst nach der Abfassung des Hob, dessen

1	p	16	zh	31	l	46	e
2	b	17	nj—z	32	lh	47	ē
3	f	18	k	33	ng—nd	48	a
4	v	19	g	34	s—h	49	ā
5	hw	20	kh	35	s—’	50	o
6	m	21	gh	36	z—ŋ	51	ō
7	(mh) mb	22	ŋ—n	37	ng*	52	ö
8	t	23	kw	38	nd—nj	53	n*
9	d	24	gw	39	i (y)	54	h—s
10	th	25	khw	40	y*	55	*
11	dh	26	ghw,w	41	hy*	56	*
12	n—r	27	ngw	42	u	57	ps*
13	ch	28	nw	43	ū	58	ts*
14	j	29	r—j	44	w		+h
15	sh	30	rh—zh	45	ü		&

Runen den richtigen Runen nahestehen, mit der Erfindung eines eigenständigen Runensystems begonnen. Darin wollte er eine Entwicklung vom älteren Cirth (auch Certar), das die Elben erfunden hätten (genauer gesagt Daeron, der Skalde des Königs Thingol von Doriath), zum Angerthas der Zwerge einerseits, zum Cirth der Menschen andererseits sehen. Für letzteres gilt, daß solche Runen

[…] were long used only for inscribing names and brief memorials upon wood or stone. To that origin they owe their angular shapes, very similar to the runes of our times (LotR 395).

[…] lange Zeit nur für Namensinschriften oder kurze Gedenksprüche auf Holz oder Stein verwendet [wurden]. Dieser Ursprung erklärt ihre eckigen Formen, in denen sie den Runen aus neueren Zeiten sehr ähnlich sind. (HdR IV 121)

Diese Entwicklung sowie die Feststellung über die Verwendung der älteren Runenschrift ist als Parallele zur Entwicklung vom Älteren Fuþark zum Jüngeren Fuþark und zum Angelsächsischen Fuþorc aufzufassen. Tolkien hat sich also – trotz der Erfindung eigener Schriftzeichen – stark an die wissenschaftlichen Fakten in der Geschichte der germanischen Runenschriften angelehnt.

Symbol- und Zauberrunen

Hier ist zu unterscheiden zwischen der Bedeutung der Runen allein, die aus ihren Namen hervorgeht, und dem (uns nurmehr schwer verständlichen) Brauch, gewisse Arten von Runen als Zauberrunen für ganz bestimmte Zwecke zu verwenden.

Von den Zauberrunen werden in den *Edda*-Liedern (besonders der *Sigrdrífumál*) Siegrunen, Bierrunen (ursprünglich wohl eigentlich: Heilsrunen), Heilungsrunen, Meerrunen, Gliederrunen (zum Wundenheilen), Sprachrunen und Weisheitsrunen erwähnt, daneben aber auch noch die th-Rune (Thurs-Rune) als ausgesprochene Schadensrune, vor allem im Zauber gegen Frauen. Dieser Verwendung von Runen entsprechen bei Tolkien die eher allgemein und vage gehaltenen Angaben, daß auf dem wieder neugeschmiedeten Schwert Aragorns (LotR I 290) ebenso wie auf Éowyn's Horn, welches sie Merry schenkt, wirkungsvolle Runen eingeritzt seien (die Zauberkraft hat die deutsche Übersetzung dazuerfunden):

Then Éowyn gave to Merry an ancient horn, small but cunningly wrought all of fair silver with a baldric of green; and wrights had engraven upon it swift horsemen riding in a line that wound about it from the tip to the mouth; and there

Da gab Éowyn Merry ein altertümliches Horn, klein, aber kunstfertig gearbeitet ganz aus schönem Silber mit einem grünen Gehänge; und die Handwerker hatten geschwinde Reiter darauf eingeprägt, und sie ritten in einer Reihe, die sich von der

Gruppierung der Runennamen nach Sinngruppen:

anthropomorphe und theriomorphe Namen:

*þurisaz	Thurse (Riese)	ᚦ
*ansuz	Anse, Ase	ᚨ
*tiwaz	Týr (ein Gott)	ᛏ
*mannaz	Mann	ᛗ
*ingwaz	Ing (ein Gott)	ᛜ

zoomorphe Namen:

*uruz	Ur	ᚢ
*algiz	Elch	ᛉ
*ehwaz	Pferd	ᛖ
*fehu	Vieh/Fahrhabe (bewegl. Vermögen?)	ᚠ

biomorphe Namen:

*iwaz	Eibe	ᛇ
*berkanan	Birke	ᛒ
*laukaz	Lauch	ᛚ

meteorologische Namen:

*haglaz	Hagel	ᚺ
*isaz	Eis	ᛁ
*jeran	Jahr/Ernte	ᛃ
*sowilo	Sonne	ᛊ
*dagaz	Tag	ᛞ

schadenbringende Namen:

*kaunan?	Geschwür/Krankheit	ᚲ
*naudiz	Not	ᚾ

kultische (?) Namen:

*raido	Ritt/Wagen	ᚱ
*gebo	Gabe	ᚷ
*wunjo?	Wonne	ᚹ
*oþala	Erbe	ᛟ

sonstige:

*perþo	p-Rune	ᛈ

were set runes of great virtue. (LOTR III 256)

Spitze bis zum Mundstück um das Horn herumzog; und es waren Runen von großer Zauberkraft eingeritzt. (HDR III 289)

Daß auch in der historischen Realität vor allem Waffen mit Runen oder Zauberrunen versehen wurden, ist schon aus der ältesten Phase des Runengebrauchs belegt. Tolkien konnte hier auf eine breite germanische Tradition zurückgreifen. Nicht nur Aragorns neues Schwert ist mit Runen geschmückt, auch die Schwerter Glamdring, Orcrist und Sting sind mit Zeichen versehen. Diese werden allerdings teilweise als «elbisch» beschrieben, was aber den Gebrauch von Runen nicht ausschließt (vgl. dazu im 10. KAPITEL über das Motiv des Schwerts). Das Zwergenschwert Orcrist im HOB trägt dabei seinen Namen ausdrücklich in Runen auf sich (HOB 51).

Aus dem Mittelalter sind einige sog. Runengedichte überliefert, aus denen die Bedeutung der Einzelrunen oder wenigstens ihre teilweise schon sehr alten Namen hervorgehen. Ob wirklich alle Runen allein auch das Wort, das ihren Namen ausmacht, bedeuten konnten, ist dagegen fraglich, denn die Runennamen stammen aus den verschiedensten Gebieten des Lebens: Menschen- und Tiergestalten, Pflanzen, Naturgewalten, Leid und vielleicht sogar der Kult.

Auch bei Tolkien werden gelegentlich einzelne Runen stellvertretend für ganze Namen benutzt, beispielsweise verwendet Gandalf oft die «elf-rune» f. Auf den Helmen von Sarumans Orks dagegen «was set an S-Rune, wrought of some white metal» (LOTR II 18), was nicht zuletzt auf den üblen Gebrauch (oder besser Mißbrauch) der s-Rune durch die Waffen-SS der deutschen Wehrmacht während der Nazizeit verweisen könnte. Zudem werden auch bei Tolkien in Middle-earth Runen als heilsbringend betrachtet. In dem Lied über Eärendil den Seefahrer heißt es:

his shining shield was scored with runes
to ward all wounds and harm from him (LOTR I 246)

Grub Runen in den Silberschild
Zum Schutze gegen Harm und Not (HDR I 284)

Daß Waffen mit glückbringenden Runen versehen wurden, ist sowohl historisch als auch bei Tolkien belegt, dazu mehr im 10. KAPITEL im Abschnitt über das zerbrochene Schwert. Auch in Durins Halle sind möglicherweise magische Runen zu finden: «runes of power upon the door» (LOTR I 330), «das Tor von Runenkraft geprägt» (HDR I 383). Dafür haben wir meines Wissens kein Gegenstück aus germanischer Zeit, auch wenn ein solcher Brauch möglich gewesen wäre, denn die skandinavischen Runensteine der späten Wikingerzeit waren häufig genug nicht nur Grabsteine, sondern gleichzeitig auch Demonstrationen der Macht oder des Reichtums derjenigen, welche sie herstellen und aufstellen ließen.

Die Orks hingegen kerben «evil runes» (LOTR II 306) in die Stämme von Bäumen ein, die sie nur um der Zerstörung willen gefällt haben. Beispiele für das zauberische Einkerben von Runen in Holzstücke, ja sogar in Baumstämme oder zumindest Wurzelstöcke (*Grettis saga,* Kap. 79) finden sich in der altnordischen Sagaliteratur und waren Tolkien wohl gut bekannt.

Die Runeninschriften im Hobbit und im Lord of the Rings

Schon auf den ersten beiden Seiten des originalen HOB – ganz zu schweigen vom Titelblatt, Thrors Karte als Vorsatzblatt und selbst dem Schutzumschlag – finden sich Runen und ganze Inschriften, die samt und sonders in der deutschen Ausgabe weggelassen wurden. Im folgenden sollen daher diese Inschriften der englischen Ausgabe wiedergegeben, übertragen und übersetzt werden.

- Die beiden Inschriften auf der Karte von Thror (sowie im HOB 9 f.) wurden schon oben bei den Mondrunen wiedergegeben, nämlich einerseits die geheime Anweisung zum Öffnen der Tür: «stand by the grey stone when the thrush knocks and the setting sun with the last light of Durin's day will shine upon the key-hole. Th.» Ü.: Steh beim grauen Stein, wenn die Drossel schlägt und der letzte Strahl der untergehenden Sonne an Durins Tag (= Neujahrstag) auf das Schlüsselloch fällt. Th(ror).»
- Die andere Inschrift war die schon genannte Anweisung: «Fiue feet high the dor and three may walk abreast. Th Th.» Ü.: «Fünf Fuß hoch die Tür, und drei können nebeneinander gehen. Th Th.»
- Ansonsten trägt die Karte nur noch vier Runen für die Himmelsrichtungen E(ast), S(outh), W(est), N(orth); dabei liegt Osten,

wie auf mittelalterlichen Weltkarten (und laut Tolkien, Hob 10, auf Zwergenkarten) üblich, oben.

- Auf der ersten Textseite des Hob ist außerdem der Romantitel «The Hobbit or There and back again» nochmals in Runen wiedergegeben, hier ebenfalls in den im Hob verwendeten nur leicht variierten altenglischen Runen:

ᚦᛖ ᚻᚩᛒᛒᛁᛏ

ᚩᚱ

ᚦᛖᚱᛖ ᚪᚾᛞ ᛒᚪᚳᚴ ᚪᚷᚪᛁᚾ

- Dieselbe Inschrift findet sich auch am Schutzumschlag und auf dem Titelblatt der englischen Ausgabe, dort ist sie aber noch erweitert:

ᚦᛖ:ᚻᚩᛒᛒᛁᛏ:ᚩᚱ:ᚦᛖᚱᛖ·ᚪᚾᛞ·ᛒᚪᚳᚴ·ᚪᚷᚪᛁᚾ:ᛒᛖᛁᛝ·ᚦᛖ·ᚱᛖᚳᚩᚱ

ᛞ·ᚩᚠ·ᚪ· ᚣᛠᚱᛋᛁᚩᚢᚱᚾᛖᚣ·ᛗᚪᛞᛖᛒᚣ·ᛒᛁᛚᛒᚩ·ᛒᚪᚷᚷᛁᚾᛋ·ᚩᚠ·ᚻᚩᛒᛒᛁᛏ

ᚩᚾ:ᚳᚩᛗᛈᛁᛚᛖᛞ·ᚠᚱᚩᛗ·ᚻᛁᛋ ᛗᛖᛗᚩᛁᚱᛋ·ᛒᚣ·ᛁ·ᚱ·ᚱ·ᛏᚩᛚᚴᛁᛖᚾ:

ᚪᚾᛞ·ᛈᚢᛒᛚᛁᛋᚻᛖᛞ·ᛒᚣ·ᚷᛇᚱᚷᛖ·ᚪᛚᛚᛖᚾ·ᚪᚾᛞ·ᚢᚾᚹᛁᚾ·ᛚᛏᛞ:

The Hobbit, or There and back again, being the recor-
d of a years journey made by Bilbo Baggins of Hobbiton. Compiled from his own memoirs by J. R. R. Tolkien
and published by Georg Allen and Unwin Ltd.

- Die letzte Runeninschrift, die hier behandelt werden soll, ist die Inschrift auf Balins Sarkophag (LotR I 333; HdR I 387), die Tolkien selbst in heutigem Englisch so wiedergibt:

BALIN
SON OF FUNDIN
LORD OF MORIA

Die hier verwendeten Runen unterscheiden sich drastisch von denen im HOB; es sind nicht mehr die im wesentlichen an die realen altenglischen Runen angelehnten Zwergrunen (bzw. Mondrunen), sondern Tolkiens eigene Kreation, die er hier als «Daeron's runes» bezeichnet (LOTR I 334). Sie entsprechen den Tafeln der Angerthas (s. o.) im LOTR III 402 f., so daß sich die Inschrift «in der Sprache der Elben und Menschen» wie folgt wiedergeben läßt (die Bögen über zwei Buchstaben bedeuten, daß sie zusammen nur eine «Rune» darstellen):

Balin

Fundinul

UzbadKhazad-Dūmu

BalinSonovFundinLordovMoria

Diese runenähnlichen Zeichen der Angerthas hat Tolkien sonst aber nicht verwendet. Es ist im übrigen angesichts der historischen Runenentwicklung sehr untypisch, das in Wirklichkeit zu 16 Runen vereinfachte Runenalphabet der Wikingerzeit (trotz der Zusätze des angelsächsische Fuþorc) in ein Alphabet mit über 58 Zeichen zu erweitern, wie es auf den Tafeln der Angerthas zu finden ist.

Es sei daher zusammenfassend nochmals betont, daß Tolkiens Verwendung von Runen sehr uneinheitlich ist: von den dem altenglischen Runenalphabet nahestehenden und daher relativ leicht lesbaren Zwergenrunen im Hob ist er den für ihn wohl folgerichtigen, für uns aber nur schwer nachvollziehbaren Weg zu einer so komplizierten und historisch weitgehend unfundierten Zeichenreihe wie der Angerthas im Lotr gegangen.

10. Kapitel

Motive aus der germanischen Mythologie und Heldensage

Der Eine Ring

Als die Götter Odin, Thor und Loki den Tod Otrs sühnen wollen, müssen sie seinem Vater Hreiðmarr und seinen Brüdern Reginn und Fáfnir einen Otternbalg voller Gold geben. Dieser wird auf seine Füße gestellt und muß nochmals mit Gold überschüttet werden, bis nichts mehr von ihm zu sehen ist. Am Ende schaut immer noch ein Schnurbarthaar heraus, das Odin schließlich mit einem Ring bedeckt – dem Ring der Nibelungen. Dieser Ring heißt hier noch Andvaranaut und hatte zuvor dem Zwerg Andvari gehört, bis ihn Loki samt dem Gold stahl. Daher hatte der Zwerg den Ring verflucht: er werde jedem den Tod bringen, der ihn oder das Gold besäße. (*Völsunga saga* Kap. 15).[73]

Dieser Ring ist sicherlich der berühmteste in der europäischen Sagengeschichte, die Erzählung der *Völsunga saga* mit Odin, Thor und Loki als Akteuren haben ihn zudem in mythologische Sphären gehoben. Wenn Tolkien also den Kommentar seines schwedischen Übersetzers «Der Ring ist gewissermaßen der Nibelungenring» folgendermaßen kommentiert: «Both rings were round, and here the resemblance ceases» («Beide Ringe waren rund, und hier endet die Gemeinsamkeit»), dann ist das eine ganz bewußte Abwertung seiner Quelle oder auch ein Herausstreichen der enormen Unterschiede zwischen dem Ring der Nibelungen und dem Ring im LOTR.

Das zentrale Motiv im LOTR ist zweifellos dieser Ring, der die 16 anderen beherrscht. Die älteste Vorgeschichte des Rings wird im SILM im *Akallabêth. The Downfall of Númenor* und in *Of the Rings of Power and the Third Age* gegeben, wo die 7 Ringe und die 9 und der sie kontrollierende Eine Ring behandelt werden; die Auffindung dieses Rings durch Bilbo findet sich dann im HOB. Die Genialität Tolkiens, der ja den LOTR bei der Abfassung des HOB noch nicht konzipiert hatte, zeigt sich daran, wie er aus dem nicht sonderlich zentralen Motiv des Rings im Hob ein zentrales Element im LotR schuf: Durch den Auftrag des Ringträgers Frodo zieht es sich durch die ganze Trilogie. Die Macht des Rings ist allgegenwärtig und führt auch noch zu einem dramatischen Moment der letzten Spannung im LotR III, als Frodo und Gollum im Mount Doom um den Ring kämpfen – der letztere, um ihn im Interesse der Menschen und anderer wohlmeinender Wesen zu vernichten.

In der germanischen Mythologie spielen zwei Ringe eine wesentliche Rolle. Von geringerem Einfluß auf Tolkien war der Ring Draupnir, eines der Götterattribute des Gottes Odin. Jede neunte Nacht tropfen von diesem Armring Odins weitere acht gleichschwere Ring ab, er ist also unter anderem ein Mittel zur Vergrößerung des Reichtums der Götter. Der Name Draupnir bedeutet «Tropfer» und ist so durchsichtig, daß er wohl eine erst wikingerzeitliche Bildung ist, obwohl ihn viele der isländisch-norwegischen Skalden in Umschreibungen für «Gold» verwenden. Snorri Sturluson erzählt in seiner *Edda* (*Gylfaginning 48, Skáldskaparmál 33*), daß er wie andere Götterattribute von Zwergen (die er Brokkr und Sindri nennt) geschmiedet worden sei. Eine wohl wichtige, aber für uns nicht mehr deutbare Rolle spielte dieser Ring im Mythos vom Tod und Begräbnis des Gottes Balder, wo Odin ihn seinem toten Sohn mit auf den Scheiterhaufen gibt, auf dem er verbrannt wird.

Die ursprüngliche Funktion realer Ringe in der germanischen Mythologie ist nicht ganz klar. Zum einen hat man auf die Belege für einen sog. Tempelring verwiesen, auf welchen angeblich Schwüre abgelegt worden seien. Das mag in dieser Form eine späte Erfindung sein, aber schwere Goldringe hatten wohl dennoch schon früh eine Bedeutung als Kultobjekte. Darauf weist beispielsweise der gotische, runenbeschriftete Ring von Pietroasa aus Rumänien hin, der aus der Zeit nach 400 n. Chr. stammt. Außerdem ist ein Ring auf zahlreichen kleinen Abbildungen aus der Völkerwanderungszeit, den sog. Goldbrakteaten, zu sehen, auf denen die Germanen Südskandinaviens kleine mythologische Szenen und magische Runenwörter verewigten. Ob der Ring hier, wie im Mythos von Balder, als Beweis der Macht beim Eintritt in die Jenseitswelt Hel aufgefaßt werden kann, ist unsicher; jedenfalls spielten aber solche kostbaren Goldringe als Zeichen der Macht auch bei den Germanen wie bei anderen Völkern eine Rolle.

Vom Ring Draupnir hat Tolkien nur das Element der Macht und

die Tatsache, daß andere Ringe (nämlich die abgetropften) von ihm abhängig sind, übernommen. Daß der Ring sich in der Gewalt von Sauron befand und zu einem gewissen Grad immer noch von ihm kontrolliert wird, so wie Odin der Besitzer des Ringes Draupnir ist, verweist einmal mehr auf die odinischen Züge von Sauron (darüber mehr oben im 4. KAPITEL).

Der zweite und wichtigere Ring der germanischen Vorstellungswelt ist der eingangs erwähnte verfluchte Ring Andvararnaut der Nibelungensage. Die *Völsunga saga*, die ja Tolkien schon in jungen Jahren kennengelernt hatte und die ihn mehr als andere altnordische Werke inspiriert hat, berichtet wie oben nacherzählt von diesem Ring und auch von seiner Vorgeschichte. Davon abgesehen bleibt der Ring dann aber in der *Völsunga saga* merkwürdig funktionslos und wirkt nur indirekt durch seinen Fluch, der sich durch das ganze Werk zieht, bis alle Völsungen, Nibelungen und auch Atli und seine Söhne tot sind. Ausdrücklich erwähnt wird er dabei aber kaum mehr, und schon insofern unterscheidet sich Tolkiens Ringepos ganz wesentlich von der altnordischen Saga.

Bei Tolkien wird auch die Vorgeschichte des Einen Rings im SILM ausführlichst erzählt, beginnend mit seiner Erschaffung:

Now the Elves made many rings; but secretly Sauron made One Ring to rule all the others, and their power was bound up with it, to be subject wholly to it and to last only so long as it too should last. And much of the strength and will of Sauron passed into that One Ring; for the power of the Elven-rings was very great [...] (SILM 287)	Nun schmiedeten die Elben viele Ringe; heimlich aber schmiedete Sauron den Einen Ring, der alle andren beherrschte; ihre Macht war ganz und gar an den Einen gebunden und ihm untertan und dauerte nur so lange, wie auch er dauerte. Und von Saurons Kraft und Willen ging ein großer Teil in jenen Einen Ring ein, denn auch die Elbenringe waren sehr mächtig [...] (DSILM 315 f.)

Der Ring und seine unheimliche Affinität zum Herrn der Finsternis durchdringt bei Tolkien das ganze Werk und trägt nicht unwesentlich zum düsteren Gesamteindruck bei. Der Fluch des Rings liegt wie ein Schatten über der Welt, und erst die Vernichtung des Rings hebt den Fluch auf, ohne daß die durch seine Wirkung hervorgerufenen negativen Veränderungen der Welt ungeschehen gemacht würden. Darin ist er wieder dem Ring der Nibelungen ähnlich, denn auch ohne dessen Präsenz bleibt der Untergang der Königshäuser besiegelt.

Der König im Berg

König Artus im Cadbury Hill von Sommerset in England, Kaiser Friedrich Barbarossa im Untersberg in Salzburg, Kaiser Friedrich II. im Kyffhäuser in Thüringen, Herzog Widukind in einem Hügel an der Weser, König Ólafr Geirstaðaálfr in einem Grabhügel in Geirstad (heute Geirastadir) in Norwegen: Alle diese Herrscher werden der Sage nach wiedererwartet, wenn sie gebraucht werden. Alle warten daher in ihren Bergen und Hügeln auf den Tag ihrer Wiederkunft, auch wenn wie im Falle von Friedrich Barbarossa der Bart inzwischen durch den Tisch wächst.

Der *King of the Dead* bei Tolkien im LOTR III 62 ff. ist eine deutliche Anspielung auf den Mythos vom König im Berg, umso mehr, als er und seine Schattenarmee (s. unten) das letzte Aufgebot sind, das die Schlacht auf den Pelennor Fields doch noch zugunsten von Gondor wendet. Es ist also ein Endzeitkampf, in dem dieser König der Toten antritt, um die Lebenden in einer Krisensituation zu retten, so wie es die Sage für die genannten Herrscher germanischer (und keltischer) Sagen verspricht. Einen Namen hat der *King of the Dead* im LOTR nicht, und seine Schilderung präsentiert ihn nicht als Lebenden Toten, sondern als ein furchteinflößendes Skelett in der Grabkammer im Berg:

Before him [Aragorn] were the bones of a mighty man. He had been clad in mail, and still his harness lay there whole; for the cavern's air was as dry as dust, and his hauberk was gilded. His belt was of gold and garnets, and rich with gold was the helm upon his bony head face downward on the floor. (LOTR III 60)

Vor ihm lag das Gerippe eines mächtigen Mannes. Er hatte eine Rüstung getragen, und noch lag sein Harnisch unversehrt da; denn die Luft in der Höhle war trocken wie Staub, und sein Panzer war vergoldet. Sein Gürtel war aus Gold und Granat, und reich mit Gold verziert war der Helm auf seinem knochigen Kopf, der mit dem Gesicht nach unten auf dem Boden lag. (HDR III 63 f.)

Bei Tolkien ist der König im Berg noch mit der Armee der Toten zu einem stimmigen Gesamtkomplex verknüpft, so wie in manchen Sagen der König im Berg mit einer Armee wiedererwartet wird, oder wie Odin am Weltende (den *Ragnarök*) mit seiner Armee der Toten Krieger aus den 540 Toren von Walhall zum Endkampf gegen die Monster von Utgard auszieht.

Nicht mit diesem Motiv zu verwechseln ist der *King under the Mountain.* So bezeichnet Tolkien selbst (und in Anlehnung daran dann seine Interpreten)[74] den Drachen Smaug, weil dieser unter dem Einsamen Berg den ehemaligen Schatz der Zwergenkönige bewacht. Dies hat mit dem germanischen Motiv des Königs im Berg kaum mehr etwas zu tun.

Das Schattenheer

Übrigens sind die Harier den genannten Stämmen auch an Kräften überlegen, dazu aber noch wild, und sie verstärken ihre angeborene Wildheit weiters durch Kunstgriffe und die kluge Wahl des Zeitpunkts: mit schwarzen Schilden und schwarzgefärbten Körpern [greifen sie an]; dunkle Nächte wählen sie zum Kampf aus, und schon durch die Schrecklichkeit und die Schattenhaftigkeit des Totenheers jagen sie Entsetzen ein, und kein Feind hält diesem fremdartigen und höllischen Anblick stand; denn in allen Schlachten werden zuerst die Augen besiegt.

Seit vor fast 2000 Jahren der römische Geschichtsschreiber Tacitus in seinem Buch über die Germanen auf diese Weise den germanischen Stamm der Harier (latein. *Harii*) beschrieb (*Germania*, Kap. 43), hat man diese Schilderung mit anderen Berichten über Totenheere zusammengebracht, nicht zuletzt mit den *Einheriern* der nordischen Mythologie. Diese mit den *Harii* auch sprachlich verwandten Krieger sind das Heer der Toten, der gefallenen Krieger, welche nach ihrem Tod nach Walhall zu Odin kommen und dort feiern und sich im Kämpfen üben, bis sie am Weltende an der Seite der Götter in den Kampf gegen die Mächte der Finsternis ziehen.

Dazu kommt noch das germanische Konzept des Wilden Heers, eines gespenstischen Reiterheers, das in den sog. Zwölften (also den zwölf Nächten zwischen Weihnachten und dem Dreikönigsfest) in den Winterstürmen die Gegend unsicher macht. Noch im Mittelhochdeutschen hieß die Wilde Jagd (engl. *Wild Hunt) Wuotanes her* («Wodans Heer»), und man hat nicht ohne Grund dieses

Totenheer des Volksglaubens mit dem aus Einheriern bestehenden Totenheer Odins verglichen.

Das von Aragorn beschworene Totenheer im LOTR am Ende der Schlacht auf den Pelennor Fields hat einen ähnlichen Effekt auf die Feinde wie die geschilderten Totenheere der Germanen:

> And suddenly the Shadow Host that had hung back at the last came up like a grey tide, sweeping all away before it. Faint cries I heard, and dim horns blowing, and a murmur as of countless far voices: it was like the echo of some forgotten battle in the Dark Years long ago. Pale swords were drawn; but I know not whether their blades would still bite, for the Dead needed no longer any weapon but fear. None would withstand them. (LOTR III 152)

> Und plötzlich rollte das Schattenheer, das zuletzt zurückgeblieben war, wie eine graue Flut heran und fegte alles vor sich weg. Schwache Schreie hörte ich, und undeutlich Hörner blasen, und ein Murmeln wie von unzähligen fernen Stimmen: es war wie das Echo irgendeiner vergessenen Schlacht in den Dunklen Jahren vor langer Zeit. Bleiche Schwerter wurden gezogen; und ich weiß nicht, ob ihre Klingen noch scharf waren, denn die Toten brauchten keine anderen Waffen mehr als Furcht. Keiner wollte ihnen Widerstand leisten. (HDR III 169 f.)

Tolkien hat sich meines Wissens nie ausführlicher zu der Herkunft des *Shadow Host* oder *Grey Host* geäußert, aber daß ihm sowohl die Beschreibung der *Harii* als auch die der Einherier bei Snorri in der Prosa-*Edda* bekannt waren, ist klar, und die Parallelen sind eindeutig. Ein besonders gelungener Zug bei Tolkien ist die Verbindung zwischen dem Totenheer der Einherier, die am Jüngsten Tag die Götter im Kampf unterstützen werden, mit dem ebenfalls endzeitlichen Motiv von der Wiederkunft des Königs im Berg. Diese Verbindung findet sich in der mittelalterlichen Literatur in dieser Form noch nicht (oder nur in Verbindung mit Odins Totenheer), hat aber eine innere Logik.

Das zerbrochene Schwert

Das zerbrochene und wiedergeschmiedete Schwert Narsil im LOTR ist eine Motiv, das ganz deutlich auf das Schwert Gram der altnordischen *Völsunga saga* verweist.

Aragorns Schwert hieß laut Tolkien ursprünglich Narsil und war vom Zwergenschmied Telchar geschmiedet worden. Es war das Schwert Elendils und zerbrach in der Schlacht von Dagorlad gegen Sauron am Ende des zweiten Zeitalters (SILM 294). Erst in Rivendale konnte es durch die Elben von Celbrimbor neu geschmiedet werden; danach wird es Andúril genannt. Im LOTR wird mehrfach die Geschichte dieses Schwerts erwähnt, zuerst im Zusammenhang mit seinem Zerbrechen und der Gewinnung des Rings durch Isildur:

For the Spear of Gil-galad and the Sword of Elendil, Aiglos and Narsil, none could withstand. I beheld the last combat on the slopes of Orodruin, where Gil-galad died, and Elendil fell, and Narsil broke beneath him; but Sauron himself was overthrown, and Isildur cut the Ring from his hand with the hilt-shard of his father's sword, and took it for his own. (LOTR I 256)

Denn dem Speer von Gil-galad und dem Schwert von Elendil, Aiglos und Narsil, konnte niemand widerstehen. Ich sah den letzten Kampf auf den Hängen des Orodruin, wo Gil-galad starb und Elendil fiel und Narsil unter ihm zerbrach; doch Sauron wurde überwältigt, und Isildur schnitt den Ring von seiner Hand mit dem geborstenen Heft vom Schwert seines Vaters und nahm ihn für sich.(HDR I 296)

Genauer wird auf das Schwert kurz darauf eingegangen, wenn von seiner Neuentstehung die Rede ist:

But doom and great deeds are indeed at hand. For the Sword that was Broken is the Sword of Elendil that broke beneath him when he fell. It has been treasured by his heirs when all other heirlooms were lost; for it was spoken of old among us that it should be made again when the Ring, Isildur's Bane, was found. (LOTR I 260)

Doch das Ende und große Taten stehen wahrlich bevor. Denn das geborstne Schwert ist das Schwert Elendils, das unter ihm zerbrach, als er fiel. Es ist von seinen Erben wie ein Schatz gehütet worden, als alle anderen Erbstücke verlorengingen; denn seit alters her geht bei uns die Rede, daß es wieder neu geschmiedet werden soll, wenn der Ring, Isildurs Fluch, gefunden ist. (HDR I 300 f.)

Während des *Council of Elrond* (Rat von Elrond) wird das Schwert von Elben neu geschmiedet, ohne daß wir erfahren, wer der Schmied ist:

The Sword of Elendil was forged anew by Elvish smiths, and on its blade was traced a device of seven stars set between the crescent Moon and the rayed Sun, and about them was written many runes; for Aragorn son of Arathorn was going to war upon the marches of Mordor. Very bright was that sword when it was made whole again; the light of the sun shone redly in it, and the light of the moon shone cold, and its edge was hard and keen. And Aragorn gave it a new name and called it Andúril, Flame of the West. (LOTR I 290)

Elendils Schwert wurde von Elben-Schmieden neu geschmiedet, und auf seiner Klinge wurden als Sinnbild sieben Sterne zwischen der Mondsichel und der strahlenden Sonne eingraviert, und darüber standen viele Runen. Denn Aragorn, Arathorns Sohn, zog in den Krieg im Grenzgebiet von Mordor. Sehr hell strahlte das Schwert, als es wieder heil war; das Licht der Sonne schien rötlich auf ihm und das Licht des Mondes kalt, und seine Schneide war hart und scharf. Und Aragorn gab ihm einen neuen Namen und nannte es Andúril, Flamme des Westens. (HDR I 336 f.)

Der Kontext des Schwerts in der *Völsunga saga* ist natürlich nicht derselbe wie im LOTR, dennoch sind das Zerbrechen des Schwerts in einer Entscheidungsschlacht und das Wiederschmieden durch den nachgeborenen Erben des Königshauses sehr ähnlich: Zuerst wird Sigurds (d.i. Siegfrieds) Vater Sigmund in der Schlacht getötet, weil Odin ihm die Hilfe aufkündigt und selbst das Schwert zerbricht; sterbend trägt Sigmund seiner Schwester Hjördis auf, die Teile des Schwerts für ihren gemeinsamen Sohn Sigurd aufzubewahren:

[...] da kam ein Mann in die Schlacht mit einem tiefhängenden Hut und einem schwarzen Kapuzenmantel. Er war einäugig und hielt einen Speer in seiner Hand. Dieser Mann trat König Sigmund entgegen und erhob den Speer gegen ihn. Als König Sigmund fest drauf einschlug, traf das Schwert den Speer so, daß er davon in zwei Teile zerbrach. Dann wandte sich das Kriegsglück [...] (Kap. 11)

«Paß auch gut auf die Teile des Schwerts auf: Daraus wird ein gutes Schwert gemacht werden, es soll Gram heißen, und unser Sohn wird es tragen und damit viele Großtaten vollbringen.» (Kap. 12)

Das Schwert wird dann von Sigurd mit Hilfe Reginns neugeschmiedet und hilft Sigurd, den Drachen ebenso zu töten wie Reginn selbst und schließlich Rache zu üben.

Sigurd sprach: «Haben wir richtig erfahren, daß dir König Sigmund das Schwert Gram in zwei Stücken übergeben hat?» Sie sagte: «Das stimmt.» Sigurd sagte: «Übergib es mir, denn ich will es haben.» Sie sprach, er werde sich wahrscheinlich auszeichnen, und übergab ihm das Schwert. Sigurd suchte nun Reginn auf und hieß ihn aus den Stücken ein Schwert machen. Reginn wurde zornig, aber ging mit den Schwertstücken in die Schmiede und dachte, Sigurd sei in der Schmiedekunst übereifrig. Er machte aber nun ein Schwert, und als die Schmiedegesellen es von der Esse hinaustrugen, schien ihnen, als ob ein Feuer von den Schneiden brannte. Reginn hieß nun Sigurd das Schwert nehmen und meinte, er verstünde es nicht, ein Schwert zu schmieden, wenn dieses nicht tauge. Sigurd hieb nun auf den Amboß und spaltete ihn bis zum Fuß, und es brach und barst nicht. Er lobte das Schwert sehr und ging mit einer Wollocke zum Fluß, und warf sie gegen den Strom, und sie teilte sich, als sie auf das Schwert traf. Da ging Sigurd froh heim. (Kap. 15[75])

Außer in der *Völsunga saga* gibt es noch andere ähnliche Szenen vom Neuschmieden eines Schwertes in der altnordischen Literatur. Die berühmteste ist die in der *Gísla saga*, wo ebenfalls ein Schwert über mehrere Generationen weitergereicht wird. Allerdings wird aus dem zerbrochenen Schwert Grásida «Grauseite» dann ein Speer geschmiedet, was zum Tod mehrerer Menschen führt:

Darauf versetzte Gisli dem Knecht [dem eigentlichen Besitzer des Schwerts] mit Grásida einen solchen Schlag auf den Kopf, daß das Schwert davon entzweibrach und der Schädel brach. (*Gísla saga Súrssonar*, Kap. 1)

Nun wurden die Teile des Schwerts Grásida hervorgeholt, welche Thorkell bei der Aufteilung des Besitzes auf die Brüder zugefallen waren, und Thorgrim schmiedete daraus eine Speerspitze, so daß er am Abend fertig war. Es standen magische Zeichen drauf. (Kap. 11)[76]

Interessant ist aber auch die Beschreibung der neugeschmiedeten Klinge bei Tolkien. Derartige Schwerter mit Runen sind nämlich durchaus bekannt; gerade ein einschneidiges Kurzschwert, ein sog. Sax, aus der Themse weist eine ganze englische Runenreihe mit 28 Zeichen auf. Aber Gestirnssymbole in Verbindung mit Runen kennen wir von germanischen Schwertern nicht. Dagegen findet sich diese Kombination sehr wohl auf einer anderen Gattung eisenzeitlicher und völkerwanderungszeitlicher Waffen, nämlich breiten Lanzenblättern. Auf ihnen finden sich der Name der Waffe ebenso

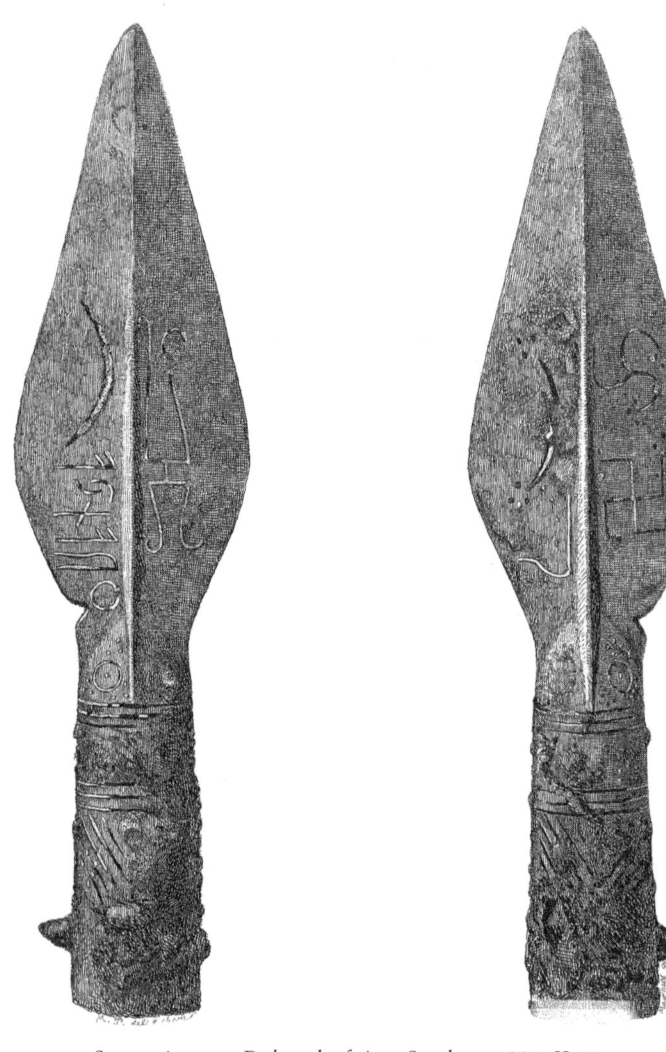

Speerspitze von Dahmsdorf. Aus: Stephens 1886, II, 880.

wie die Symbole für Sonne und Mond und andere, noch nicht gedeutete Zeichen, was etwa der Schilderung der *Gísla saga* entsprechen könnte. Nachdem die ersten Abbildungen dieser Lanzenspitzen seit 1887 veröffentlich waren[77], kann es sehr gut sein, daß Tolkien sie gekannt hat, oder er ist einfach der Schilderung der *Gísla saga* gefolgt. Noch dazu hatte eine der gefundenen Speerspitzen (aus Dahmsdorf in Brandenburg) Aufnahme in die damals monumentalste Edition von Runeninschriften in England gefunden und war durch die Abbildung darin den Gelehrten dieser Zeit wohl gut bekannt.[78] Auch auf diesem Speerblatt sind neben den Runen zwei Mondsymbole, daneben Triskele («Dreifuß») und Hakenkreuz zu sehen, auf anderen mitunter sogar mehrere Sonnensymbole.

Die Form der Waffendekoration hat Tolkien also nicht einfach erfunden, sondern auf tatsächliche Gewohnheiten bei germanischen Völkern, in diesem Fall im 3. oder 4. Jahrhundert n. Chr., zurückgreifen können. Er erwähnt übrigens nicht, welche Runen auf Andúril eingeritzt sind; die germanischen Lanzenblätter trugen in Runen ihre Namen wie Ranja «Anrenner» oder RaunijaR «Erprober» oder Tilarids «Zielreiter».[79]

Man hat das Schwert Narsil/Andúril auch mit König Artus' Schwert Excalibur verglichen[80], aber außer der wunderbaren Schneide, die es auch durch Stein und Eisen hauen läßt – und das gilt auch für das Schwert Gram –, haben die beiden Schwerter nicht viel gemeinsam. Die Wurzel für das königliche Schwert im LOTR liegt eindeutig in der *Völsunga saga*, wo Gram ja ebenfalls eine ganz wichtige Rolle in der Genealogie der Völsungen spielt.

Die Verehrung der Götter ohne Tempel

Schon Tacitus hatte in seiner bereits erwähnten Beschreibung Germaniens (*Germania,* 98 n. Chr.) berichtet, daß die Germanen anscheinend keine Tempel hatten, sondern die Götter unter freiem Himmel oder wenigstens nur in Heiligen Hainen verehrten. Dies war für ihn das Beispiel einer natürlicheren, durch weniger Rituale und Zwänge als der römische Staatskult behafteten Religiosität, auch wenn er andernorts so grausame Riten der Barbaren wie das Menschenopfer durchaus tadelte.

Auch Tolkien scheint – wohl durchaus in Kenntnis der Stelle bei Tacitus – diese Ansicht über eine Religion ohne Tempel als die ursprünglichere oder natürlichere Religion zu teilen, wie wir seiner Beschreibung des Heiligtums in Númenor entnehmen können:

Of old the chief city and haven of Númenor was in the midst of its western coasts, and it was called Andúnië because it faced the sunset. But in the midst of the land was a mountain tall and steep, and it was named the Meneltarma, the Pillar of Heaven, and upon it was a high place that was hallowed to Eru Ilúvatar, and it was open and unroofed, and no other temple or fane was there in the land of the Númenóreans. At the feet of the mountain were built the tombs of the kings. (SILM 261)

Die alte Hauptstadt, zugleich der Hafen von Númenor, lag an der Westküste, und sie hieß Andúnië, weil sie dem Sonnenuntergang zugekehrt war. Inmitten des Landes aber ragte ein hoher und steiler Berg auf, welcher der Meneltarma hieß, der Himmelspfeiler, und auf dem Gipfel war eine Stätte, die Eru Ilúvatar geweiht war, offen und ohne Dach; andre Tempel oder Heiligtümer gab es im Land der Númenórer nicht. Am Fuß des Berges wurden die Grabmäler der Könige erbaut. (DSILM 287)

An dieser Stelle ist auch von einer Himmelssäule (*pillar of heaven*) die Rede, die ihre Wurzeln ebenfalls in der germanischen Vorstellungswelt hat. Dort ist eine solche Weltensäule in Form der altsächsischen *Irminsûl* («riesige Säule») belegt, die als Heiligtum der Sachsen beschrieben wird und von Karl dem Großen auf dem Eroberungszug des Jahres 772 zusammen mit einer Befestigung zerstört wird. Ob diese Irminsûl etwas mit dem germanischen Pfahlkult (also mit Holzgötzen in menschlicher oder in nicht menschlicher Gestalt) zu tun hat oder mit der nordischen Vorstellung eines Weltenbaums, ist nicht sicher. Schon die Römer errichteten in den Rheinprovinzen enorm hohe Steinsäulen in einer gallo-romanischen Ausprägung des Jupiterkults, die sog. Jupitergigantensäulen. Allerdings ist die germanische Verehrung von Pfählen und bis zu 5 m hohen Holzgötzen bis zurück in die älteste germanische Periode in der vorrömischen Eisenzeit gut belegt. Diese Interpretation von Irminsûl ist schon lange gut bekannt und kann von Tolkien in den gängigen Handbüchern zur germanischen Religion leicht aufgegriffen worden sein.

Die Zahl Neun

In der germanischen Mythologie ist die Zahl Neun die religiös und magisch wichtigste Zahl und hat darin einen ähnlichen Stellenwert wie die Sieben in der mediterranen hebräischen bis römischen Magie.

Die Neun wird von christlichen Autoren des 10. und 11. Jahrhunderts wie Thietmar von Merseburg und Adam von Bremen wiederholt in Verbindung mit germanisch-heidnischen Opferbräuchen erwähnt: alle neun Jahre finden große Opferfeiern statt, und von jeder Art männlicher Tiere und von Menschen müssen neun geopfert werden. Schon ein Runenstein des 7. Jahrhunderts aus Stentoften in Schweden nennt neun Teilnehmer (oder Opfer?) einer Opferfeier. Auch die Reste von Mythen, die wir in den *Edda*-Liedern noch fragmentarisch erkennen können, nennen wiederholt die Zahl neun in mythologischem Kontext: der Gott Heimdall hat neun Mütter, neun Nächte beträgt die Wartezeit des Gottes Freyr vor seiner Vereinigung mit der Riesentochter Gerðr (*Skírnismál* und *Þrymskviða)*, neun Unterwelten nennt die *Vafþrúðnismal*, und 900-köpfige Riesen kommen in der *Hymiskviða* vor.

Auch hier zeigt sich, wie stark Tolkien der germanischen Tradition verpflichtet ist. Wiederholt taucht die Neun als eine relevante Größe auf, vor allem in den *Nine Walkers* des LOTR. Die Zahl Neun spielt im HOB noch kaum eine Rolle, fast als ob Tolkien erst später auf die Bedeutung der Zahl in der heidnischen Vergangenheit aufmerksam geworden wäre. Im LOTR dagegen hat die Zahl schon eine zentrale Funktion: Von den neun Ringen, die den Menschen gegeben worden seien, bis zu den damit zusammenhängenden *Ring-wraiths*,

[…] the Black Riders are the Ringwraiths, the Nine Servants of the Lord of the Rings (LOTR I 232),	[…] die Schwarzen Reiter sind die Ringgeister, die neun Diener des Herrn der Ringe (HDR I 268 f.),

und schließlich den neun Mitgliedern der Company, die wiederum selbst genau den *Rings-wraiths* gegenübergestellt werden:

The Company of the Ring shall be Nine; and the Nine Walkers shall be set against the Nine Riders that are evil. (LOTR I 288–9)	Die Gemeinschaft der Ringe soll aus Neun bestehen; und die Neun Wanderer sollen es mit den Neun Reitern aufnehmen, die böse sind. (HDR I 335).

Auch sonst will scheinen, daß Tolkien nunmehr von der Rolle der Neun stärker beeinflußt war: wiederholt ist von der Zeitspanne von neun Tagen oder neun Jahren die Rede, oft genug im Zusammenhang mit Bilbo auch von 99 Jahren, so daß der Symbolwert der Zahl (vor allem im Vergleich zum HOB) im LOTR stark hervortritt. Im SILM schließlich wird die Zahl Neun ganz entsprechend ihrer Rolle in der germanischen Religion wiederholt in mythologischem Kontext eingesetzt: Ursprünglich gab es neun Valar, die Geschichte der neun Ringe (und der *Ring-wraiths*) wird auch behandelt, und die Ankunft Elendils in Middle-earth mit neun Schiffen ist ebenso symbolträchtig:

Nine ships there were: four for Elendil, and for Isildur three, and for Anárion two. (SILM 280)	Neun Schiffe waren es: vier für Elendil, für Isildur drei und für Anárion zwei. (DSILM 307)

Es will also scheinen, als hätte Tolkien durch die Verwendung dieser Zahl bewußt oder unbewußt versucht, dem LOTR einen zusätzlich heidnisch-archaischen Anstrich zu geben. Denn ihm war sicherlich klar, daß die Sieben als magische Zahl eben nicht germanischer Herkunft war, obwohl sie wie die Drei bei Tolkien oft genug auch als Symbolzahl verwendet wird:

Tall ships and tall kings
  Three times three,
What brought they from the foundered land
  Over the flowing sea?
Seven stars and seven stones
  And one white tree. (Lotrii202)

Hohe Schiffe, hohe Herrscher,
  Drei mal drei,
Was brachten sie aus versunkenem Land
  Über das flutende Meer?
Sieben Sterne und sieben Steine
  Und einen weißen Baum. (HdRii 232)

Wiedergänger, «Grabunholde» (barrow-wights)

Barrow-wights sind laut Tolkien «Creatures dwelling in a ‹barrow› (grave-mound) [...] It is an invented name» (NOM 160); «Geschöpfe, die in einem Grabhügel hausen [...] Es ist ein erfundener Name.» (Ü.: R. S.). Zwar ist der englische Name, der bewußt altertümlich klingen soll (weder *barrow* «Grabhügel» noch *wight* «Wicht» sind im heutigen Englischen sehr geläufig), tatsächlich erfunden und stammt keineswegs aus den skandinavischen Sprachen, aber das Konzept dahinter ist aus der altnordischen Literatur der Sagas bestens bekannt. Alte Grabhügel aus der Wikingerzeit oder Bronzezeit dachte man sich nämlich als von den dort bestatteten Kriegern «bewohnt», und diese «lebendigen Leichen» oder «Hügelbewohner» (altnord. *haug-búar*) waren durchaus in der Lage, ihren Grabhügel gegen Grabräuber zu verteidigen. Davon handeln zahlreiche Geister- oder Wiedergängergeschichten in der altnordischen Literatur, denn natürlich gelingt es erst dem Helden, diesen gefährlichen und gewalttätigen Hügelbewohnern mit seiner Kraft oder Geschicklichkeit den Garaus zu machen. Tolkien kannte diese Geschichten mit Sicherheit und hat seine *barrow-wights*[9] nach diesem Vorbild geschaffen.

Gold was piled on the biers of dead kings and queens; and mounds covered them, and the stone doors were shut; and the grass grew over all. Sheep walked for a while biting the grass, but soon the hills were empty again. A shadow came out of dark places far away, and the bones were stirred in the mounds. Barrow-wights walked in the hollow places with a clink of rings on cold fingers, and gold chains in the wind. (LOTR I 141)

Gold wurde auf den Bahren toter Könige und Königinnen aufgehäuft; und Erdhügel deckten sie, und die Steintore wurden geschlossen; und das Gras wuchs über allem. Schafe zogen eine Weile darüber hin und weideten dort, aber bald waren die Hügel wieder verlassen. Ein Schatten kam von weither aus dunklen Orten, und die Ruhe der Gebeine in den Erdhügeln wurde gestört. Grabunholde gingen in den Gewölben um, Ringe klirrten an kalten Fingern und goldene Ketten im Wind. (HDR I 165 f.)

Obwohl die *barrow-wights* im HOB noch nicht vorkommen, hatte Tolkien das Wort schon lange vor dem LOTR erfunden, denn es taucht bereits in seinem 1934 erschienenen Gedicht *Tom Bombadil* auf:

You had forgotten Barrow-wight dwelling in the old mound
up there on hill-top with the ring of stones round.
He's got loose again. Under earth he'll take you.
Poor Tom Bombadil, pale and cold he'll make you! (BOM 13).

Der Eärendil-Mythos

Die Geschichte von Eärendil (im Common Speech: *Halfelven* «Halbelben») spielt im LOTR nur eine recht untergeordnete Rolle und hat keinerlei strukturelle Bedeutung für das Werk. Sie ist aber ein Beispiel dafür, wie Tolkien auch eine nur kleine Anekdote aus der germanischen Mythologie, die sein Interesse erweckt hatte, in sein Werk einbauen konnte, und zwar einzig und allein aus Lust an der Bewahrung und Ausgestaltung eines Motivs, das auch nur ganz kurz und fragmentarisch in den mittelalterlichen Quellen bewahrt ist.

In der *Edda* des Snorri Sturluson wird der Mythos von Aurvandill (wie er auf Altnordisch heißt) vom Gott Thor der Frau des Aurvandill, Gróa, erzählt: Thor habe Aurvandill auf dem Rücken in einem Korb über einen Fluß getragen, aber eine Zehe sei vorgestanden und abgefroren; diese habe Thor in den Himmel geworfen und daraus den Stern geschaffen, der «Aurvandils Zeh» heißt (altnord. *Aurvandils tá*). Wie bei einer anderen Geschichte über die Entstehung eines Sterns aus den Augen des Riesen Thjazi hat Snorri diese Geschichte wohl weitgehend selbst erfunden. Aber es ist eine Tatsache, daß schon im Altenglischen der Morgenstern als *Earendil* bezeichnet wurde und selbst im Alt- und Mittelhochdeutschen (*Orentil, Orendel*), Langobardischen (*Auriwandalo*) und im mittelalterlichen Latein (*Horwendillus*) taucht der Name meist als Name von Helden auf. Der ursprüngliche Hintergrund des Mythus um den Sternennamen ist nicht mehr faßbar, und so konnte Tolkien ebenso wie Snorri Sturluson im Mittelalter seine eigene Mythengeschichte dazu schaffen: Eärendil ist bei Tolkien der Sohn von Tuor, der den Fall Gondolins überlebte (SILM 242 f.) und später Elwing heiratete. Er wird als «The Mariner» von den Valar in das Himmelsschiff Vingilot gesetzt, das den Silmaril von Beren und Lúthien über den Himmel trägt. So wird er zu einem Stern, der über die Wälle des Himmels wacht (SILM 254 f.) und als Abendstern betrachtet wird, von den Elben verehrt (LOTR I 380).

So rätselhaft die mittelalterlichen Mythenreste sind, so rätselhaft bleibt die Geschichte auch bei Tolkien. Daß er die Erklärung von der Erschaffung des Sterns aus der nordischen Mythologie, den Namen selbst aus der mittelenglischen Literatur (genauer dem *Crist* des Cynewulf)[82] und die Deutung von Eärendil als Seefahrer aus dem mittelhochdeutschen Gedicht *Orendel* entnommen hat, zeigt nur einmal mehr, wie sehr ihn die Stoffreude auch bei einer so nebensächlichen Episode antrieb.

Herrscherhochsitze, «Throne» (High Seats)

Die Hochsitze der Herrscher, ob nun mythologischer (wie im Falle von Manwë) oder irdischer (wie der Könige von Rohan), sind ein Zug, der zwar nicht aus der germanischen Mythologie, aber jedenfalls aus der germanischen Vorzeit stammt. Solche Hochsitze waren Bestandteil nicht nur der fürstlichen Hallen, sondern auch jeden größeren Bauernhofs, und es war der Platz des Hausherrn. Die deutsche Übersetzung «Throne» ist somit irreführend.

Wenn Théoden ahnend voraussieht, daß «Fire shall devour the high seat» (LOTR II 120; «Feuer wird den Thron verzehren»: HDR II 136), dann steht hier der Hochsitz für das ganze Gebäude, ja für das ganze Land. Solche kosmologische Bedeutung mag in den Hochsitzsäulen der nordischen Tradition durchaus mitgemeint sein, wenn man Götterbilder einschnitzte, an ihnen teure Gaben zu hohen Festen niederlegte oder sie bei der Umsiedlung sogar ausgrub und mitnahm, um damit ein neues Heim zu begründen.

Es wurde schon oben im Kapitel über Odin davon gesprochen, daß Tolkien den Begriff *high seat* häufig auch anders gebraucht, nämlich in dem übertragenen Sinn, daß ein Göttersitz oder «Hochsitz der Götter» gleichzeitig auch ein Aussichtspunkt sein kann, ein Platz, von dem (in übernatürlicher Weise) die Welt überblickt werden kann. Auch diese Bedeutung ist in der altnordischen Literatur, besonders den *Edda*-Liedern, zu finden, aber bei Tolkien überdeckt sie oft genug die ursprüngliche Funktion als Götterthron. In manchen Fällen ist offenbar eine natürliche Formation auf einem Berg geradezu zur Aussichtswarte umgedeutet, die keine übernatürlichen Züge mehr aufweist, wie etwa der *high seat*, auf den Aragorn sich setzt, als er das Horn Boromirs am Beginn des LOTR II 15 erklingen hört.

Wenn allerdings gerade bei der Halle der Könige von der Mark von einem Hochsitz die Rede ist und Tolkien damit auf skandinavische Gebräuche der Völkerwanderungszeit und Wikingerzeit Bezug nimmt, dann ist das kein Zufall. Die Rohirrim sind in vielem am ehesten der altskandinavischen Bevölkerung angeglichen, auch wenn das für ihre Sprache verwendete Altenglische eher auf England verweisen mag. Aber nicht nur Bewaffnung und Sitten, sondern besonders auch die Architektur ihrer Stadt Edoras weist auf Skandinavien als Vorlage für ihre Beschreibung hin:

The hall was long and wide and filled with shadows and half lights; mighty pillars upheld its lofty roof. But here and there bright sunbeams fell in glimmering shafts from the eastern windows, high under the deep eaves. Through the louver in the roof, above the thin wisps of issuing smoke, the sky showed pale and blue. As their eyes changed, the travellers perceived that the floor was paved with stones of many hues; branching runes and strange devices intertwined beneath their feet. They saw now that the pillars were richly carved, gleaming dully with gold and half-seen colours. Many woven cloths were hung upon the walls, and over their wide spaces marched figures of ancient legend, some dim with years, some darkling in the shade. (LOTR II 116)

Die Halle war lang und breit und von Schatten und Halblicht erfüllt; mächtige Säulen trugen das hohe Dach. Doch hier und dort fielen helle Sonnenstrahlen in schimmernden Bündeln durch die östlichen Fenster hoch unter dem breiten Dachgesims. Durch den Rauchabzug im Dach schimmerte über den dünnen aufsteigenden Rauchschwaden der Himmel blaß und blau. Als sich ihre Augen an das Dämmerlicht gewöhnt hatten, bemerkten die Reisenden, daß der Fußboden mit vielfarbigen Steinen gepflastert war; verästelte Runen und seltsame Sinnbilder verflochten sich unter ihren Füßen. Jetzt sahen sie auch, daß die Säulen reich geschnitzt waren und matt glänzten in Gold und nur halb erkannten Farben. Viele gewebte Decken waren an den Wänden aufgehängt, und auf ihren weiten Flächen ergingen sich Gestalten der alten Sage, einige im Laufe der Jahre verblaßt, einige im Schatten nachgedunkelt. (HDR II 131)

Zwar sind die hohen Fenster oder der gepflasterte Boden in einer solchen eisenzeitlichen oder frühmittelalterlichen Halle ein Anachronismus, aber der Rest der Beschreibung paßt gut zu den Vorstellungen, die man von altskandinavischen Hallenbauten auch heute noch hat, denn auch dort hatte man schon früh bis zu 40 m lange mächtige Holzhallen errichtet, an deren Langseiten im Norden die Hochsitze zu finden waren.

Beorn's Hall. Bleistift- und Tuschezeichnung von J.R.R. Tolkien.

Daß bei den Königen der Rohirrim noch dazu das Pferd eine überragende Rolle spielt, welches auch für die Bevölkerung Skandinaviens im 1. Jahrtausend eine außerordentlich wichtige Rolle in Kult und täglichem Leben hatte, rundet das Bild zusätzlich ab: die Rohirrim sind, obwohl die Zwerge die echten altnordischen Namen tragen, trotz allem die offensichtlichste Materialisierung altskandinavischer Kultur im Werke Tolkiens.

Bärtige und bewaffnete Wikinger auf dem Bildstein von Sanda, Gotland (11. Jhdt.).

Anmerkungen

Einleitung

1 Z. B. Tyler: The New Tolkien Companion.
2 Jan de Vries, Altgermanische Religionsgeschichte, Bd. 1.

1. J. R. R. Tolkien: Der Mittelalterforscher als Romanautor

3 Bryce: The Influence, 113.
4 Carpenter: J. R. R. Tolkien, 97, verweist, wie so oft ohne Angabe der Quelle, darauf, daß 1917 Edith in einem Wald für ihren Mann getanzt habe – so wie Beren im SILM Lúthien in den Wäldern von Neldoreth im Mondschein beim Tanzen sieht (SILM 165).
5 Bryce: The Influence, 113. – Isländisch *kolbítr* (Pl. *kolbítar*) ist ein in der altnordischen Literatur weitverbreiteter Typ eines problematischen Helden, der zuerst eine Art Aschenbrödeldasein führt. Er verbringt seine Kindheit als Nichtsnutz hinter dem Ofen (deswegen die Bezeichnung «Kohlenbeißer») und «entwickelt sich nur langsam, so daß er für schwachsinnig gehalten wird. Plötzlich, meist mit Anbruch des Mannesalters, wird er dann aber zum großen Helden, üblicherweise vom Typ des schweigsamen Einzelgängers»; vgl. Simek/Pálsson: Lexikon, 212 f.
6 Carter: Tolkiens Universum, 37 f.
7 Laut Carpenter, 69, kaufte sich Tolkien schon 1914 die wichtigsten Werke von Morris von einem Preisgeld, das er im dritten Studienjahr gewonnen hatte.
8 Tolkien benutzte höchstwahrscheinlich folgende Übersetzung: Völsunga saga: The story of the Volsungs and Niblungs, with certain songs from the elder Edda. Edited, with introduction and notes, by H. Halliday Sparling. Translation from the Icelandic by Eiríkr Magnússon (translator of «Legends of Iceland») and William Morris (author of «The Earthly Paradise»). London 1888, 38 f.
9 Day: The World of Tolkien, 12 f.
10 Krause: Die Götter- und Heldenlieder, 180.
11 Alle Übersetzungen der zitierten Ausschnitte aus Tolkiens Briefen: R. S.
12 Edda Snorra Sturlusonar 1–3, Kopenhagen 1848 – 1887; Finnur Jónsson: Snorri Sturluson, Edda, Kopenhagen 1900.

13 Die erste englische (und noch dazu unvollständige) Übersetzung erschien erst 1916 in New York, und es ist fraglich, wann Tolkien diese erstmals zu Gesicht bekam.
14 Editionen: C. Knabe, P. Herrmann: Saxonis Gesta Danorum 1–2, Hauniae 1831–57; A. Holder, Saxo Grammaticus, Gesta Danorum, Straßburg 1886; Übersetzung: The Nine Books of the Danish History of Saxo Grammaticus. Transl. by Oliver Elton, with notes by F. Y. Powell. London 1894.
15 Vgl. R. Simek: Lexikon der germanischen Mythologie. 2. Aufl., Stuttgart 1994, 87 f.

2. *Geographie und geographische Namen von Mittelerde*

16 Tolkien: The Shaping of Middle-earth, ii und iii; und: The Book of Lost Tales 1, 81 und 83.
17 Hier und im folgenden sind die in den deutschen Übersetzungen verwendeten Namen angegeben, auch wenn diese wie hier nicht immer ganz glücklich sind.
18 Vgl. Jones: Myths and Middle-earth, 84 ff.
19 Baring-Gould: Curious Myths of the Middle Ages, 261 ff.
20 Birkhan: Kelten, 839–841.
21 Vgl. Day: The World of Tolkien, 16 f.
22 erschienen in London, New York and Bombay 1906 (Erstdruck 1891]).
23 zu *Glæsisvellir* vgl. auch den Appendix von Christopher Tolkien zu *Hervarar saga ok Heiðreks konungs*, 84–86.
24 Vgl. Jones: Myths and Middle-earth, 157 ff.

3. *Personennamen skandinavischer Herkunft*

25 Krause: Die Götter- und Heldenlieder, 16 f.
26 Die folgenden Deutungen stammen alle aus Simek: Lexikon.
27 Motz: New Thoughts, 114
28 Motz: New Thoughts, 114.
29 Carpenter, 178.
30 Vgl. dazu Hackenberg: Die Stammtafeln, und Sisam: Anglo-Saxon Royal Genealogies, 287–348.

4. *Odins Erscheinungsformen*

31 In diesen beiden Zitaten finden sich gleich zwei schlimme Übersetzungsfehler: Gandalf ist nämlich keineswegs ein kleiner alter Mann, und davon, daß Hobbits Kaffee trinken, ist hier nicht die Rede.

32 Zu Odins vielen Gestalten und Funktionen vgl. in aller Kürze: Simek: Lexikon, 302–310.
33 Vgl. dazu und auch sonst im folgenden Burns: Gandalf and Odin, 219–231.
34 Carpenter: J. R. R. Tolkien, 51.
35 Die beste Zusammenstellung der Quellen zu Odin als Zauberer finden sich in Motz: The King, 69–101.
36 On Fairy-Stories, 128.
37 J. R. R. Tolkien: The Lays of Beleriand. Edited by Christopher Tolkien. (= The History of Middle-earth 3) London 1985, 252.
38 Vgl. Tolkien: On Fairy-Stories, 128.

5. Naturmythologische Elemente

39 Carpenter, 162.
40 Vgl. dazu auch Shippey: The Road, 94–100.
41 Zum Wilden Mann vgl. bes. Bernheimer: Wild Men in the Middle Ages; zum Grünen Mann: Basford: The Green Man.
42 Schulz: Riesen, 15 und 260; vgl. auch Shippey: The Road, 119.
43 Shippey:The Road, 217 f.
44 Krause: Die Edda des Snorri Sturluson, 37.
45 Day: World 70 f.

6. Die freundlichen Mächte der niederen Mythologie

46 Shippey: Road 60.
47 Jones 39 f.; vgl. dazu die Beschreibung der Hobbits in LOTR, APX F, 404 f.
48 Shippey: Road 62 f.
49 Shippey: Road, 62.
50 Beard und Kenney: Bored of the Rings, 29.
51 Vgl. dazu auch Shippey: J. R. R. Tolkien, xv.
52 Krause: Die Edda des Snorri, 27.
53 Libermann: What happened, 257–263.
54 Zur komplexen Quellenlage für diese Geschichte vgl. Simek: Lexikon, 59–61.
55 Shippey: Road 60.

7. Die bedrohlichen Mächte der niederen Mythologie

56 Diese Frage ist ausführlich diskutiert bei Fornet-Ponse: Tolkiens Verständnis des Bösen, 222 f.

57 Vgl. dazu auch Shippey: Road 207.

58 So völlig irreführend bei Shippey: Road 297.

59 The Oxford English Dictionary, vol. 6, 638.

60 Die Herkunft beider Wörter liegt wahrscheinlich im mittelalterlichen Französischen, wobei die sprachliche Ähnlichkeit mit dem chemischen Element Kobalt im Deutschen noch zusätzlich zur «unterirdischen» Qualität des Volkes beiträgt. Warum sich der deutsche Übersetzer des LOTR nicht für das so passende Wort *Kobold*, sondern für das gänzlich ungebräuchliche *Bilwiß* (alt für «Bilder/Wunderzeichen wissend» also = Kobold, Hexe, Zauberer) entschieden hat, ist mir nicht verständlich.

61 Für Peter Jacksons Filmversion wurde übrigens die Trollgröße mit nur 10 Fuß bzw. 3,048 m festgelegt, also deutlich kleiner als bei Tolkien, der ebenfalls im LOTR II von Trollen als «über 12 Fuß groß» spricht; vgl. dazu Brian Sibley: Der Herr der Ringe. Das offizielle Filmbuch. Stuttgart 2001, 75.

62 Vgl. Simek: Erde und Kosmos im Mittelalter, 106 und 109.

8. Mythische Tiere, Fabeltiere und tierische Monster

63 V. a. im *Mundus subterraneus* («Unterirdische Welt»), Amsterdam 1664, des Jesuiten Athanasius Kircher

64 Tolkien scheint außerdem Melkor (= Morgoth) wenigstens teilweise mit Loki zu identifizieren (selbst wenn dieser auch deutliche Anklänge an Luzifer aufweist): Das bewußte Schüren eines Bruderzwists, die unverschämten Lügen, die Einflüsterungen und nicht zuletzt die Fesselung im SILM (Kap. 3 der Quenta Silmarillion) zeigen, daß Tolkien die Figur Lokis gut geläufig war. Aber dieser Gott hat mit dem Feuer nichts zu tun, auch wenn er als sehr zwielichtiger Charakter und nicht immer als Freund der anderen Götter auftritt. Vgl. Simek, Lexikon 245–250.

65 *Farmer Giles of Ham*, 20; vgl. Petzold, 99.

66 MONST 135; vgl. dazu und auch inhaltlich Petzold: «I desired dragons with a profound desire».

67 lt. Day: The World of Tolkien, 86 f.

68 «the world that contained even the imagination of Fáfnir was richer and more beautiful, at whatever cost of peril»: MONST 135.

69 Túrin war der Liebhaber seiner Schwester Nienor, ein Motiv, das so-

wohl von Kullervo, dem verfluchten Helden des finnischen Nationalepos *Kalevala,* übernommen sein kann als auch von Sigurds Eltern in der *Völsunga saga.*

9. Runenschriften

70 Alles Wissenswerte über Runen und ihren Gebrauch vor und im Mittelalter findet sich in dem Bändchen von K. Düwel: Runenkunde.

71 Inschrift von Kragehul, nach Stephens: The Old-Northern Runic Monuments, III, 133.

72 Ganz nebenbei macht sich Tolkien in der letzten Zeile auch über die Handschriftenforscher unter seinen mediävistischen Kollegen lustig, die immer versuchen, alte Handschriften möglichst exakt zu datieren, und rückt diese Versuche hier in die Nähe der Sterndeuterei.

10. Motive aus der germanischen Mythologie und Heldensage

73 *Völsunga saga*, nach Ásmundarson: *Fornaldarsögur nordrlanda* I, 115.

74 Chance Nitzsche: Tolkien's Art, 33 ff.

75 *Völsunga saga* Kap. 15, meine Übersetzung nach Ásmundarson: *Fornaldarsögur nordrlanda I*, 116.

76 *Gísla saga*, meine Übersetzung nach Þórólfsson/Jónsson: *Vestfirðinga sögur*, 6 und 37 f.

77 Vgl. dazu Krause: Runeninschriften im älteren Futhark, 74–80.

78 Stephens: Old-Northern Runic Monuments, II, 880.

79 McKinnel/Simek/Düwel: Runes, Magic and Religion, 41 f.

80 Day: The World, 170 f.

81 Die deutsche Übersetzung «Grabunholde» trifft m. E. das Wesen dieser Wiedergänger nicht richtig.

82 Carpenter 64.

Literaturhinweise

Verwendete Schriften J. R. R. Tolkiens

Tolkien, J. R. R.: The Hobbit, or: There and Back Again. London, George Allen & Unwin 1937 (zitiert nach der seitengleichen 4. Auflage von 1978): Hob

Tolkien, J. R. R.: The Fellowship of the Ring: being the first part of The Lord of the Rings. London, George Allen & Unwin 1954: Lotr i

Tolkien, J. R. R.: The Two Towers: being the second part of The Lord of the Rings. London, George Allen & Unwin 1954: Lotr ii

Tolkien, J. R. R.: The Return of the King: being the third part of the Lord of the Rings. London, George Allen & Unwin 1955: Lotr iii

Tolkien, J. R. R.: Tree and Leaf, including the poem *Mythopoeia*. With an Introduction by Christopher Tolkien. London, George Allen & Unwin, Second edition 1988 [Tree and Leaf zuerst 1964 erschienen].

Tolkien, J. R. R.: Nomenclature of The Lord of the Rings. In: Lobdell, Jared (Ed.): A Tolkien Compass. Chicago 1975, 155–201: Nom

Tolkien, J. R. R.: The Silmarillion, hrsg. von Christopher Tolkien. London, George Allen & Unwin 1977: Silm

Tolkien, J. R. R.: The Book of Lost Tales. Part 1. Ed. by Christopher Tolkien. London: George Allen & Unwin 1983 (Neuausgabe New York: Ballantine 1992) (= The History of Middle-earth 1).

Tolkien, J. R. R.: The Book of Lost Tales. Part 2. Ed. by Christopher Tolkien. London: George Allen & Unwin 1984 (= The History of Middle-earth 2).

Tolkien, J. R. R.: The Lays of Beleriand. Ed. by Christopher Tolkien. London: George Allen & Unwin 1985 (= The History of Middle-earth 3).

Tolkien, J. R. R.: The Shaping of Middle-earth. New York: Ballantine 1995 (= The History of Middle-earth 5).

The Letters of J. R. R. Tolkien. Ed. by Humphrey Carpenter and Christopher Tolkien. London 1995: Ltrs

Tolkien, J. R. R.: The Monsters and the Critics and Other Essays. Ed. by Christopher Tolkien. London 1997: Monst

Tolkien, J. R. R.: The Adventures of Tom Bombadil. London: Allen & Unwin 1962: Bom

Tolkien, J. R. R.: Farmer Giles of Ham. The Adventures of Tom Bombadil. London: Allen & Unwin 1975.

Verwendete deutsche Übersetzungen

Tolkien, J. R. R.: Der kleine Hobbit. Übersetzt von Walter Scherf. Recklingshausen: Georg Bitter 1957. Neuauflage München: dtv 1993: KHOB (Neuauflage: Der kleine Hobbit: Das Buch zum Film. München dtv 2001).

Tolkien, J. R. R.: Der Hobbit oder Hin und zurück. Übersetzt von Wolfgang Krege. Stuttgart: Klett Cotta 1998.

Tolkien, J. R. R.: Der Herr der Ringe: HDR
Erster Teil: Die Gefährten. Übersetzt von Margaret Carroux. Stuttgart: Klett Cotta 1969, 10. Aufl. 1983: HDR I
Zweiter Teil: Die Zwei Türme. Übersetzt von Margaret Carroux. Stuttgart: Klett Cotta 1972, 19. Aufl. 1992: HDR II
Dritter Teil: Die Rückkehr des Königs. Übersetzt von Margaret Carroux. Stuttgart: Klett Cotta 1986: HDR III
Vierter Teil: Herr der Ringe. Anhänge und Register. Übersetzt von Wolfgang Krege. Stuttgart: Klett Cotta 1978 (10. Aufl. 1995): ANH

Tolkien, J. R. R.: Das Silmarillion. Übersetzt von Wolfgang Krege. Stuttgart, Klett Cotta 1978, 4. Aufl. 1983: DSILM

Tolkiens wissenschaftliche Veröffentlichungen

A Middle English Vocabulary. Oxford: 1922. [Glossar zu Kenneth Sisam: Fourteenth Century Verse and Prose. Oxford 1921.]

Some Contributions to Middle-English Lexicography. In: Review of English Studies, 1,2 (1925), 210–15.

Sir Gawain and the Green Knight, ed. by J. R. R. Tolkien and E. V. Gordon. Oxford, 1925. 2. Aufl., revised by Norman Davis, Oxford, 1967. Taschenbuchausgabe 1968.

Foreword [zu:] A New Glossary of the Dialect of the Huddersfield District by Walter E. Haigh. London 1928.

Ancrene Wisse and Hali Meiðhad. In: Essays and Studies by members of the English Association 14 (1929), 104–126.

The Name »Nodens». In: Report on the Excavation of the Prehistoric, Roman, and Post-Roman Sites in Lydney Park, Gloucestershire. (= Reports of the Research Committee of the Society of Antiquaries of London. 9). London 1932, 132–137.

Sigelwara Land: Part I. In: Medium Aevum 1 (1932), 183–196.

Sigelwara Land: Part II. In: Medium Aevum 3 (1934), 95–111.

Chaucer as a Philologist: The Reeve's Tale. In: Transactions of the Philological Society (1934), 1–70.

Beowulf: the Monsters and the Critics. In: Proceedings of the British Academy, 22 (1936), 245–95.

Preface [zu] Beowulf and the Finnesburg Fragment: A Translation into Modern English Prose by John R. Clark Hall, revised by C. L. Wrenn. London 1940.

On Fairy-Stories. In: Essays Presented to Charles Williams, edited by C. S. Lewis. London 1947), 38–89.

(gemeinsam mit S. R. T. O. d'Ardenne) MS. Bodley 34: A re-collation of a collation. In: Studia Neophilologica 20 (1947–8), 65–72.

The Homecoming of Beorhtnoth Beorhthelm's Son. In: Essays and Studies by members of the English Association, New Series 6 (1953), 1–18.

Middle English «Losenger». In: Essais de Philologie Moderne (1951), 63–76. (= Bibliothèque de la Faculté de Philosophie et Lettres de l'Université de Liège, fasc. 129).

Ancrene Wisse: The English Text of the Ancrene Riwle, edited from MS. Corpus Christi College Cambridge 402. London 1962 (= Early English Text Society. 249).

English and Welsh. In: Angles and Britons. Cardiff 1963 (= O'Donnell Lectures), 1–41.

Sir Gawain and the Green Knight, Pearl, and Sir Orfeo, translated into modern English; edited and with a preface by Christopher Tolkien. London 1975.

Sekundärliteratur zu Tolkiens Werk und seinen Wurzeln

Bryce, Lynn: The Influence of Scandinavian Mythology on the Works of J. R. R. Tolkien. In: Edda 83 (1983), 113–119.

Burns, Marjorie: Gandalf and Odin. In: Carl F. Hostetter/Verlyn Flieger (Ed.): Tolkien's Legendarium. Westport/London: Greenwood 2000, 219–232.

Carpenter, Humphrey: J. R. R. Tolkien. A Biography. London: George Allen & Unwin 1977.

Carter, Lin: Tolkien: A Look behind the «Lord of the Rings». New York: Ballantine 1969 (dt.: Carter, Lin: Tolkiens Universum. Die mythische Welt des «Herrn der Ringe». München: Ullstein Heyne List 2002).

Chance Nitzsche, Jane: Tolkien's Art. ‹A Mythology for England›. London and Basingstoke: The MacMillan Press 1979.

Chance, Jane (Ed.): Tolkien and the invention of Myth: A Reader. Lexington: University Press of Kentucky 2004.

Curry, Patrick: Defending Middle-Earth. London: Harper Collins 1998.

Day, David: Guide to Tolkien's World: A Bestiary. San Diego: Thunder Bay Press 1979.

Day, David: The World of Tolkien. Mythological Sources of «The Lord of the Rings». London: Octopus 2003 (Dt.: Day, David: Tolkiens Welt. Stuttgart: Klett Cotta 2003).

Fonstad, Karen Wynn: Historischer Atlas von Mittelerde. Aus dem Amerikanischen v. Hans J. Schütz. Stuttgart: Klett Cotta 1994.

Fornet-Ponse, Thomas: Tolkiens Verständnis des Bösen. In: Inklings-Jahrbuch 20 (2002), 199–228.

Jones, Leslie Ellen: Myth and Middle-Earth. New York: Cold Spring Press 2002.

Kilby, Clyde: Mythic and Christian Elements in Tolkien. In: Inklings-Jahrbuch 1 (1983), 103–119.

Honegger, Thomas: Tolkien and Medieval Studies. In: Le Tolkieniste 1, 15–21.

Lobdell, Jared (Hrsg.): A Tolkien Compass. Chicago and La Salle: Open Court 1975 (einschließlich: Nomenclature of The Lord of the Rings).

Lobdell, Jared (Hrsg.): A Tolkien Compass. Chicago and La Salle: Open Court 2003.

Mitchell, Bruce: J. R. R. Tolkien and Old English Studies: An Appreciation. In: Proceedings of the J. R. R. Tolkien Centenary Conference 1992, ed. by Patricia Reynolds and Glen GoodKnight. Milton Keynes and Altadena: The Mythopoeic Society 1995, 206–212.

Pearce, Joseph: Tolkien. Man and Myth. London: Harper Collins 1999.

Petzold, Dieter: «I desired dragons with a profound desire». Beasts and Monsters in Tolkien's Fantasy Fiction. In: Inklings-Jahrbuch 20 (2002), 90–107.

Shippey, T. A.: J. R. R. Tolkien. Author of the Century. London: Houghton Mifflin 2000.

Shippey, T. A.: The Road to Middle-earth. How J. R. R. Tolkien created a new mythology. London: Harper Collins 1992.

Sibley, Brian: Der Herr der Ringe. Das offizielle Filmbuch. Stuttgart: Klett Cotta 2001

St. Clair, Gloriana: An Overview of the Northern Influences on Tolkien's Works. In: Proceedings of the J. R. R. Tolkien Centenary Conference 1992, ed. by Patricia Reynolds and Glen GoodKnight. Milton Keynes and Altadena 1995, 63–67.

St. Clair, Gloriana: *Volsunga Saga* and Narn: Some Analogues. In: Proceedings of the J. R. R. Tolkien Centenary Conference 1992, ed. by Patricia Reynolds and Glen GoodKnight. Milton Keynes and Altadena 1995, 68–72.

Tyler, J. E. A.: The New Tolkien Companion. London: MacMillan 1976.

«Voenix»: Tolkiens Wurzeln. Arbon: Akron Verlags AG 2002.

Texte und Übersetzungen zur germanischen Mythologie
(außer den im 1. Kapitel angeführten Quellenausgaben):

Snorri Sturluson: Edda, hg. von Finnur Jónsson, København: Gad 1900.

Edda Snorra Sturlusonar 1–3, Kopenhagen: Legatus Arnamagnæani 1848–1887

Krause, Arnulf (Üb.): Die Edda des Snorri Sturluson. Stuttgart: Reclam 1997.

Edda. Die Lieder des Codex Regius nebst verwandten Denkmälern, hg. von Gustav Neckel, Hans Kuhn: Heidelberg: Winter [5]1983.

Krause, Arnulf (Üb.): Die Götter- und Heldenlieder der Älteren Edda. Stuttgart: Reclam 2004.

Auden, W. H./Paul B. Taylor (Üb.): The Elder Edda. London: Faber and Faber 1969.

Auden, W. H./Paul B. Taylor (Üb.): Norse Poems. London: Athlone Press 1981, 2. Aufl. Faber and Faber 1983.

Hermann, Paul (Üb.): Erläuterungen zu den Ersten neun Bücher der Dänischen Geschichte des Saxo Grammaticus. Bd. 1–2, Leipzig: Wilhelm Engelmann 1901.

Sekundärliteratur zur germanischen Mythologie und Religion

Derolez, R. L. M.: Götter und Mythen der Germanen, Wiesbaden: Suchier & Englisch 1974.

Libermann, Anatoly: What happened to female dwarfs? In: Women in Northern Mythology. Studies in Memory of Lotte Motz. Wien: Fassbaender 2002, 257–263.

Motz, Lotte: New Thoughts on Dwarf-Names in Old Icelandic. In: Frühmittelalterliche Studien 7 (1973), 100–117.

Motz, Lotte: The King, the Champion and the Sorcerer. A Study in Germanic Myth. Wien: Fassbaender 1996.

Turville-Petre, E. O. Gabriel: Myth and Religion of the North, London: OUP 1964, (Reprint Westport 1975).

Schulz, Katja: Riesen. Heidelberg: Winter 2004.

Simek, Rudolf: Lexikon der germanischen Mytholgie. 2., erg. Auflage, Stuttgart: Kröner 1995 (= Kröners Taschenausgabe 368). (engl.: Simek, Rudolf: Dictionary of Northern Mythology, Cambridge 1993).

Simek, Rudolf: Religion und Mythologie der Germanen. Stuttgart: WBG 2003.

Simek, Rudolf: Götter und Kulte der Germanen. München: Beck 2004 (= Reihe Beck Wissen).

Simek, Rudolf: Der Glaube der Germanen. Kevelaer: Topos 2005.

Vries, Jan de: Altgermanische Religionsgeschichte. Berlin: DeGruyter, 3. Aufl. 1970.

Weitere verwendete Literatur

Ásmundarson, Valdimar (Hrsg.): Fornaldarsögur nordrlanda I, Reykjavík: Sigurður Kristjánsson 1891.

Baring-Gould, Sabine: Curious Myths of the Middle Ages, London: Rivingtons 1884.

Basford, K.: The Green Man. Woodbridge: Brewer 1978.

Beard, Henry N./Douglas C. Kenney: Bored of the Rings. A Parody of J. R. R. Tolkien's The Lord of the Rings. New York: Ballantines 1969.

Bernheimer, Richard: Wild Men in the Middle Ages. Cambridge, Mass.: Harvard UP 1952.

Birkhan, Helmut: Kelten. Wien: Verlag der Österr. Akademie der Wiss. 1997.

Björner, Erik Julius: Nordiska Kämpa Dater. Stockholm: Horn 1737.

Düwel, Klaus: Runenkunde, 3. Auflage Stuttgart, Weimar: Metzler 2001.

Rafn, C. C.: Fornaldar sögur Norðrlanda. Kaupmannahöfn: Popp 1830.

Ásmundarson, Valdimar: Fornaldarsögur Norðrlanda. Reykjavík: Sigurður Kristjánsson 1889–1891.

Gordon, E. V.: An Introduction to Old Norse. Oxford: OUP 1927, 2. Aufl. 1957.

Hackenberg, Erna: Die Stammtafeln der angelsächsischen Königreiche, Diss. Berlin 1918.

Kircher, Athanasius: Mundus subterraneus. Amsterdam: Joannes Jansson & Elizar Weyerstraten 1664.

Krause, Wolfgang: Die Runeninschriften im älteren Futhark. Mit Beiträgen v. Herbert Jankuhn. I. Text; II. Tafeln. (Abhandlungen der Akademie der Wissenschaften in Göttingen, Philolog.-Histor. Klasse, 3. Folge, Nr. 65). Göttingen: Vandenhoeck und Rupprecht 1965.

McKinnel, John/Rudolf Simek/Klaus Düwel: Runes, Magic and Religion: A Sourcebook. Wien: Fassbaender 2004.

Miller, Konrad: Mappae mundi. Bd. 3: Die kleineren Weltkarten. Stuttgart: Jos. Roth 1895.

Morris, William: The Story of the Glittering Plain which has been also called The Land of Living Men or the Acre of the Undying. London, New York and Bombay: Longman 1906 [Erstdruck 1891].

Simek, Rudolf: Erde und Kosmos im Mittelalter. München: Beck 1992.

Simek, Rudolf/Hermann Pálsson: Lexikon der altnordischen Literatur. Stuttgart: Kröner 1987.

Sisam, Kenneth: Anglo-Saxon Royal Genealogies. In: Proceedings of the British Academy 39 (1953), 287–348.

Stephens, George: The Old-Northern Runic Monuments of Scandinavia and England. Vol. I–IV. London: John Russell Smith/Köbenhavn: Michaelsen and Tillge 1866–1901.

The Oxford English Dictionary. Second Edition. Oxford 1989
Þórólfsson, Björn K./Guðni Jónsson (Hrsg.): Vestfirðinga sögur, Reykvavík: Hið Íslenzka fornritafélag 1943 (= IF 6)
Tolkien, Christopher: The Saga of King Heidrek the Wise. London, Edinburgh: Nelson 1960.
Wilpert, Gero von (Hrsg.): Lexikon der Weltliteratur. Band 1: Biographisch-bibliographisches Handwörterbuch nach Autoren und anonymen Werken. 2. Aufl. Stuttgart: Kröner 1975.

Register

Adam von Bremen 175
Adelard 70
Adler 77 f., 133, 139–142
Ægishjálmr 139
Ælfbeorht 111
Ælfred 111
Ættartalir 34
Afi 65
Afrika 37
Ai 59, 65
Aiglos 169
Åke Ohlmarks 33
Alar 111
Alben 106 f.
Albinnen 110, 113
Aldarion and Erendis 91
Aldor the Old 64
Alexander der Große 131
álfablót «Alben-Opfer» 110
Álfgeir 111
Álfheimr 111
Álfhild 111
Álfr 106, 111
Álfrigg 106
Alpen 54
altenglisch/angelsächsisch 40 f., 48, 58, 64 f., 71–73, 111, 148–151, 180
altnordisch/altisländisch 19, 22–34, 39–41, 45–63, 71–73, 98, 103–112, 165, 168, 171, 176–182
Alvíssmál 28, 112, 125
Aman 83
Amma 65
Amon Hen 85
Anárion 176
Andúril 22, 169 f., 173
Andvaranaut 163–165
Andvari 163
Angband 118, 135
Angelica 69
Angerthas (Cirth) 150, 153–155
Aragorn 66, 169 f.
Arathorn 170
Aros 106
Artus, König 22, 25, 166, 173
Asen 110
Asgard 84
Ashen Mountains 52
Asien 37
Atlakviða 53
Atlamál 29
Atli 17, 165
Attila 12, 29
Auden, W.H. 28, 30, 54, 90, 121
Aulë 107
Auriwandalo 178
Aurvandill 178
Avallónë 46
Avalon 46

Babbitt 99
Balder 28, 92, 164
Baldrs draumar 28
Balin 59, 128, 160 f.
Balrogs 129–132
Barad-dûr 79
Bard the Bowman 138
Barðar saga snæfellsáss 24, 48

Barrow-wights 176 f.
Belba 69
Belladonna 70
Beorn 85, 94–97
Beornings 97
Beowulf 24, 26 f., 97, 121, 136–139
Beren 18, 90, 144, 178
Bergbau 50
Berkshire 88
Berserker 95 f., 124, 143
Bert (Troll) 125
Bienen 95, 97
Bifur 59–62
Bilbo Baggins 67, 69, 74, 129, 140 f., 176
Bingo 69
Birmingham 14, 50
Black Gates 141
Bloemfontein 14
Bodmer, Johann Jacob 113
Böðvarr Bjarki 97
Boffin 67
Bofur 59–62
boggies 103
Bolgers 67
Bombur 59–62
Bored of the Rings 103
Boromir 179
Bósa saga 47
Bratt, Edith s. Tolkien, Edith
Bree 67
Brego the Hall-builder 29, 64
Brísingamen 108 f.
Brokkr 164
Brown Lands 93
Brüder Grimm 125
Brytta 64
Bungo 67, 69
Bywater Road 51, 91

Cadbury Hill 166
Canterbury Tales 24
Carl 70
Carrock 95
Celandine 70
Celbrimbor 169
Celebrant 25
Certar (Cirth) 153
Chaucer, Geoffrey 24, 27
Chronicles of Narnia 19
Chrysophylax 136
Cirth 150–155
Coalbiters 19
Codex Regius 24, 27–31
Cora 67
Cormallen 141
Cottonianische Weltkarte 38 f.
Crack of Doom («Schicksalsklüfte») 52
Crist 24, 178
Curunír s. Saruman 35
Cynewulf 24, 178

Dagobert I 66
Dagorlad 167
Dahmsdorf 170 f.
Daisy 169
Dale 97
Dämonen 111–113
Dänemark 109
Dead Marshes 49
Denethor 66
Déor 64
Dis 61
Doderic 70
Donnamira 70
Dora 67, 69
Dori 59–63
Drachen 133–139
Draugluin 82, 144
Draupnir 164 f.
Drogo 69
Druadan-Wald 114
Dudo 69
Dunkelalben 111

Durin the deathless 59–63, 106, 159
Dwalin 59–63
dwarfs, dwarves s. Zwerge

Eärendil 158, 178
Easterlings 71
Eastfold 56
Edda 14, 26 f., 31 f., 41, 54, 65, 74, 77, 80–84, 93, 104, 108, 111 f., 121, 128, 139, 156, 164, 175, 178 f.
Edge of the Wild 54, 142
Edoras 180
Egil 96
Egils saga Skalla-Grímssonar 25, 96
Eikinskjaldi 60–62
Einherier 167 f.
Eirek 45 f.
Eireks saga víðförla 24, 33, 45–47
Elben 44, 58, 98, 109–113, 117–119
Eldar 153
Elefanten 144 f.
Elendil 169
Elfen 110–113
Elfhelm 114
Elrond 71, 87, 169
Endor 44
Entings 92
Ents 40, 83, 89–93, 126
Entwash 55
Entwives 89–93
Éomer Éadig 64–66
Éomund 64
Eorl the Young 64 f.
Éowyn 22, 156
Erebor 135
Ered Engrin s. Iron Mountains
Ered Lithui s. Ashen Mountains
Erling 71
Eru Ilúvatar 174
Esmeralda 70
Etrusker 146
Euhemerismus 35

Faðir 65
Fáfnir 12, 137–139, 163
Fáfnismál 139
Fagrskinna 24
Fairbairns 71
fairies 101
Falco 69
Fallohide 67
Fangorn 90
Fár 62
Farmer Giles of Ham 136
Fengel 64
Fenrir, Fenriswolf 144
Fili 59–63
Finglas 90
Finnmarken 56
Fjalarr 108
Fladrif 90
Flambard 70
Fliegen 54
Folca 64
Folcwaru 66
Folcwine 64–66
Folde 56
Forn 87
Fornaldarsögur 26, 74, 144
Fornjótr 87
Fortinbras 70
Francis Morgan 14
fränkisch 68–71
Fréa 64 f.
Fréaláf Hildeson 64
Fréawaru 64
Fréawine 64, 66
Freki 82
Freyfaxi 77
Freyja 108
Freyr 65, 175
Friedrich Barbarossa, Kaiser 166

Friedrich II., Kaiser 166
Frodo 44, 71, 85 f., 141, 164
Frór 61–63
Fundinn 61–63, 161
Futhark 146–161

Galarr 108
Gameling 71
Gamling 119
Gandalf 29, 35, 44, 47, 53, 59, 63, 72, 74–78, 80, 82, 88, 94, 125, 140–142, 158, 184
Gandálfr 106
Geirastadir 106
Geirstaða-álfr s. Olaf Guðrøðarson
Gelion 106
Gerðr 175
Geri 82
Germania 167
Gest 48
Gesta Danorum 25, 34
Gil-galad 169
Gilling 108
Gimli 102, 109
Ginnungagap 52
Gísla saga Súrssonar 24, 171–173
Gladden Fields 40
Glæsisvellir («Gläserne Gefilde») 46
Glamdring 158
Glaurung 135 f., 139
Gloin 59–63
gnomes 101
Goblins («Bilwiß») 101, 116–124, 140
Gog 131
Goldberry 85 f.
Goldwine 64
Gollum 49, 99, 164
Gondolin 123, 178
Gondor 66, 69, 166
Gordon, E.V. 19
Goten 53
Gothmog 131
gotisch 41, 68
Grænlands óbyggðir 48
Gram (Schwert) 24, 168, 173
Gram (König) 64
Grásida 171
Grauelbisch (Sindarin) 112
Great Birnam wood 90 f.
Green Man 89
Grendel 26
Grettis saga 24, 124, 159
Grey Havens («Grauen Anfurten») 44
Grey Host 168
Grey Mountains 122
Greyhame 72
Gríma 73
Grimbeorn 97
Grímnismál 41
Grímr Kveldúlfsson 97
Gróa 178
Grönland 29
Gudrun 29
Gunnar 17, 30
Gunnlaugs saga ormstungu 24, 73
Gwaihir 77, 140 f.

Halflings 71
Ham 70
Hamfast 71
Harald Schönhaar, König 110
Hárbarðsljóð 41
Harier 167 f.
Haustlöng 48
Hávamál 28
Heiðreks saga konungs 21, 24
Heimdall 175
Heimskringla 24, 79
Heldensage 32–34
Helgakviða Hundingsbana 53
Hellulands óbyggðir 48

Helm Hammerhand 64
Helm's Deep 56, 119
Herder, Johann Gottfried 113
Hervarar saga 47
Hexen 36, 110
Hildigard 70
Hildisvíni 106
Hjalli 17
Hjördis 22, 24, 170
Hliðskjálf 84
Hobbits 40, 66–71, 98–103
Hochelbisch s. Quenya
Högni 17
Horwendillus 178
Hrafnkels saga Freysgóða 77
Hreiðmarr 139, 163
Hrimfaxi 77
Hrólfs saga kraka 24, 97
Huan 144
Hugin 78, 140
Huldrufolk 101
Hunnen 17, 29, 66
Hunnenschlachtlied (Hlöðskviða) 53
Hvitramannaland («Land der weißen Männer») 46
Hygelac 72
Hymiskviða 175
Hyndluljóð 41, 72

Iarwain Ben-adar 87
Ilúvatar 117
Inklings 19–21, 93
Irland 46
Irminsûl 174
Iron Mountains («Eisenberge») 52
Isengard 14, 16, 40, 48–50, 119
Isildur *167, *174
Island 29, 41, 55 f.
Istari 35
italienisch 69
Ivaldi 108

Jackson, Peter 102, 186
Jarl 65
Járnviðr («Eisenwald») 52
Jöten 125
Jupiter 76, 174

Kalevala 187
Karl 65
Karl der Große, Kaiser 145, 174
keltisch 22, 39, 58, 69 f., 85, 166
Kili 59–63,
Knytlinge 71
Kobolde 74, 101, 117, 122 f., 128, 186
kolbítr 181
Konr ungr 65
Konstantinopel 40
Kriemhild 12, 29
Kvasir 108
Kveldúlfr 96
Kyffhäuser 166
kymrisch 39

Landkarten 37–39
Landroval 141
Lands of the Undying 40, 44–47
Langfeðgatal 34
langobardisch 68, 178
Largo 69
lateinisch 68 f.
Leaflock 90
Leeds 18
Legolas 130
Leprechauns 101
Lewis, C.S. 19, 93
Lewis, Sinclair 99
Lewis, W.H. 21
Lichtalben 111
Lieder-*Edda* 26–31
Lily 69
Linda 69
Logi 131, 135
Lokasenna 28, 53, 131

Loki 131, 135, 163, 186
Lonely Mountain 37, 134
Longo 69
Lórien 112
Lotho 67, 69
Lúthien 18, 90, 144, 178
Lyngvi 22
Lyonesse 57

Macbeth 90
Madelener, Josef 78
Magie 76
Magog 131
Manwë Súlimo 82–84, 179
Mappae mundi 37–39
Mardil 66
Marish 55
Melion 18
Melkor 117 f., 130, 186
Men of the East 116
Menegroth 106
Meneldor 141
Meneltarma 174
Meriadoc 69
Merkur 76
Merowinger 66
Merry 102, 114, 156
Middle-earth (Mittelerde) 15, 35, 37, 40–44, 90, 103, 108 f., 111, 113, 116, 118, 120, 125, 128, 130 f., 176
Midgard 40 f., 44
Midgewater Marshes («Mückenwassermoore») 55
Miklagarð («Konstantinopel») 40
Milo 70
Mimir 78, 81
Minas Tirith 54, 81
Minto 69
Mirabella 70
Mirkwood («Düsterwald») 53, 59, 112, 127
Misty Mountains («Nebelberge») 54, 95, 126
Mithrandir s. Gandalf 35
Mjöllnir 106
Móðir 65
Modsognir 104
Mordor 48 f., 52, 119 f., *168
Morgoth 116, 135 f., 186
Moria 50, 105 f., 151, 161
Moro 69
Morris, William 22 f., 47, 181
Mosco 69
Mount Doom 141, 164
Mundberg («Mundburg») 54
Mundiafjöll (Mundia) 54
Mungo 69
Munin 78, 140
Muspell 131
Myrkviðr 53
Myrtle 69
Mythologie 10, 18, 58–65, 74 f., 79, 85, 87, 89, 98, 103–105, 107–111, 113 f., 116–118, 123, 125, 128 f., 131 f., 163 f., 167, 174–176, 178
Mývatn 55

Næframaðr 90
Náinn 60–63
Nargothrond 81
Narsil 22, 168 f.
Nauglamír 108 f.
Neun 174–176
Nibelungen 12, 17, 163, 165
Nibelungenlied 12, 25, 136
Níðhöggr 136
Niflheimr 54
Niflhel 54
Nina 67
Nindalf 55
Njörðr 91–93
Noatun 92
Nogrod 109

Nóregs konunga tal 34
Nori 59, 60, 63
normannisch 69
Norwegen 29, 41, 56, 111, 166
Númenor 57, 173 f.

Oberon 113
Ódainsakr 45–47
Odin 65, 74–84, 143, 163 f., 167, 185
Odo 69
Örvar-Odds saga 25
Østfold 56
Offa 66
Oin 59–63
Oiolossë 83
Olaf Guðrøðarson (Geirstaðaálfr), König 106, 110, 166
Oliphaunts («Olifanten») 57, 98, 144 f.
Olo 69
Olog-hai 127
On Fairy-stories 22, 137
Orald 87
Orcrist 122 f., 158
Orcs, Orks 49, 54, 98, 116–124, 141 f., 159
Orendel 25, 178 f.
Orentil 178
Ori 59–63
Orodreth 81
Orodruin 52, 169
Orthanc 77
Oslofjord 56
Otho 69
Otr 163
Out of the Silent Planet 19
Over-heaven («Oberhimmel») 47 f.
Oxford, Oxfordshire 14, 18 f., 21 f., 85, 88

palantír 77
Pansy 69
Parcival 41
Pelennor Fields 22, 166, 168
Peony 69
Peregrin 69
Perelandra 19
Pietroasa 164
Pillar of Heaven 174
Pimpernel 70
Pippin 71, 120
Polo 67, 69
Ponto 69
Poppy 69
Porto 69
Posco 69
Primula 70
Prince Caspian 19
Prisca 69

Quendi 117
Quenya 55, 112, 129, 135

Radagais 72
Radagast 72
Raðbarðr 72
Ráðsviðr 72
Ragnarök 53, 131, 144, 167
Reginn 139, 170
Reginsmál 139
Ribe 109
Riddermark 76
Riesen 121, 126–129
Rígr 65
Rígsþula 28, 65
Ring 9, 163–166
Ring-wraiths («Ringgeister») 116, 122 f., 176
Rivendale 97, 169
Rohan 64–66, 179
Rohirrim 40, 58, 64–66, 179, 182
Roland 145
Römer 146, 173
Rosa 69

Runen 74, 76, 79, 146–162, 171–173
Rushey («Rohrholm») 55
Sagas 17, 19, 22–34, 40, 47, 56, 90, 94
Salzburg 166
Sam Gamgee, 44, 49, 141
Samwise 70
Saruman 14, 51, 78 f., 118 f., 123 f., 140, 158
Sauron 70–82, 88, 144, 165
Saxo Grammaticus 25, 36, 66
Schleswig 110, 113
Schwarzalben 111
Schweden 110
Schweiz 78
Schwert 12, 69, 72, 122, 168–173
Scraelingar 72
Scyldings 71
Seradic 70
Shadow Host 168
Shadowfax 76 f.
Shakespeare 90 f.
Sharkey 51, 91
Shire («Auenland») 14 f., 37, 40, 48, 51, 91
Siegfried 12, 29, 170 f.
Sigmund 22, 170 f.
Sigrdrífumál 156
Sigurd 12, 29 f., 75, 138, 170 f.
Silmaril 108, 178
Silverlode 55
Sindarin 55, 112
Sindri 164
Sir Gawain And The Green Knight 25, 27, 115
Skaði 91–93
Skaldenmet 108 f.
Skíðblaðnir 79, 106
Skinbark 90
Skinfaxi 77
Skírnismál 28, 54, 121, 175
Skuggfaxi 77
Sleipnir 77
Smaug 48, 51, 94, 133–138, 167
Snorri Sturluson 25, 31, 77, 82–84, 93, 95, 104, 106, 111, 139, 164, 168, 178
Snowbourne 56
Sörla þáttr 108 f.
Spinnen 54, 133
St. Brandan 45
Sting 158
stone-giants 129
Sunlands («Sonnenlande») 56
Suttungr 77
Swertings («Schwärzlinge») 57, 71–73, 116

Tacitus 167, 173
Taniquetil 83
Tar-menel s. Over-heaven
Taur-nu-Fuin 80
Taylor, P.B. 28, 121
Telchar 169
Tengwar (Tîw) 148, 153
That Hideous Strength 19
The Book of Lost Tales 19, 82
The Father Christmas Letters 19
The Lion, the Witch and the Wardrobe 19
The Reeve's Tale 27
The Ruin 91
The Story of the Glittering Plain 47
The Wanderer 25, 91
Thengel 64
Theodelinde 66
Theodemir 66
Théoden 22, 64–66, 73, 179
Théodwyn 64
Theuda 66
Theudebald 66
Theudebert 66
Theudegisl 66
Theudemer 66

Theuderic 66
Thietmar von Merseburg 175
Thingol 18, 109, 155
Thjazi 178
Thor 106, 125, 163, 178
Thorin 59–63. 123, 148
Thorondor 141
Thræll 65
Thrain 15, 60–63, 152
Thrór 59–63, 149, 152, 159 f.
Thrymskviða 175
Thû (Sauron) 82
Thüringen 166
Thursen 125
Tolkien, Christopher 21
Tolkien, Edith, 18
Tolkien, John 85
Tolkien, Hilary 14
Tolkien, Michael 85
Tom (Troll) 125
Tom Bombadil 85–89, 93, 115, 177
Took 67, 70
Treebeard 89–92, 126
Trolle 121, 125–128
Tuor 178
Túrin 139, 186
Turville-Petre, E.O.G. 21

Uglúk 124
Úlfhéðnar 96, 143
Undying Lands («Lande der Unsterblichkeit») 40, 44–47
Untersberg 166
Uruk-hai 98, 116, 119, 123 f., 142 f.
Urulóki 135
Utgard 167
Utumno 117

Vafþrúðnismal 77, 175
Valaraukar 129 f.
Valar 176
Valaskjálf 85
Vale of Anduin 68
Valinor 44, 83
Vanyar 84
Varda 83
Vestfold 56
Víga-Glúms saga 25, 124
Viking Club 19
Vindálfr 106
Vingilot 178
Völsunga saga 17 f., 22–26, 31–33, 74 f., 135–139, 143, 163, 165, 170 f., 187
Völsungakviða En Nyja 30
Völsungen 12, 17
Völundarkviða 29, 53
Völuspá 27 f., 30, 41, 48, 59 f., 91, 104 f., 131

Wagner, Richard 131 f.
Walda 64
Walhall 167
walisisch 39
wargs 98, 122, 133, 140, 142 f.
Waste-lands, Wastes («Einöden») 48–52
Werwölfe, werewolves 96, 119, 142–144
Westernesse («Westernis») 57
Westfold 56
Westron 120
Wetwang «Fennfeld» 55
Wichtel 101
Widukind, Herzog 164
Wieland, Christoph Martin 113
Wild Men 88 f., 115 f., 185
Wilde Jagd 167
Wilderland 57
William (Troll) 125
Wodan, Wôden (s. auch Odin) 65, 74
Wölfe 122, 133, 142
Wormtongue 73
Woses («Wasa») 114 f.

Ymir 41, 59, 125, 128
Ynglingasaga 25, 31, 79, 95, 111
Ynglinge 71
Zauberer 74–84, 116, 144
Zwerge 59–63, 72, 98, 100 f., 103, 112 f., 125, 140, 151–153, 161 f.

Aus dem Verlagsprogramm

C. H. Beck Wissen – Eine Auswahl

Helmut Reinalter
Die Freimaurer

4. Auflage. 2004. 144 Seiten. Paperback
C. H. Beck Wissen in der Beck'schen Reihe Band 2133

Peter Thorau
Die Kreuzzüge

2004. 128 Seiten mit 7 Abbildungen und 3 Karten. Paperback
C. H. Beck Wissen in der Beck'schen Reihe Band 2338

Werner Arens/Hans-Martin Braun
Die Indianer Nordamerikas

Geschichte, Kultur, Religion
2004. 127 Seiten mit 3 Karten. Paperback
C. H. Beck Wissen in der Beck'schen Reihe Band 2330

Peter Jánosi
Die Pyramiden

Mythos und Archäologie
2004. 127 Seiten mit 15 Abbildungen und 1 Karte. Paperback
C. H. Beck Wissen in der Beck'schen Reihe Band 2331

Kai Brodersen
Die Sieben Weltwunder

Legendäre Kunst- und Bauwerke der Antike
6. Auflage. 2004. 128 Seiten mit 10 Abbildungen. Paperback
C. H. Beck Wissen in der Beck'schen Reihe Band 2029

Hansjürgen Müller-Beck
Die Steinzeit

Der Weg der Menschen in die Geschichte
3., verbesserte Auflage. 2004.
136 Seiten mit 3 Abbildungen und 4 Karten. Paperback
C. H. Beck Wissen in der Beck'schen Reihe Band 2091

Rudolf Simek
Die Wikinger

4. Auflage. 2005. 136 Seiten mit 3 Karten. Paperback
C. H. Beck Wissen in der Beck'schen Reihe Band 2081

Verlag C. H. Beck München